한국 근대의 바다 : 침략과 개화의 이중주

이 저서는 2011년도 정부재원(교육과학기술부 학술연구지원사업비)으로
한국학중앙연구원의 지원에 의하여 연구되었음(AKS-2011-DAD-3101)

한국 근대의 바다 :
침략과 개화의 이중주

한철호 지음

景仁文化社

| 차례 |

책머리에 ♂ 7

일러두기 ♂ 10

머리말 … 11

1장 열강의 접근과 침략 : 바다로 열강이 밀려오다

Ⅰ. 서구의 동아시아 침략과 그 영향 … 17

Ⅱ. 이양선의 출몰 … 22

Ⅲ. 열강의 조선 개항 시도 … 37

　　1. 병인양요
　　2. 오페르트의 남연군묘 도굴 사건
　　3. 제너럴 셔먼호 사건과 신미양요

2장 문호 개방 : 바다가 열리다

Ⅰ. 강화도 사건과 조일수호조규 체결 … 57

Ⅱ. 서구 열강과의 조약 체결 … 67

Ⅲ. 근대적 외교사절단의 파견과 시찰 … 74

　　1. 제1차 수신사와 조사시찰단
　　2. 제4차 수신사와 국기 제정
　　3. 보빙사

3장 열강의 해양 침략 : 바다를 내주다

Ⅰ. 해안 측량과 등대 건설 … 101

    1. 해안 측량

    2. 등대 건설

Ⅱ. 항로 개척과 해운 장악 … 128

Ⅲ. 어업·수산업 침탈 … 139

4장 해양 수호정책 : 바다를 지키다

Ⅰ. 울릉도·독도 개척정책 … 153

Ⅱ. 해안 방어정책과 해군사관학교 설립 … 170

Ⅲ. 최초의 군함 양무호의 도입과 그 비극 … 181

5장 디아스포라 : 바다를 건너 이국땅으로

Ⅰ. 하와이 이민 … 193

Ⅱ. 멕시코 이민 … 203

6장 점령과 전쟁 : 바다와 섬을 빼앗기다

Ⅰ. 거문도 점령 사건 : 영국의 러시아 견제 … 221

Ⅱ. 청일전쟁 : 동아시아 질서의 일대 변혁 … 237

Ⅲ. 러일전쟁과 독도 강점 : 한국 식민지 전략의 단초 … 247

찾아보기 ♂ 265

책머리에

한국 근대사를 공부하기 시작할 때 만약 기회가 주어진다면 재미있고 흥미로우면서도 이 시대의 역사적 흐름과 특징을 이해하기 쉬운 개설서를 꼭 써봐야겠다고 마음먹은 적이 있었다. 때마침 중·고등학교 한국근현대사·한국사·역사 검정교과서를 집필하면서 약간의 자신감을 얻기도 하였다. 그러나 공부를 하면 할수록 파란만장했던 한국 근대사의 폭과 깊이가 만만치 않다는 사실을 새삼 깨닫게 되었다. 관심 있는 자그마한 주제나 분야조차 제대로 연구하기가 벅찼기 때문이다. 따라서 개설서를 써보겠다는 만용은 일찌감치 접어두고 있었다.

그러던 중 2011년 '바다와 한국사'를 함께 연구·집필해보자는 제의를 받았다. 당시 저자는 독도에 대해 몇 편의 글을 쓰면서 독도를 제대로 이해하기 위해서는 독도를 포함한 울릉도, 나아가 동해나 바다[해양]를 폭넓게 공부해야 된다는 필요성을 절감하고 있었다. 이 때문에 귀가 솔깃했지만, 자신의 역량 부족을 스스로 잘 아는 터라 쉽게 결정을 내리지 못한 채 망설였는데, 공동 연구자들이 저자에게 용기를 북돋아주었다. 저자 역시 그분들과 함께 공부하면 자신의 부족함을 메울 수 있을 뿐 아니라 새로운 지식과 시각을 얻을 수 있다고 판단해 참여하기로 결정하고 말았다. 저자의 이런 기대는 빗나가지 않아 3년이 넘는 공동 발표와 토론을 거치면서 그분들로부터 해양사의 중요성은 물론 연구 시각과 방법을 배울 수 있었다.

한국 근대 해양사의 전체상과 흐름을 나름대로 파악했다고 생각했지만, 막상 집필에 들어가니 망막하기 짝이 없었다. 육지가 아니라 바다로 시각을 돌려보았더니 한국 근대사의 전개과정에서 중요한 사건들 가운데 해양 혹은 바다에 직·간접적으로 관련되지 않은 것이 없었기 때문이다. 자칫 잘못 서술했다가는 해양사가 아니라 근대사 개설이 될 지경이었다. 그래서 해양 혹은 바다를 이해하는 데 중요하다고 여겨지는 주제를 추려내고, 바다에 초점을 맞춰 서술하려고 노력하였다.

그러나 역량 부족으로 애초에 계획했던 몇몇 중요한 주제들은 제대로 정리되지 않아서 제외시킬 수밖에 없었다. 개설서라는 점에 주의해서 전 주제에 대해 균형 있게 서술하고자 노력했으나 저자의 관심이나 기존의 연구 성과에 따라 편차가 나는 한계도 있었다. 또한 저자가 그동안 바다에 관련해 연구하거나 집필한 적이 있었던 주제들에 대해서는 이번 기회에 대폭 수정·보완할 작정이었지만, 문장을 가다듬거나 재요약·정리하는 수준에 머물고 말았다. 이로 말미암아 용두사미 꼴로 해양사가 아니라 근대사를 쓰는 것은 아닌가 하는 염려도 떨쳐버릴 수 없었다.

그럼에도 감히 '한국 근대의 바다'라는 제목을 달아 책을 세상에 내어놓는다. 이는 온전히 지금까지 이러한 주제나 제목으로 출간된 저서가 거의 없었다는 주변의 격려에 힘입은 바가 크다. 이 책 역시 한국 근대 해양사의 완결판이라기보다 이제 비로소 출발선상에 선 초보판이다. 실제로 이 책은 해양 혹은 바다의 시각에 입각하되, 기존의 연구 성과를 바탕으로 주제별로 재정리한 개설서이자 교양서이다. 그래서 본문에는 각주를 달지 않았으며 각 장의 말미에 참고문헌을 간략하게 넣어 두었다. 이러한 한계를 지님에도, 이 책이 앞으로 한국 근대 해양사를 이해하고 연구하는 데 조금이라도 도움이 되길 바란다.

이처럼 미흡한 책이 그나마 모양새를 갖춰 나올 수 있었던 것은 수많은 분들의 격려와 지원이 있었기 때문이다. 무엇보다 오랫동안 함께 주제에 대해 고민하면서 조언과 충고를 아끼지 않았던 공동 연구자들께 감사드린다. 서울과 제주도·목포 등지를 오가며 학문과 인생을 논했던 귀중한 시간들이 아직도 기억에 생생하게 남아 있다. 아울러 의미 있는 연구를 할 수 있도록 지원해준 한국학중앙연구원에도 사의를 표한다. 또 바쁜 와중에서도 원고를 교정하고 문제점도 지적해준 최보영 선생님, 꼼꼼하게 교정해준 조건·박광명·김항기 선생님, 황교성 군께 고마움을 전한다. 저자의 게으름과 까다로운 요구로 고생했음에도 이 책이 번듯하게 나오도록 애쓰신 경인문화사의 한정희 사장님과 신학태 실장님 및 편집부 직원들께도 감사드린다.

마지막으로 늘 바쁘다는 핑계로 간 큰 남자로 살아가는데도 오로지 사랑과 이해로 감싸주는 어머님과 아내, 그리고 전공이 아니면서도 저자의 글을 읽어주고 독자로서 평가해준 아들에게 이 책이 자그마한 보답과 위로가 되었으면 좋겠다.

2016년 2월

한철호

머리말

바다는 역사시대 이래 인류의 생활공간으로 존재해 왔지만, 근대 이후 제국주의 열강의 침략과정에서 새롭게 발견·인식된 공간이기도 하다. 근대에 이르기까지 동아시아 각국은 전통적 화이질서에 포섭된 황해와 남중국해를 중심으로 교류와 교역이 활발해졌으며, 동해는 이들 해역에 비해 잊혀진 바다였다. 그러나 19세기 말 제국주의 열강은 바다를 통해 침략과 경쟁을 확대했고, 그 결과 중국·일본에 이어 한국도 강제로 문호를 개방하고 세계자본주의체제로 편입되었다.

동아시아에서 제국주의 열강 간 갈등과 분쟁은 교통과 통신의 발달, 철도의 발달과 함께 전개되었다. 그 결과 바다는 육지와 육지를 이어주는 항로와 통신로로서 새로운 공간적 가치를 지니게 되었다. 기술발전에 따른 운송로와 통신로의 연장은 공간의 거리를 축소시켜 제국의 형성과 운영을 가능하게 함으로써 한국 해안지역의 경계와 질서에 변동을 초래하고, 여러 갈등과 분쟁을 야기하였다. 한국 근대의 해양 혹은 바다 역시 침략과 저항, 교류와 길항, 공포와 선망, 대립과 포용, 개화와 전통, 그리고 제국과 식민이 공존·교차하는 이중적 통로가 되었다.

이처럼 서구의 동아시아 진출은 종래 육지 중심의 질서를 해체시켰고, 해양이 새로운 질서의 중심으로 등장하였다. 따라서 육지를 중심으로 국가 간의 관계를 분석하거나 육지의 국가 간 상하 질서가 해양의 질서로 확장된 것으로 파악한 종전의 입장과 달리 해양을 중심으로 한국 근대의 전개과정과 그 성격을 새롭게 파악할 필요가 있다. 이러한 시각에 입각해서 개항 전후부터 1910년까지 한국 근대사의 파란만장한 전개과정과 그 특징을 고찰하고자 한다.

이를 위해 첫째, 서구 제국주의 열강이 조선을 비롯한 동아시아의 바다로 밀려오는 상황과 그 의의를 살펴볼 것이다. 둘째, 조선이 일본과 서구 열강에 바다를 어떻게 개방했으며, 그 후 바다를 통해 '근대화'된 국가들의 모습과 특징을 어떻게 인식하고 대응해나갔는가를 알아보고자 한다. 셋째, 해안 측량과 등대 건설, 항로 개척과 해운 확장, 어업·수산업 침탈 등을 통해 열강이 바다를 어떻게 장악했는지를 고찰할 것이다. 넷째, 열강의 침략에 대응해서 조선의 관민이 어떻게 바다를 지키려고 노력했는가를 고찰해보겠다. 다섯째, 국내외의 상황 변화에 따라 바다를 건너 미국·멕시코 등 이국땅으로 이주한 디아스포라의 역사와 그 의미를 밝힐 것이다. 여섯째, 해양과 대륙을 연결하는 지리적·전략적 요충지인 한국의 섬과 바다를 차지하려는 열강 간의 각축과 전쟁을 되짚어보고자 한다.

1장

열강의 접근과 침략 :
바다로 열강이 밀려오다

Ⅰ. 서구의 동아시아 침략과 그 영향

평화롭기 그지없는 조선의 바다에 예전에는 볼 수 없었던, 아니 상상조차 하지 못했던 거대한 몸집의 서양 배들이 나타났다. 나무가 아니라 철로 만들었는데도 가라앉지 않는 배는 사람들의 눈에 그야말로 이상스럽기 짝이 없는 모양새로 보였다. 물론 그 배에 타고 있었던 사람들의 생김새나 옷차림, 또 그들이 갖고 왔던 물건들도 낯설고 기이하기는 마찬가지였다. 그러나 배의 규모나 거기에 장착된 무기들을 보면, 신기함이나 호기심보다 두려움과 불안함이 밀려들었을 것이다. 그래서 정체를 알 수 없었던 이 배들을 사람들은 '우리나라 배와 모양이 다른 이상한 배'라는 뜻으로 이양선(異樣船)이라고 불렀다. 일본에서는 에도[江戶]시대 이전부터 출몰했던 포르투갈·네덜란드 등 서양의 대형 무장 상선인 캐럭(Carrack)이 방수를 위해 타르로 선체를 검게 칠하고 있었기 때문에 중국 선박인 당선(唐船)과 구별해서 '흑선[구로후네(黑船)]'이라고 부른다.

이양선이 느닷없이 조선의 바다에 모습을 드러낸 것은 아니었다. 이양선들은 이미 오래전부터 땅은 넓고 물산이 풍부한 '지대물박(地大物博)'의 나라 중국[청국]과 교역해왔다. 중국은 외국 선박의 출입이 잦아지자 1757

중국인에게 아편을 먹이는 영국인　　　아편전쟁(1840-1842) : 영국 함대의 공격으로 격침되는 중국 군함

년 광둥성[廣東省]의 광저우[廣州]에 한정해서 특허 상인에게 무역을 담당
토록 하는 공행(公行)을 실시하였다. 공행은 '지대물박'의 중화제국이 외국
에 은혜를 베푼다는 전통적인 조공무역의 범위에서 이루어졌다. 이처럼
제한된 무역체제인 공행제도 아래에서 가장 적극적으로 중국과 교역에 나
선 나라는 영국이었다.

일찍이 동인도회사를 통해 인도를 경영하는 데 주력했던 영국은 중국으
로부터 많은 양의 차(茶)를 수입하고 있었다. 이로 말미암아 결재수단인 은
이 엄청나게 지출되자, 동인도회사는 인도의 면화와 아편을 중국에 갖고
들어가 팔았다. 중국은 아편수입 금지령을 내리고 있었지만, 아편은 밀무
역으로 계속 들어오고 있었다. 아편의 해독은 갈수록 심각해져 사회적으
로 커다란 문제를 일으켰으며, 아편을 수입하기 위해 유출된 은의 가격이
상승함으로써 중국의 경제와 재정을 혼란에 빠트렸다.

또한 영국은 산업혁명을 거치면서 자국에서 생산한 면포를 중심으로 원
료를 확보하고 시장을 개척하는 데 온힘을 기울였다. 그 결과 동인도회사
의 영국·인도 간 무역독점권이 폐지되었으며, 영국산 면포-인도의 아편
과 면화-중국의 차를 교환하는 '삼각무역'이 왕성하게 이루어지게 되었다.
영국의 아편 수출량은 18세기 초에 200상자에 불과했지만, 1838년에는 무
려 4만 상자에 달할 정도로 엄청나게 늘어났다. 아울러 광대한 중국시장을

자유롭게 개방시키는 일이 초미의 과제로 떠올랐다. 이를 위해 영국은 사절을 중국에 파견함과 동시에 군함을 동원해서 무력으로 중국을 제압하는 포함(砲艦)외교를 전개하였다.

이처럼 영국과 중국의 대립과 마찰이 점차 심각해지는 상황에서, 마침내 1840년 아편전쟁이 일어났다. 당시 중국 지배층에서는 아편의 흡연을 허용할 것인가 여부를 둘러싸고 격론이 벌어졌다. 아편 유통의 중심지였던 광저우에서는 아편을 엄격하게 금지해야 한다는 엄금론(嚴禁論)에 입각해서 단속을 강화하고 있었다. 이러한 과정에서 1839년 광저우로 파견된 엄금론자인 흠차대신 린쩌쉬[林則徐]는 영국과 무역을 중지시키는 것도 고려할 만큼, 아편무역을 강경하게 단속하는 정책을 펼쳤다. 린쩌쉬는 때마침 영국인 선원이 중국인 선원을 살해한 사건이 일어나자 마카오를 봉쇄했고, 이를 빌미로 영국은 국내의 아편무역 탄핵론을 억누르고 전쟁을 일으키기로 결정하였다.

그 결정에 따라 1840년 영국은 강철군함 네메시스(Nemesis)호를 비롯한 군함 16척을 중국에 파견하였다. 영국군은 압도적으로 우세한 무력을 바탕으로 광저우에서 연안을 거슬러 톈진[天津]까지 올라갔다. 다급해진 중국은 주전론자인 린쩌쉬를 면직시키고 타협을 꾀하였다. 그러나 영국군은 다시 광저우를 침공한 뒤 창장[長江, 양쯔강] 하류 지역의 도시들을 점령하면서 난징[南京]으로 쳐들어갔다. 결국 중국은 더 이상 버티지 못한 채 굴복함으로써 1842년 난징조약이 맺어지게 되었다.

난징조약은 13개조로 구성되었는데, 그 주요 내용은 홍콩[香港] 할양, 광저우·아모이[廈門]·상하이[上海] 등의 5개 항구 개항, 개항장의 영사주재, 전비 배상금 지불, 공행의 무역독점 폐지 등이었다. 이어 협정관세, 영사재판권, 최혜국조관, 개항장의 군함 정박권 등이 추가된 조약이 체결되었다. 이 조약은 중국이 서양 열강과 맺은 최초의 근대적 조약이었으나 관세자주권 상실 등 중국에는 전적으로 불리했던 전형적인 불평등조약으로 서양

제국주의 열강의 중국 침략에 중요한 발판이 되었다.

난징조약의 체결을 계기로 중국 침략에 눈독을 들이고 있던 서양 열강은 잇달아 난징조약과 비슷한 내용이 담긴 불평등조약을 맺었다. 1844년에 미국은 왕샤[望廈]조약, 프랑스는 황푸[黃埔]조약, 1847년에 스웨덴·노르웨이는 광둥조약을 각각 중국과 체결했던 것이다. 그 가운데 프랑스는 천주교의 포교권도 얻어냈다. 또한 러시아는 해안이 아닌 육지로부터 중국을 잠식하기 시작해 1851년 신장[新疆]의 자유무역, 영사재판권, 거주권, 포교권 등을 규정한 이리[伊犁]조약을 맺었다. 오랫동안 동아시아에서 가장 커다란 영향력을 행사해왔던 중화제국이 한갓 오랑캐로 깔보았던 서양 열강에게 치욕적인 패배를 당한 것은 조선과 일본에게도 엄청난 충격을 안겨주었다.

그럼에도 서양 제국주의 열강의 침략 야욕은 결코 수그러들지 않았다. 특히 영국은 중국의 내륙으로 더욱 깊숙이 들어가 시장을 확대하는 데 혈안이 되어 있었다. 때마침 1856년 광저우에서 중국인 소유의 영국 해적선에 중국 관리가 올라가 단속하는 과정에서 영국 국기가 바다에 던져지는 사건이 벌어졌다. 이른바 애로우(Arrow)호 사건이다. 영국은 자국의 비윤리적이고 불법적인 아편 무역을 외면한 채 자국의 국기에 모욕을 가했다는 행위만을 빌미로 삼아 아편전쟁과 마찬가지로 적반하장 격으로 중국을 몰아 붙였다. 그리하여 영국은 선교사 피살 사건으로 중국과 교섭을 벌이던 프랑스와 동맹을 맺어 공동으로 군대를 파견하였다. 1857년 영불연합군은 광저우를 점령한 뒤 북쪽으로 올라가 톈진에서 조약개정을 요구하였다. 이에 미국과 러시아도 적극 동조함으로써 1858년에는 톈진조약이 맺어졌다.

그러나 중국이 톈진조약의 비준을 거부하자, 영불연합군은 2만 명의 군사를 동원해 수도인 베이징[北京]을 점령하고 약탈과 파괴를 일삼은 끝에 베이징조약을 강제로 체결하였다. 톈진조약과 베이징조약을 통해 서구 열강은 개항장을 더욱 확대시켰으며, 아편무역을 공인시켰다. 뿐만 아니라 영국은 홍콩의 대안(對岸)인 까울룽[九龍]을 할양받았다. 이틈을 타서 1858년 러시아는 헤이룽장[흑룡강(黑龍江)] 왼쪽 연안을 자국의 영토로 삼는 아이훈[愛琿]조약을 중국과 맺은 데 이어 전쟁의 강화를 알선한 대가로 베이징조약에서 우스리강[烏蘇里江] 우측 연안도 차지해버렸다. 이로써 러시아는 오랜 숙원이었던 부동항을 확보하게 되었고, 조선과 국경을 맞닿는 동시에 동해를 통해 남하 정책을 펼 수 있는 기반도 마련하게 되었다.

페리 함대(1853)

일본 요코하마에 상륙하는 페리 일행(1854)

1853년 5월 일본 원정을 위한 근거지인 류큐[琉球]의 나하[那覇]에 정박한 페리 함대와 그 다음해 요코하마에 상륙한 페리 일행. 좁은 의미에서 '구로후네[黑船]'는 개국을 요구했던 페리 함대를 일컫는데, 그 후 서양 선박의 속칭이 되었다.

한편 중국을 개항시키는 과정에서 동아시아로 진출했던 미국은 일본을 개항해야 할 필요성을 절실히 느끼고 있었다. 당시 미국에서 중국으로 항해하려면 선박의 성능 미비로 말미암아 태평양을 직접 횡단하지 못하고 캐나다로 북상해 알래스카를 거쳐 캄차카 반도로 내려올 수밖에 없었던 탓에 중간 경유지를 확보하는 것이 무엇보다 중요했기 때문이다. 그리하여 1853년 페리(Matthew C. Perry) 제독은 미시시피(Mississippi)호 등 미국 동인도 함대의 군함 4척을 이끌고 일본에 도착한 뒤 무력시위를 벌이면서 개항을 요구했고, 1년 후 수호조약을 체결하기 위해 다시 오겠다고 으름장을 놓고 철수하였다. 아편전쟁을 비롯해 서구 열강의 중국 침략 소식으로 대외적인 위기의식에 휩싸여 있었던 일본은 서양에 무력으로 맞설 경우 도저히 승산이 없다는 판단을 내렸다. 결국 1854년 페리가 총 9척의 군함을 이끌고 다시 내항하자, 일본은 미국의 개항 요구를 순순히 받아들여 미일화친조약을 체결하게 되었다. 이 조약 역시 불평등조약이었다. 이제 포함외교를 앞세운 서구 열강의 무력 앞에 바다가 열리지 않은 나라는 조선밖에 남지 않았다.

Ⅱ. 이양선의 출몰

이양선은 18세기 말부터 조선의 바다에도 빈번하게 출몰하기 시작하였다. 이양선의 주인은 프랑스·영국·미국·러시아 등 서구 열강이었다. 먼저 1787년 5월 프랑스의 해군사관학교 출신의 탐험가 라 뻬루즈(Jean-François G. de la Pérouse)가 이끄는 함대 부쏠(Boussole)호와 아스트롤라브(Astrolabe)호가 조선의 남해안에 있는 제주도에 나타났다. 1785년 8월 프랑스의 해군기지 브레스트(Brest)항을 출발해서 대서양과 태평양을 건넌지 거의 2년만의 일이었다. 그들의 목적은 표면상 미지의 해역을 학술적으로 답사하는 것이었지만, 실질상 항로를 개척해 새로운 식민지를 획득할 가능성을 타진하는 것이었다. 그 탐사 대상에는 조선과 일본의 해안도 들어 있었다. 라 뻬루즈는『하멜표류기』를 읽었던 탓인지 제주도[켈파르트(Quelpaert)]를 보고도 상륙하고 싶은 마음이 들지 않는 공포의 섬으로 여겨 멀리서 해안과 지형 등을 조사한 뒤 대한해협을 지나 동해안으로 거슬러 올라갔다.

항해 도중 탐험대는 서양의 해도(海圖)에 전혀 그려져 있지 않은 섬을 찾아내서 한 바퀴를 돈 다음 상륙해서 탐사하였다. 그곳은 깎아지른 듯한 암벽에 울창한 수목으로 덮여 있었으며, 나무를 잘라 배를 만드는 사람들도 눈에 띄었다. 그들은 거대한 이양선을 보자 놀라서 숲속으로 달아났다.

이 섬은 바로 울릉도 였다. 탐험대는 이 섬 을 처음 발견한 프랑 스 육군사관학교 교 수이자 천문학자인 다즐레(Lepaute Dagelet) 의 이름을 따서 '다 즐레섬(Dagelet Island)'

라 삐루즈 탐험대의 부쏠호(오른쪽)와 아스트롤라브호

이라고, 또 그 옆에 있는 현재 의 댓섬[죽서도]에는 함대 이름 을 붙여 부쏠암이라고 불렀다. 탐험대는 날씨 탓으로 독도를 보지 못한 채 일본을 거쳐 호 주 시드니에 도착했다가 행방 불명되고 말았다. 하지만 탐사 대가 미리 본국에 보낸 보고서 는 프랑스 정부에 의해『세계탐 험기』(4권)로 출판됨으로써 조

『세계탐험기』에 실려 있는 조선 지도

선 동해안에 울릉도가 있다는 사실이 전 세계에 알려졌다.

　그로부터 4년 뒤인 1791년 8월 콜네트(James Colnett)가 이끄는 영국 범선 아르고노트(Argonaut)호가 제주도 남쪽에 모습을 드러냈다. 그리스 신화에 서 황금 양모(羊毛)를 찾으러 떠난 원정대 일행이라는 뜻을 지닌 아르고노 트호는 영국 동인도회사의 요청을 받아 모피 무역의 판로를 개척하는 데 목적이 있었다. 이 배는 제주도 남쪽을 거쳐 북쪽으로 올라가다가 거대한 바위가 서 있는 것을 발견했지만, 거센 풍랑을 만나 이 바위를 조사하지 못 한 채 중국으로 돌아갔다고 전해진다. 이 섬은 배 이름을 따서 '아르고노트

섬', 혹은 그 선장의 이름을 붙여 '콜네트섬'으로 불렸는데, 몇몇 해도에서 함경도 원산과 울릉도 사이에 위치한 것으로 표시되기도 하였다. 이로 말미암아 아르고노트섬은 울릉도 혹은 그와 다른 제3의 섬으로 인식되기도 했지만, 훗날 탐사 결과 울릉도의 존재와 위치가 명확하게 알려지면서 존재하지 않는 섬으로 확인되었다.

1797년 9월에는 영국 탐험가 브로우턴(William R. Broughton)이 이끄는 해군 탐사선 프로비던스(Providence)호가 동해로 와서 러시아의 시베리아 동쪽까지 탐사한 뒤 동해를 거슬러 남쪽으로 내려왔다. 그 과정에서 프로비던스호는 함경도 청진 근해를 탐사하고 영흥만에 도착했는데, 그곳을 함장의 이름을 따서 브로우턴만이라고 명명하기도 하였다. 하지만 동해안을 근접해서 항해한 탓에 육지에서 멀리 떨어져 있는 울릉도와 독도를 알아내지는 못하였다.

이어 10월 프로비던스호는 안전한 항구를 찾아 부산 동래 용당포에 정박하였다. 그 동안 이양선은 조선 해안에 나타났어도 육지에 상륙한 적은 없었기 때문에, 이 사건은 커다란 반향을 불러일으켰다. 정부는 즉각 이 사건을 조사하기 위해 비교적 외국 사정에 밝은 문정관(問情官)을 파견하였다. 문정관들은 프로비던스호를 직접 방문해 그들의 정체를 파악하려고 노력했지만 선원과 대화가 통할 리 만무하였다. 브로우턴을 비롯한 선원들은 자신의 의도대로 육지에 내려 측량을 마쳤고, 조선으로부터 땔감과 식량을 공급받은 프로비던스호는 스스로 용당포를 떠났다.

그 후 19세기를 이양선의 시대라고 부를 정도로 이양선은 더욱더 자주 조선 해안에 출몰하였다. 이에 따라 이양선의 목적도 그전과는 사뭇 달라졌다. 종전에 이양선은 지리학적으로 탐사하거나 표류해온 것이 주를 이루었지만, 점차 통상을 요구하거나 선교의 자유를 확보하려는 쪽으로 바뀌었던 것이다. 그 전환점을 이룬 것은 1832년 7월 황해도 몽금포 앞바다에 나타난 영국 동인도회사의 상선 로드 암허스트(Lord Amherst)호였다. 로

사마랑호 일행과 제주도 관리
사마랑호의 함장 벨처 일행이 제주도에서 만났던 제주도 관리의 모습이다. 조선인을 마치 서양인처럼 그린 점이 흥미롭다.

드 암허스트호는 영국 국왕의 명령을 받들어 조선 국왕에게 문서와 예물을 바치고 조선과 무역하러 왔다고 밝혔다. 그러나 정부는 영국이 중국의 공식적인 문서도 받지 않은 채 시장 개방을 요구하는 것은 사리에도 어긋날 뿐 아니라, 다른 나라와 외교관계를 금지하고 있기 때문에 불가능하다는 이유로 거절하고 말았다.

또한 이 배에 독일인 귀츨라프(Karl Gutzlaff)가 타고 있었던 사실도 눈여겨볼만하다. 그는 우리나라에 처음으로 온 개신교 선교사로서 중국어에 능통했기 때문에 필담으로 소통할 수가 있었다. 그는 체재 중 몽금포 등을 순항하면서 기독교를 전파하고 성경책과 중국어로 번역된 지리·수학 서적 등을 배포하려고 시도하였다. 하지만 정부가 영국과 관계 자체를 거부한 탓에 그 역시 선교의 목적을 이루지 못한 채 돌아갔다.

1845년 6월에도 영국 군함 사마랑(Samarang)호가 조선 해안을 탐사하기 위해 파견되었다. 아편전쟁 이후 영국은 중국 해안을 적극적으로 탐사하기 시작했는데, 그 일에 종사하던 사마랑호가 광저우·홍콩을 거쳐 제주도의 우도에 정박하였다. 사마랑호의 함장 벨처(Edward Belcher)는 제주도를 조사한 뒤 남해쪽으로 이동하던 중 거문도를 탐사하고, 이 섬을 당시 영국 해군부 차관의 이름을 따서 해밀턴항(Port Hamilton)이라고 불렀다. 천혜의 요새이자 자연항구인 거문도는 그 후 해밀턴항으로 서양세계에 널리 알려지게 되었다. 정부는 사마랑호의 항해 목적이 단순한 측량이 아니라 로드 암허스트호와 마찬가지로 교역 요구에 있다고 판단했기 때문에, 중국에 자문을 보내 외국 선박이 조선의 바다에 출입하지 못하도록 조치해달라고 요청하였다.

그 뒤로도 1855년에는 해군 중령 포시드(Charles C. Forsyth)가 지휘하는 영국 군함 호넷(Hornet)호가 독도를 관측하고, 군함의 이름을 따서 호넷섬(Hornet Islands)이라는 이름을 붙였다. 포시드는 독도에서 약 5.5km 떨어진 지점까지 접근했는데, 섬은 완전히 불모였고 바위 틈 사이에 잡초 더미들만 보였으며, 그 주변의 바다는 매우 깊어서 아주 고요하지 않으면 섬에 내리기가 어려울 것이라고 파악하였다.

1859년에는 상하이를 중심으로 수로를 조사하던 군함 악테온(Acttaeon)호가 조선해안에 나타났다. 1855년 크림전쟁 당시 영국 함대가 타타르만에서 러시아 함대를 나포하려다 실패한 경험을 교훈으로 삼아 파견된 악테온호의 워드(John Ward) 함장은 거문도에 도착해서 남해안 일대를 탐사하고, 쓰시마를 거쳐 부산 용당포에 머물면서 물품을 지급해달라고 요청하였다.

악테온호가 거문도에 머무르는 동안, 그곳에 거주하는 유학자 김유(金瀏)는 중국인 통역관 오열당(吳悅棠) 등과 함께 중국의 정세뿐만 아니라 시계·증기선·영국문자 등에 관해 필담을 나누었다. 부산에서도 문정관들이 악테온호에 올라 오열당과 필담으로 항해의 목적 등을 알아내고 배 모양과 시설들을 살펴보기도 하였다. 이 소식을 보고받은 정부는 악테온호가 요구한 물품을 모두 들어줄 수 없지만 약재와 반찬거리 등을 마련해주기로 결정하였다.

악테온호는 부산을 떠나 동해로 나아가 울릉도 주변을 탐사한 뒤, 타타르만과 일본 연안을 거쳐 다시 부산에 돌아와 식량 등을 얻은 다음 상하이로 향하였다. 당시 악테온호는 봄과 여름에 여러 달 동안 조선 사람들이 울릉도에 살면서 조개를 채취해 말릴 뿐 아니라 배를 만들어 육지로 가져간다는 기록을 남겼다. 또한 악테온호는 아르고노트섬이 있다는 위치로 항해했지만, 그 섬이 존재하지 않는다는 사실을 최초로 확인하였다. 서양의 해도에서 울릉도와 원산 사이에 표기되었던 아르고노트섬이 울릉도를 오인한 가공의 섬이라는 사실이 비로소 밝혀진 셈이다. 그 결과 아르고노트섬은 서양의 해도에서는 점선으로 표기되었다가 곧 삭제되어 버렸다.

악테온호에 이어 1860년에는 상선 애지마[남백로(南白老)]호가 동래 앞바다에 표류하였다. 이 소식을 접한 문정관은 그 배에 올라서 중국인 양복성(楊福星)과 필담을 나누었다. 양복성은 말을 사서 일본으로 장사하러 가려다가 바람으로 말미암아 표류했는데, 조선에서 말을 사고 싶다고 요청하였다. 그렇지만 문정관은 외국과 교류를 엄격하게 금하고 있으므로 요구를 들어줄 수 없다고 거절하고, 물고기와 과일을 주면서 마무리 지었다. 또 상하이와 일본을 왕래하던 난지로호가 전라도 추자도에 정박했다가 부서진 적도 있었다. 다행히 피해를 입지 않은 작은 배 3척은 상하이로 가서 상황을 보고하고 구원을 요청하기 위해 먼저 떠났다. 정부는 남아 있던 선원들의 요구대로 가장 좋은 조운선 2척을 빌려주고 식량 등을 후하게 지급해주었다.

한편 영국과 달리 프랑스는 천주교 선교를 둘러싼 문제로 조선을 찾아왔다. 18세기 후반부터 중국을 통해 조선에 전래된 천주교는 일반인들에게 널리 확산되었는데, 1801년 신유사옥과 1839년 기유박해 등으로 천주교 신자와 모방(Pieree P. Maubant)·샤스땅(Jacques H. Chastan)·앵베르(Laurant Marie J. Imbert) 등 프랑스 신부들이 다수 목숨을 잃었다. 이 소식을 접한 프랑스는 신자와 선교사들의 처형을 비인도적 만행으로 간주하고 이를 응징해야 한다는 명분을 내세웠다.

그리하여 1846년 5월 쎄씰(Baptiste T. M. Cécile) 제독의 지휘 아래 끌레오빠

트르(Cleopatre)호 등 3척의 군함과 870명의 군인으로 구성된 프랑스 함대는 조선 원정에 나섰다. 그해 8월 초 프랑스 함대는 제주도를 지나 전라도 흑산도 부근의 외연도에 도착하였다. 쎄씰 제독은 조선 관리를 만나 기유박해에 대한 해명을 듣고 배상을 요구하려고 계획하였다. 그러나 조선 해안의 지세를 몰라 서울로 가는 강화도 수로를 발견할 수 없었기 때문에 관리 면담을 포기한 채 조선 정부에 편지를 전달하기로 방침을 바꾸었다. 하지만 섬사람들이 관아와 멀리 떨어져 있어서 편지를 전달하기 어렵다고 주장하는 바람에, 쎄씰 제독은 작은 나무상자에 편지를 담아 외연도에 던져놓고 돌아갈 수밖에 없었다.

그로부터 1년 뒤인 1847년 7월 프랑스는 군함 2척과 군인 560여 명, 그리고 선교사 등 대규모의 제2차 조선원정대를 파견하였다. 그러나 프랑스 함대는 전라도 만경 부근 신치도에 접근했다가 폭풍우를 만나 암초에 부딪쳐 난파되고 말았다. 간신히 부근의 고군산도로 대피한 함장 라 삐에르(La Pierre) 제독은 전라도관찰사에게 화호(和好)를 도모하기 위해 왔다는 문서를 전달하면서 양식과 선박을 빌려주면 되돌아가겠다는 의사를 전달하였다.

이에 정부는 표류인이면 양식과 배를 빌려줄 수 있지만, 박해 당시 밀입국한 선교사를 처형한 일은 정당하다는 답신을 보냈다. 프랑스 함대는 긴급구조를 위해 상하이에서 급파된 영국 군함 편에 중국으로 돌아가는 바람에, 조선 정부의 답신을 받아보지 못하였다. 이로써 두 차례에 걸친 프랑스의 조선원정은 소기의 목적을 달성하기는커녕 오히려 양국의 적대감만 키운 채 실패로 끝났다.

조선의 바다에 모습을 드러낸 프랑스의 이양선들 가운데 가장 우리의 눈길을 끈 것은 포경선 리앙쿠르(Liancourt)호였다. 19세기 전반에 이미 고래가 많이 잡힌다는 소문이 널리 퍼졌던 동해에는 서양의 포경선이 자주 드나들고 있었다. 석유가 등장하기 전까지 연료나 등유로 사용된 고래 기름과 수염은 제법 돈벌이가 되었기 때문이다. 도버해협에 있는 르 아브르(Le Havre)항에 선적을 둔 윈슬루(Winslou)회사 소속의 리앙쿠르호는 1847년 10월 출항해서 그 다음해 5월부터 1849년 8월까지 쿠릴 열도 북부의 오호츠크해와 동해에서 고래를 잡았다.

리앙쿠르호

이 과정에서 1849년 1월 27일 리앙쿠르호는 서양 최초로 독도를 보고, 독도에 배 이름을 따서 '리앙쿠르 바위섬' (Liancourt Rocks)이라는 이름을 붙였다. 리앙쿠르호의 선장 갈로르트 드 수자(Galorte De Souza,

리앙쿠르 바위섬
서양 최초로 독도를 발견한 리앙쿠르호와 꽁스땅띤호 승무원이 그려 프랑스의 『수로지』(1856)에 실린 '리앙쿠르 바위섬'

일명 장 로뻬즈[Jean Lopez 혹은 Lopes])는 1850년 4월 귀항한 뒤 프랑스 해군에 독도를 '발견'한 사실을 보고하였다. 이 보고서에는 "1849년 1월 24일 나는 조선해협(détroit de Corée)의 한 가운데 있는 쓰시마 북쪽을 통과한 뒤, 다즐레섬으로 향하였다. 1월 27일, 나는 다즐레섬이 북동 1/2 북 방향으로 바라보이는 곳에 위치하였다. 그때 동쪽에 큰 암석 하나가 있었다. 이 암석은 어떤 지도나 책자에도 나타나 있지 않았다. 이 암석의 위치는 북위 37도 2분, 동경 131도 46분이었다"는 내용이 담겨져 있다.

이러한 독도의 존재와 위치에 관한 내용은 프랑스 해군부 해도국이 1851년에 발행한 『수로지』에 수록되었다. 아울러 같은 해 해도국이 간행한 「태평양전도」에도 처음으로 '리앙쿠르 바위섬(Rocher du Liancourt)'이라는 이름으로 독도가 정확하게 해도의 좌표에 올려졌다. 그 후 독도는 리앙쿠르 암이라는 이름으로 서양의 지리서·수로지와 해도 등에도 표기되면서 널리 알려지게 되었다.

독도의 모습은 1855년 11월 프랑스의 군함 꽁스땅띤(Constantine)호의 승무원에 의해 그림으로 처음 그려졌다. 이 군함은 일본 홋카이도[北海道]를 떠나 동해를 거쳐 중국 상하이로 향하던 도중 독도를 보게 되었다. 비가 내리고 안개가 짙은 날씨 때문에 28km 떨어진 거리에서 독도의 위치를 정확하게 측정하지 못한 채 바라볼 수밖에 없었지만, 동도와 서도의 모습을 우표만한 크기로 대략적으로나마 그릴 수 있었던 것이다. 이 독도 그림은 프랑스 해군부가 1856년에 간행한 『수로지』에 실려져 있다.

독도와 관련해서 빼놓을 수 없는 이양선은 러시아의 올리부차(Olivutsa)호이다. 1850년대에 들어서면서 러시아는 태평양의 러시아 진지를 강화함과 동시에 중국·일본을 개항시킬 목적으로 동아시아로 눈을 돌리기 시작하였다. 이를 위해 1852년 10월 해군 중장 뿌쨔찐(Evfimi V. Putiatin)이 지휘하는 전함 팔라다(Pallada)호가 발틱해의 해군기지인 끄론슈따뜨(Kronshtadt)항을 출발하였다. 항해 도중인 1853년 8월 팔라다호는 캄챠카반도에서 극동함대 소속의 올리부차호 등과 합류해서 일본 나가사키[長崎]에 도착했으며, 1854년 4월부터 5월까지 거문도를 비롯해 부산에서 두만강까지 조선의 동해안을 정밀하게 조사하였다. 이 과정에서 올리부차호는 러시아에서 최초로 독도를 발견했는데, 올리부차호가 흑해 함대의 소속으로 1846년까지 사용했던 옛 이름인 메넬라이(Menelai)호의 이름을 따서 독도의 서도와 동도를 '올리부차 바위산'과 '메넬라이 바위산'으로 각각 명명하였다.

그 후 러시아 해군부는 팔라다호의 측량 성과를 바탕으로 1857년 러시아 최초로 정교하게 「조선동해안도」를 제작했고, 이어 1862년·1868년·1882년에 이를 증보·발행하면서 그동안의 측량 성과와 1860년 세르게예프(Segeev) 해군 중령이 독도를 3.5마일(6.5km)·5마일(9.3km)·14마일

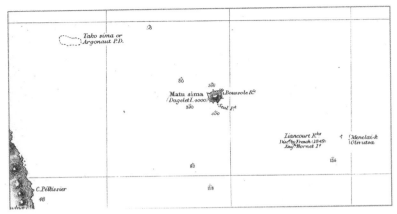

서양의 탐험 성과가 반영된 영국 해군 해도 「일본」(1863)
가공의 섬인 아르고노트섬이 점선으로 그려졌다. 울릉도와 댓섬은 다즐레섬과 부쏠암으로, 독도는 리앙쿠르암(프랑스)·호넷섬(영국)·올리부차 바위산과 메넬라이 바위산(러시아)으로 각각 표기되어 있다.

(25.9km) 거리에서 각각 실측해 사진처럼 정교하게 그린 3점의 그림을 추가하였다. 이들 해도에는 모두 독도의 서도와 동도인 '올리부차 바위산'과 '메넬라이 바위산'이 들어가 있다.

한편 미국의 이양선도 잇달아 조선의 바다에 나타났다. 1853년 1월 고래가 많기로 소문난 동해에서 고래잡이를 하다가 폭풍에 휩쓸려 표류했던 미국의 포경선이 부산 용암포 앞바다에 도착했던 것이다. "어떤 이상한 배가 부산 앞바다에 왔다"는 보고를 받고 이 커다란 배의 정체를 알아보기 위해 두려움을 품은 채 포경선에 올라갔던 김시경(金蓍敬) 등 문정관 3명은 깜짝 놀라고 말았다. 그들이 마주친 사람들의 머리는 고슴도치처럼 산발이었고, 콧대는 오똑했으나 수염은 없었으며, 몸에는 문신이 새겨져 있는 등 '예스럽고 괴상'하게 생겼기 때문이었다.

조선인과 미국인이 역사상 처음 만난 자리였던 만큼, 서로 상대방에 대한 정보는 전혀 갖고 있지 않았다. 더군다나 서로 말도 통할 리 없었고 문자마저 달랐기 때문에, 문정관들은 영어를 보고 마치 구름이나 그림처럼 생겼다고 여겼으니 의사소통이 될 리 만무하였다. 이방인들은 답답한 심정으로 자신들이 미국에서 왔다는 사실을 알리기 위해 수없이 '아메리카'를 외쳤던 것 같다. 비록 문정관은 억양까지 실려 더욱 이상하게 들린 그 발음을 제대로 알아들을 수 없었지만, 그래도 아메리카를 어림으로 짐작해서 낯선 사람들이 '며리계(旀里界)'라는 나라에서 왔다는 보고서를 올렸다.

며리계! 이는 우리나라 사람이 처음 우리 식으로 미국을 지칭한 이름이었던 셈이다. 당시 사람들은 아마도 이 며리계라는 나라가 훗날 우리나라의 운명을 크게 뒤바꿀 정도로 커다란 영향을 미치리라고 꿈에서조차 생각하지 않았을 것이다. 전 국민이 한글보다 영어를 배우는 데 열을 올리고 미국식 생활과 문화가 판치는 오늘날의 상황에 비춰보면 그야말로 상상하기 힘든 이야기가 아닐 수 없다. 이처럼 지금으로부터 불과 160여 년 전에 이뤄졌던 어색한 만남이 바로 우여곡절로 얼룩진 한미관계의 단초를 여는 첫 출발점이었다.

1855년에도 포경선인 투 브러더스(Two Brothers)호의 미국인 선원 4명이 강원도 통천에 표류해 왔다. 선장의 부당한 대우와 학대에 불만을 품은 선원들이 탈출해 망망대해에서 헤매다가 통천 앞바다에 이르렀지만 악천후로 배마저 부서져 간신히 헤엄쳐 살아남았던 것이다. 그곳으로 달려갔던 마을 사람들은 말이 통하지 않아 답답하고 생전 보지도 못했던 괴이한 모습에 당황했지만, 한 달 가까이나 그들을 따듯하고 인정 넘치게 대접해주었다. 정부는 통천군수 이봉구(李鳳九)를 통해 이 소식을 전해 듣고 문정관을 보내 실체를 파악한 뒤 그들을 육로나 수로로 되돌려 보내도록 조치하였다.

그러나 현지에 파견된 문정관은 이국인들과 말도 문자도 통하지 않아서 온갖 방법을 다 써보았지만 어느 나라 사람인지를 도저히 알아낼 수가 없었다. 결국 정부는 전례대로 표류인을 중국으로 보내기로 결정하고, 문정관들로 하여금 이국인들을 서울로 데려오게 하였다. 서울에서도 옌칭[燕京]을 자주 왕래한 역관을 불러다 그들의 정체를 파악하려고 애썼지만 역시 실패하고 말았다. 그래서 서양의 문헌을 많이 가지고 있고 세계의 사정

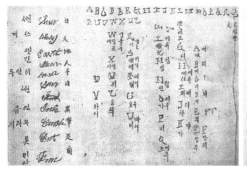

『양화첩』에 실린 알파벳과 미국인 선원 그림

에 비교적 밝다고 알려진 윤협(尹映)·이종원(李鐘元)이 그들을 찾아가『근세
해도환기(近世海圖寰紀)』등 서양의 여러 풍속도를 보여주었는데, 그들은 챙
달린 모자를 쓴 인물과 '화기국(花旗國)'을 보고 매우 반가워하는 표정을
띠었다고 한다. '화기국'은 중국 광둥인들이 미국을 호칭한 것으로, 미국
선박들이 '화기'-성조기-를 달고 다닌 데서 유래하였다.

윤협 등은 처음 본 '화기국' 사람들에 대한 정보를 후세에 남기고자 화
원을 시켜 그들의 모습을 그리게 했으며, 알파벳 26자와 영어 단어 9개를
발음대로 한글과 한자로 적어 두었다. 이것이 바로『양화첩(洋畵帖)』이다.
알파벳 중에는 R자를 백성 '민(民)'자로, Z자는 새 '을(乙)'자로 적었다. 영
어 단어는 10개지만, 해[日]를 뜻하는 Shun을 두 번 썼기 때문에 실제로는
9개이다. 예컨대, '天 Sky 쓰개'·'地 Earth 엇'·'黑 Ink 엉큼' 등이다.

또 '미리견(米利堅)'과 '영길리(英咭唎)'라고 위쪽에 적고 그린 두 선원의
그림도 있다. '미리견' 사람은 챙이 달린 모자를 쓰고 면도를 하지 못한 듯
덥수룩한 수염에 내복과 바지를 입고 장화를 신었으며, '영길리' 사람은 모
자를 쓰지 않은 탓에 머리카락과 수염이 더부룩하고 역시 내복과 바지에
장화를 신은 모습이다. 이들은 개항 이전 조선 사람이 그린 최초이자 유일
한 서양인 모습인데, 과장되거나 왜곡되지 않고 매우 사실적으로 묘사하
였다.『양화첩』을 보면 윤협 등이 이국인들의 국적과 정보를 담기 위해 얼

마나 심혈을 기울였는지를 알 수 있다.

표류선원들이 '화기국' 사람임을 어렴풋이나마 알게 된 정부는 "먼 곳의 사람을 편안하게 대해준다"는 유원지의(柔遠之義)의 방침에 따라 의주를 거쳐 중국으로 호송해주었다. 중국은 인계받은 그들을 베이징으로 데려가 조사한 다음, 상하이주재 미국영사 머피(Robert C. Murphy)에게 인도하였다. 머피의 조사로 선원들은 맥콰이어(Thomas McQuire) 등으로 1854년 6월 뉴잉글랜드 코네티컷의 뉴베드퍼드항을 떠나 동해에서 고래잡이에 나섰다가 선장의 온갖 학대를 견디지 못해 탈출했던 전모가 밝혀졌다. 맥콰이어 등은 그야말로 천신만고 끝에 목숨을 건져 귀국했지만, 조선에 상륙해서 서울에도 발을 디뎠을 뿐 아니라 의주를 거쳐 베이징과 상하이까지 여행 아닌 여행을 했던 최초의 미국인이 되었다.

병인박해와 병인양요 등으로 배외감정이 최고조에 달했던 1866년에도 세 차례나 미국 상선이 들어왔다. 우선 일본에서 교역을 마치고 본국으로 돌아가던 중 풍랑을 만난 사불(Sabul)호가 음식물을 얻기 위해 부산진으로 왔다. 이때 그들은 표류해서 우연히 조선에 왔지만 내친 김에 통상 무역관계를 수립하자고 요구했으나 당연히 거절당하였다. 조선 관원은 이 선박을 '미국 소속'으로 파악했는데, 미국이란 명칭은 아마도 이때가 처음으로 기록된 것으로 알려져 있다. 또한 서프라이즈(Surprise)호 선원들이 중국에서 일본으로 항해하는 도중 배가 부서져 평안도 철산에 표류하였다. 철산부에서는 역시 전통적인 유원지의에 따라 이들에게 음식과 옷가지를 제공한 뒤 의주를 거쳐 중국으로 갈 수 있도록 배려하였다. 천주교에 대해 대대적인 탄압이 가해졌던 당시의 상황에서도, 뒤에서 살펴볼 제너럴 셔먼호는 경우가 달랐지만, 표류해 왔던 미국 상선과 미국인에게는 인도주의에 입각해서 호의를 베풀었던 것이다.

이처럼 조선의 바다에 나타났던 이양선에 대한 조선 정부의 대응은 경우에 따라 매우 달랐다. 서양 배나 선원이 표류하거나 재난을 당해 정박했

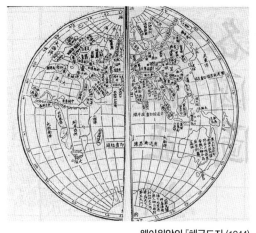

웨이위안의 『해국도지』(1844)   쉬치유의 『영환지략』(1850)

을 경우, 정부는 국적을 따지지 않고 인도주의적인 선의를 베풀었다. 먼 곳에 사는 백성이나 나라를 살피고 어루만져 위로한다는 '유원지의'의 정신에 입각해서 그들이 다시 본국으로 돌아갈 수 있도록 식량이나 땔감을 제공해주면서 보살펴주었던 것이다.

정부는 서양인들이 이양선으로 조선의 연안을 측량하거나 탐사하는 것을 막을 수 없었지만, 통상이나 외교관계 혹은 선교를 요구할 경우 강경하게 거절하면서 거부의사를 표시하였다. 겉으로는 중국과 조공관계를 맺고 있으므로 외국과 사사로이 외교관계를 맺지 못한다는 명분을 내세웠지만, 실제로는 국내 지배질서의 근간을 뒤흔들지도 모를 가능성을 사전에 막으려는 데 있었다.

당시 조선의 위정자 혹은 지식인들도 서구 열강에 대해 그 실체를 파악하는 데 나름대로 노력을 기울였다. 정계 내에서는 중국에서 벌어진 아편전쟁과 애로우호 사건, 그리고 양이(洋夷)의 동향에 대해 관심을 갖지 않을 수 없었다. 정규적 혹은 비정규적으로 중국에 파견되었던 사절들은 중국과 서구 열강의 전쟁 실상과 동태를 수집하는 데 힘썼다. 그 대표적인 사례로는 중국인들이 전쟁의 패배를 경험하면서 서양 열강의 사정을 살피고

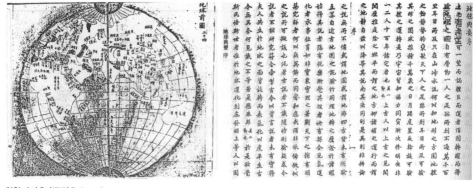
최한기의 『지구전요』(1857)

이에 대처하기 위해 저술한 웨이위안[魏源]의 『해국도지(海國圖志)』(1844)·
쉬치유[徐繼畬]의 『영환지략(瀛環志略)』(1850) 등 세계 인문지리서를 갖고 들
어왔던 사실을 꼽을 수 있다. 이들 정보와 책자는 당시의 위정자들이나 지
식인들에게 커다란 자극을 주었다. 당대의 석학 최한기(崔漢綺)가 두 책자
를 참작해 1857년 『지구전요(地球典要)』를 편찬한 사실은 주목할 만하다.

『지구전요』에는 전 세계 각국의 상황이 비교적 상세하게 적혀 있다. 예
컨대, 미국을 살펴보면 '북아묵리가(北亞墨利加) 미리견합중국(米利堅合衆
國)'의 자연·경제·지리·정치·역사에 대해 자세히 기록했으며, 정교한 지
도도 수록되었다. 『해국도지』 등과 마찬가지로 여기에는 미국이 부강하면
서도 공평한 나라라는 호의적인 미국관이 깔려 있었다. 이로 말미암아 통
상수교 거부정책을 펼치고 있었던 '은둔의 나라' 조선이었지만, 적어도 일
부 위정자와 지식인들 사이에는 은연 중에 미국에 대한 우호적인 감정이
유포되었을 것으로 판단된다. 하지만 병인양요, 제너럴 셔먼호 사건, 오페
르트의 남연군묘 도굴 사건 등으로 서양 제국의 침략에 대한 위기감이 점
차 고조되는 상황 속에서 우호적인 미국관 혹은 서양관은 널리 확산되기
어려웠을 것이다.

III. 열강의 조선 개항 시도

1. 병인양요

조선 연안에 이양선이 자주 출몰하면서 서양이 침략할지도 모른다는 두려움과 경계심이 점차 높아져갔다. 이러한 상황에서 러시아는 1860년 중국과 베이징조약을 맺어 조선과 국경을 접하게 되었으며, 1864년 초에는 러시아인들이 얼어붙은 두만강을 건너 함경도 경흥부에 와서 통상을 요구하기 시작하였다. 당시 조선에서는 1864년 1월, 12세의 나이로 왕위에 오른 고종을 대신해 그의 아버지 흥선대원군이 실질적인 정권을 막 장악했던 시기였다. 따라서 흥선대원군은 러시아의 통상 요구를 즉각 거절하면서 러시아인과 접촉한 사람들을 처벌하도록 조치하였다.

이러한 상황에서 1865년 말 천주교 신자인 남종삼(南鍾三)은 프랑스와 조약을 맺고 프랑스의 강력한 위력을 이용하면 러시아의 남하정책을 막을 수 있으며, 이를 위해 조선에 머물고 있는 프랑스인 선교사의 힘을 빌려야 한다는 청원서를 흥선대원군에게 올렸다. 흥선대원군은 곧 밀어닥칠지도 모를 러시아의 세력을 견제하기 위해 프랑스를 이용하자는 남종삼의 제의에 긍정적인 반응을 보였다고 전해진다. 즉, 조선에 잠입해 있던 조선교구장 베르뇌(Simeon F. Berneux) 주교 등에게 의뢰해 종교의 자유를 조건으로 프랑스·영국과 동맹을 맺으려 했다는 것이다.

그러나 1866년에 접어들면서 흥선대원군은 천주교 금압령(禁壓令)을 공식적으로 선포하고 베르뇌를 비롯한 프랑스 신부들 9명과 남종삼 등 다수의 천주교 신자들을 체포·처형하였다. 남종삼의 제의를 받아들이기는커녕 오히려 이를 빌미로 천주교를 탄압하는 병인박해를 단행했던 것이다.

그 이유에 대해서는 베르뇌가 대외적으로 통상수교 반대정책을 펼치는 흥선대원군의 진의를 믿지 못해 그 제안을 받아들이지 않았기 때문이라거나, 1865년 말 베이징에 파견된 동지사 이홍민(李興敏)이 중국 도처에서 천주교 신자들을 닥치는 대로 탄압한다는 보고를 올렸기 때문이라는 견해도 있다. 이와 더불어 근본적인 원인으로는 흥선대원군이 러시아 등 서구 열강이 침략할 경우 국내에서 내통할지도 모를 천주교도 등의 세력을 사전에 색출·처단함으로써 집권체제를 강화하는 데 역점을 두었던 데 있다고 여겨진다.

병인박해의 와중에서 리델(Felix C. Ridel)·페롱(Stanisas Feron)·깔레(Adolphe N. Calais) 등 세 신부는 간신히 목숨을 건졌다. 그중 리델은 조선을 탈출해 중국 산둥[山東]의 즈푸[芝罘]를 거쳐 톈진으로 가서 프랑스 극동 함대 사령관 로즈(Pierre G. Roze) 제독에게 병인박해의 상황을 알리고, 나머지 두 신부를 구출하기 위해 군함을 출동시켜 달라고 요청하였다. 로즈 제독은 이 사건을 본국 해군부와 중국주재 프랑스대리공사 벨로네(Henry de Bellonet)에게 보고하고 조선에 군사적으로 보복하기 위해 출정하려고 계획하였다. 그러나 때마침 베트남의 저항운동이 일어나서 로즈가 이를 진압하기 위해 출동하는 바람에 조선 출정은 연기되었다.

그 사이 벨로네는 중국 총리아문에 군함을 조선에 출동시킬 것이라고 통보했고, 이에 중국은 우선 진상을 조사해야 한다고 경고함과 동시에 그 사실을 조선 정부에 알려 대책을 강구하라고 조치하였다. 예상외로 베트남의 저항운동을 빨리 마무리짓고 돌아온 로즈는 조선에 실질적으로 선전포고를 한 벨로네의 행동이 오히려 기밀을 누설해 조선 원정을 어렵게 만들었다고 비판하는 보고서를 본국 해군부에 올렸다. 이에 해군부는 외무부를 통해 벨로네의 경솔한 행동을 질책함으로써 로즈의 주도 아래 조선 원정이 추진되기 시작하였다.

1866년 9월 18일(8/10) 로즈는 프리모게(Primauguet)호 등 3척의 군함을 이

병인양요 : 문수산성을 공격하는 프랑스 함대

끌고 즈푸를 출발해 20일 남양만에 도착한 뒤, 리델 신부와 조선인 천주교 신자의 안내를 받으면서 조선의 해안과 한강 수로 입구를 탐색하였다. 이어 로즈는 강화도를 지나 24일 만조를 이용해 한강을 거슬러 수심을 측정했으며, 26일 조선 선단에 발포하면서 양화진을 거쳐 서울의 시가 일부를 바라볼 수 있는 서강 어귀에 다다랐다. 그 다음날 로즈는 서강에서 더 나아가지 않고 후속 작전을 위해 군함을 되돌려 10월 3일 즈푸로 돌아갔다. 이 과정에서 프랑스군은 탐사 결과를 바탕으로 세밀한 지도 3장을 만들었다.

그 후 로즈는 조선 원정 결과를 본국 해군부에 보고하면서 한강의 수심이 너무 얕아 군함이 좌초될 위험이 크며 자신의 함대만으로는 조선을 굴복시키기에 역부족이므로 군사력의 증강을 요청하였다. 이어 그는 기동 훈련을 실시하는 등 만반의 준비를 갖춘 다음, 제1차 원정 당시보다 많은 7척의 군함과 약 1,000명의 병력을 동원해 10월 11일(9/3) 즈푸를 출발해 이틀 뒤에 물치도에 도착하였다. 로즈는 서울 대신 강화도를 점령하고 한강을 봉쇄함으로써 조선을 굴복시킨다는 계획 아래 16일 강화도를 공격·

점령했으며 그 다음날에는 통진부를 습격해 약탈과 방화를 일삼았다. 아울러 그는 조선 정부에 프랑스 선교사를 살해한 책임자를 색출·처형하고 전권위원을 파견해 조약을 체결하라고 요구하였다.

홍선대원군은 프랑스 함대의 불법적인 강화도 점령에 강력하게 항의하면서 무력으로 대응하기로 방침을 정한 다음, 곧 순무영(巡撫營)을 설치하고 순무사에 이경하(李景夏), 중군에 이용희(李容熙), 천총에 양헌수(梁憲洙)를 각각 임명하였다. 순무사 이경하 등은 보군 500명과 마병 100여 명을 이끌고 10월 17일 양화진에 도착했지만, 이미 강화도는 프랑스 함대에 함락되어 있었다. 홍선대원군은 도성과 한강 연안을 방어하는 데 만전을 기하기도 하였다.

한편 로즈는 한동안 사태의 추이를 살펴보기 위해 관망의 자세를 취하고 있다가 천주교도로부터 조선의 응전 태세가 더욱 강화되고 있다는 정보를 입수하고 재차 공세에 나섰다. 그리하여 10월 26일 로즈는 조선군이 진을 쳤던 문수산성에 군대를 보내 공격하였다. 조선군은 화력과 병력의 열세로 말미암아 패퇴할 수밖에 없었지만, 선제공격으로 프랑스군 3명을 사살하고 2명에 부상을 입히는 자그마한 성과를 거두기도 하였다.

이후 로즈는 강화도 교동부에 있는 경기수영을 포격한 데 이어 11월 9일 정족산성에 대한 공격을 감행하였다. 양헌수가 이끄는 조선군 500여 명이 요새인 정족산성으로 건너와 진을 치고 있다는 정보를 입수했기 때문이다. 그러나 프랑스군 160명은 조선군을 얕잡아보고 대포를 동원하지 않은데다가 양헌수의 치밀한 매복과 기습공격으로 6명의 사망자와 30여 명의 부상자를 내고 무기마저 버린 채 물러서지 않을 수 없었다.

정족산성 전투에서 패배하자 로즈는 강화도에서 철수하기로 결정하였다. 강화도를 점령하고 한강을 봉쇄함으로써 조선을 굴복시키겠다는 계획이 전혀 먹혀들지 않는다고 깨달았기 때문이다. 오히려 조선의 강경하고 거국적인 대응으로 프랑스군이 포위되는 상황에 처했고, 곧 겨울이 다가와 한강 일대가 얼어붙으면 근거지인 물치도와도 연락이 차단되고 군함의 이동 역시 지장을 초래할 염려가 있었다. 따라서 로즈는 강화읍을 방화·파괴하고 11월 11일 각종 문화재를 비롯한 전리품을 싣고서 강화도에서 철수했으며, 조선 해안을 측량한 뒤 18일 한강봉쇄령의 해제를 선언하고 조선을 떠남으로써 원정을 마무리지었다.

로즈는 선교사 학살을 응징하기 위한 보복원정이 소기의 목적을 달성했다고 자평했지만, 조선을 개항시키려는 교섭도 벌이지 못했을 뿐 아니라 전쟁에서 완전한 승리를 거두지도 못했던 탓에 실제로는 실패했다는 여론이 지배적이었다. 더군다나 병인양요를 겪으면서 조선이 천주교를 더욱 박해하고 통상수교정책을 강력하게 거부하는 역효과를 낳기도 하였다. 굳이 성과를 거두었다면 엄청난 양의 은궤와 귀중한 외규장각 소장의 도서를 전리품으로 획득한 것이었다. 이들 중 외규장각 도서들은 1975년 베르사유 궁전 별관의 파손된 창고에서 처음 발견되어 파리국립도서관에 소장되어 있다가 2011년에야 비로소 5년마다 갱신이 가능한 대여 형식으로 반환되었다.

2. 오페르트의 남연군묘 도굴 사건

병인양요로 가뜩이나 서양국가와 서양인에 대한 반감이 극도로 고조되고 있을 무렵, 그들에 대한 증오심과 혐오감을 더욱 강렬하게 갖게 만드는 사건이 벌어졌다. 1868년 5월 독일 상인 오페르트(E. J. Oppert)가 흥선대원군의 아버지인 남연군의 묘를 도굴하려고 시도했던 것이다. 오페르트는 일찍부터 일확천금을 꿈꾸면서 이미 두 차례나 영국 상선을 타고 조선을 방문해 영국 상인으로 행세하면서 통상을 요구했다가 거절당한 적이 있었다. 이를 통해 조선의 사정과 항로에 비교적 밝았던 오페르트는 제너럴 셔

해문방수비(1867)

"해상 관문을 막아 지킬 것이니 다른 나라의 선박은 삼가고 통과시키지 말래[해문방수타국선물과(海門防守他國船
愼勿過)]"라는 글자가 새겨진 이 비는 병인양요 직후인 1867년에 흥선대원군의 명령을 받아 강화 덕진첨사가 세웠
다. 이 비는 표면적으로 외국 선박에 대한 경고의 의미를 담고 있어 '경고비'라고도 부르지만, 실질적으로 강화도의
주민과 군사들에게 국가의 대외항쟁 의지를 고취하려는 목적도 띠고 있었다.

먼호 사건 등으로 미루어 비상수단을 쓰지 않으면 조선과 교역할 수 없다
고 판단하게 되었다.

따라서 오페르트는 병인박해 당시 위기를 모면했던 프랑스의 페롱 신부
와 중국으로 망명했던 조선인 천주교 신자 최선일(崔善一) 등의 건의를 받
아들여 다시 조선으로 가기로 결정하게 되었다. 이때 최선일은 흥선대원

군의 아버지인 남연군의 묘를 도굴해서 시신과 매장된 부장품을 빌미로 통상을 흥정하면 반드시 성공을 거둘 수 있을 것이라고 제안했다고 전해진다. 이 계획에 실질적으로 자금 등을 지원한 인물은 미국인 젠킨스(F. B. Jenkins)였다. 오페르트가 구입했던 차이나(China)호와 그레타(Greta)호 등 2척의 상선과 이에 동원된 140여 명의 선원에 대한 모든 경비를 대주었던 것이다.

마침내 1868년 5월 오페르트와 젠킨스는 최선일을 길 안내역으로 앞세우고 일본 나가사키에서 총과 도굴용 도구를 구입한 뒤 조선으로 떠났다. 그들은 충청도 행담도에 도착한 다음 덕산군 구만포에 상륙하였다. 군복을 입고 총검과 대포로 무장한 그들은 러시아인으로 사칭하면서 덕산관아를 습격해 무기를 빼앗고 밤늦게 남연군묘에 도착해 도굴하기 시작하였다.

이에 덕산 군민들이 그 작업을 막으려 했지만, 병력과 무력의 열세로 물러서지 않을 수 없었다. 그러나 남연군묘는 조성할 당시 뒷날 혹시 파헤칠 것을 염두에 두고 횟가루를 보통보다 몇 배나 뿌릴 정도로 워낙 튼튼하게 만들어졌기 때문에, 오페르트 일행은 밤새도록 작업했지만 겨우 봉분을 걷어내는 데 그치고 말았다. 여기에는 구만포에서 남연군묘까지 도착하는 데 시간을 너무 소비한 탓도 있었다. 결국 날이 밝아오자 그들은 더 이상 묘를 도굴하지 못한 채 철수하게 되었다.

이 소식을 접한 조선 정계는 발칵 뒤집혔다. 굳이 유교적 윤리를 내세우지 않더라도 무덤을 파헤치는 행위는 그 누구도 용서할 수 없는 비인도적이고 파렴치한 일이었기 때문이다. 그 대상도 다름이 아니라 국왕의 할아버지이자 당시의 실권자 흥선대원군의 생부였던 남연군의 묘였으니 더 말할 나위도 없었다. 이에 대해 정부는 "너희 나라와 우리나라 사이에는 원래 왕래도 없었고 은혜를 입거나 원수를 졌던 일도 없다. 이번 덕산 묘지에서 저지른 사건은 사람으로서 차마 할 수 없는 일이다. 또한, 무기를 빼앗고 백성들의 재물을 강탈하는 것도 사리로 볼 때 용납할 수 없다. 따라서 우리나라 신하와 백성들은 있는 힘을 다해 한마음으로 네놈들과 같은 하늘을 이고 살 수 없다는 것을 다짐할 뿐이다"고 극도의 분노를 드러냈다. 결국 이 사건으로 조선에서 서양인에 대한 반감은 매우 고조되었고, 흥선대원군도 서양 세력에 대해 더욱 강경한 태도를 갖게 되었다.

3. 제너럴 셔먼호 사건과 신미양요

병인양요가 일어나기 두 달 전인 1866년 8월 15일(7/6) 미국 상선 제너럴 셔먼(General Sherman)호가 평안도 용강현 앞바다에 나타나 점차 대동강을 거슬러 올라가 통상을 요구하는 사건이 일어났다. 선주인 미국 상인 프레스턴(W. B. Preston)이 조선과 직접 통상해볼 목적으로 톈진 소재 영국인 소유의 메도우즈상사(Meadows & Co.)와 협력해 면직물 등을 싣고 나타났던 것이다. 제너럴 셔먼호에는 프레스턴을 비롯해 선장 페이지(Page), 통역을 맡은 영국 런던선교회의 선교사 토마스(Robert J. Thomas), 중국인과 말레이시아인으로 구성된 인부 등 모두 20여 명이 타고 있었다. 또 이 배는 원래 해군 소속의 군함으로 대포로 중무장했기 때문에 조선인의 입장에서 보면 무역선이라기보다 군함에 가까웠다.

이 소식을 접한 평안도관찰사로 있던 박규수(朴珪壽)는 처음에는 유원지의에 입각해 식량과 땔감을 챙겨주었으며, 중군 이현익(李玄益)과 평양부서윤 신태정(申泰鼎)을 보내 방문 목적 등을 탐문하였다. 토마스 등은 조선에 무역하기 위해 왔으며, 프랑스인 선교사를 살해한 이유를 물으면서 야소교(耶蘇敎, 크리스트교)가 천주교와 다르다면서 선교를 허용해달라고 주장하였다. 이에 이현익은 천주교나 야소교 모두 국가에서 엄하게 금지하고 있으며 교역 역시 허가하고 있지 않으므로 즉시 퇴거할 것을 요청하였다.

그럼에도 제너럴 셔먼호는 조선 측의 요청을 무시한 채 제멋대로 상륙

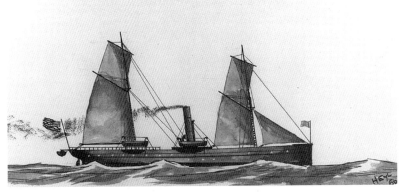

하거나 발포하면서 계속 거슬러 올라갔다. 심지어 8월 25일(7/16) 제너럴 셔먼호는 항해를 저지하기 위해 추격하던 이현익을 납치했고, 그의 석방 대가로 쌀·금은 등을 요구하였다. 28일 제너럴 셔먼호가 이현익을 억류한 채 강을 거슬러오자, 이에 격분한 평양의 군민은 이현익을 석방하라고 외치면서 제너럴 셔먼호에 돌을 던졌고, 군사들도 활이나 총을 난사해 급기야 무력충돌이 벌어지기도 하였다. 이러한 혼란을 틈타 퇴역장교 박춘권(朴春權)은 제너럴 셔먼호에 들어가 이현익을 구출해왔다.

한편 29일 제너럴 셔먼호는 폭우로 급격하게 불어났던 대동강 물이 갑자기 줄어 좌초된 채 움직이지 못하게 되었고, 31일에는 그 부근을 지나가는 상선을 약탈하고 대포와 총을 발사해 사상자가 발생하였다. 마침내 박규수는 이러한 사태를 더 이상 방치할 수 없다는 판단 아래, 짚더미에 화약을 실은 화선(火船)으로 공격을 개시하였다. 결국 3일째 되던 9월 2일 제너럴 셔먼호는 불타서 침몰했고, 승선원 모두 살해되고 말았다.

제너럴 셔먼호 사건 후 미국은 중국 정부에 중재를 요청했으며, 사건의 진상을 파악하기 위해 두 차례에 걸쳐 군함을 조선에 파견하였다. 1867년 1월 와추세트(Wachusett)호의 함장 슈펠트(Robert W. Shufeldt)는 사건의 진상을 조사하고 혹시 있을지도 모를 생존 선원을 찾으려고 애썼지만, 조선 측의

1871년 5월 조선으로 출동하기 위해 일본 나가사키항에 정박하고 있는 미국 아시아 함대

비협조로 성과를 거둘 수 없었다. 따라서 그는 남쪽으로 내려가 거문도를 탐사하고 미국의 해군기지로 적합하다고 판단했으며, 만약 기회가 주어지면 직접 조선을 방문해 조약 체결을 교섭하기로 결심했다고 전해진다. 실제로 슈펠트는 1882년 조선에 전권대신으로 와서 조미조약을 맺은 장본인이 되었다. 1868년에도 미국의 아시아 함대 소속 셰난도어(Shenandoah)호가 조선에 파견되었지만 역시 별다른 성과를 거두지 못하였다. 당시 미국은 조선 개항에 대한 강력한 의지를 표명하지 않은 채 사건의 진상을 조사하는 데 역점을 두었기 때문에 군사충돌은 일어나지 않았다.

그렇다고 미국이 제너럴 셔먼호 사건에 대한 조사와 보복을 포기한 것은 아니었다. 1870년에 접어들어 대륙횡단철도의 완성으로 동아시아에 진출할 여건이 조성되자 미국 정부는 두 차례의 진상 및 탐문 보고서를 토대로 중국주재 로우(F. F. Low) 공사에게 조선의 개항을 교섭하라는 지시를 내렸다. 1871년 3월 로우 공사는 중국 총리아문에게 미국의 조선 원정 결정을 조선 측에 전달해줄 것을 요청하였다. 그러나 조선 측의 답변이 도착하기도 전에 로우는 군함을 출동시켰다.

마침내 1871년 5월 16일 아시아 함대 제독 로저스(J. Rodgers)와 조선파견

강화도 인근을 지나가는 미국 군함 모노카시호

전권공사 로우 일행은 나가사키에서 미국 기함 콜로라도(Colorada)호를 비롯한 4척의 군함, 총병력 1,369명을 이끌고 조선으로 떠났다. 미국은 조선으로 출동하기 앞서 병인양요 당시 프랑스의 패배를 경험으로 삼아 두 번에 걸쳐 탐문 항해를 했을 뿐 아니라 나가사키에 집결해 약 보름 동안 실전에 못지않은 해상 기동훈련을 실시하는 등 만만의 준비를 갖추었다. 3년 전 조선은 막강한 프랑스 함대의 침략을 물리치고 대동강에서 제너럴 셔먼호를 불태워 버린 적이 있었기 때문이다. 미군들 사이에 '조선인은 헤라클레스와 같은 괴력을 가졌다'거나 '윌리엄 텔처럼 백발백중의 사격술을 지녔다'는 등의 소문이 나돌고 있었던 탓에 긴장감이 흘렀다고 전해진다.

남양만에 도착한 미군은 뱃길을 탐사하면서 북상해 물치도를 모함의 정박지로 정한 다음 조선에 해안을 탐측하겠다고 일방적으로 통고하였다. 조선 측도 병인양요 후 강화도 포대에 많은 대포를 비치하고 식량을 비축하고 있었으며, 전국의 숙련된 포수를 모집해 방비를 강화하고 있었다. 당시 집권자였던 흥선대원군은 미군의 불법 영해 침범을 경고하고 즉시 철수해달라고 요구하였다.

그러나 이를 무시한 채 6월 1일 포함 2척과 기정 4척으로 구성된 미군

신미양요 때 미국 군함들 : 알래스카호(위)와 콜로라도호

의 탐측대는 서울의 관문인 강화도 해협 수로를 측량·정찰할 목적으로 해협을 거슬러 올라갔다. 탐측대가 손돌목 포대 부근에 도달했을 때, 포탄이 빗발치듯 날라 왔다. 남북전쟁에 참전한 적이 있었던 탐측대장 블레이크(Homer C. Blake)가 뒷날 "그렇게 좁은 곳에서, 그렇게 짧은 시간에 치열한 포격을 당해 본 일은 처음이었다"고 회고할 정도로 집중적인 포격을 받았던 것이다. 하지만 조선 대포의 성능이 형편없었기 때문에 미군의 탐측대는 한 발도 맞지 않았다. 다만 갑작스런 공격에 당황한 나머지 모노카시(Monocasy)호가 암초에 부딪쳐 구멍이 뚫렸지만, 탐측대는 곧 전열을 가다듬은 뒤 철수하였다.

손돌목 포격 사건을 빌미로 삼아 6월 10일 블레이크 대령이 총지휘하는 상륙부대는 대대적인 강화도 침공 작전을 펼쳤다. 미국 측은 압도적으로 우세한 무력을 바탕으로 초지진에 함포 사격을 가해 초토화시킨 다음 별다른 저항도 받지 않은 채 육전대를 상륙시켰다. 그날 밤 조선군은 미국을 기습 공격했지만 별다른 성과를 거두지 못했다. 다음날 초지진을 점령한 미군은 수륙양면작전을 전개하면서 덕진진을 점거한 데 이어 파죽지세로 광성보에 다다랐다.

강화수로의 가장 중요한 근거지이자 난공불락의 자연 요새로 알려진 광성보에는 진무사 중군 어재연(魚在淵)과 그의 동생 어재순(魚在淳)등이 이끄는 최정예 부대가 지키고 있었다. 그들은 총포와 활로 끈질기게 저항했지만, 수륙 양면에서 한 시간 이상 동안 포격을 가한 뒤 쳐들어오는 미군 앞에서는 속수무책이었다. 전투가 끝난 뒤 손돌목 돈대에 높이 휘날리던 '장수 수'자가 새겨진 수자기(帥字旗)가 내려지고, 그 대신 성조기가 걸렸다.

이 수자기를 비롯해 당시 강화도 광성포대에서 미군이 노획해간 50개의 군기와 대포 481문, 그리고 일심선(一心扇) 등은 현재 아나폴리스에 있는 미국 해군사관학교 박물관에 보관되어 있다. 이들 중 펼치면 둥근 원이 되는 일심선의 부챗살에는 죽음을 각오하고 싸움에 임하겠다고 서약한 병사들의 이름들이 줄줄이 쓰여져 있다. 실제로 혈투 끝에 광성포대가 점령당했을 당시 부상당한 병사들은 미군의 총부리를 끌어당겨 죽여 달라 애원했고, 걸을 수 있는 병사들은 한강에 투신하였다. 이를 목격한 미군 장교는 그들이 "강물에 떨어진 꽃잎들처럼 떠내려갔다"고 기록할 정도였다.

신미양요에서 조선군은 전사자 350명, 부상자 20명이었던 데 비해 미군은 전사자 3명, 중상자 5명, 경상자 5명에 지나지 않았다. 조·미 양국 간 최초의 전쟁이었던 신미양요는 그야말로 미국의 위신을 크게 선양한 일방적인 승리였고, 미국 해군이 자랑스럽게 여길 만한 전승이었다. 승전군을 맞이한 미국 아시아 함대 사령관 로저스 제독은 전승 축하 훈령을 발표하였다. 이 정도의 승리였으면 조선이 당연히 두려워서라도 더 이상 저항하지 않은 채 미국의 요구를 받아들이지 않을 수 없다고 생각했을 것이다.

그럼에도 바로 그날 국왕 고종은 패전을 결코 인정하지 않고 오히려 "서양 오랑캐[양이(洋夷)]가 화친하려는 것이 무엇 때문인지 모르지만, 수천 년 동안 예의의 나라인 우리가 어찌 개나 양 같은 자들과 서로 화친할 수 있겠는가. 비록 몇 년을 서로 버티더라도 반드시 통절(痛絶)할 것이다"고 강경책을 고수하면서 전국의 주요 도시에 척화비를 세우라는 지시를 내렸다. "서양 오랑캐가 침범했는데 싸우지 않으면 화의하는 것이요, 화의를 주장함은 나라를 파는 것이다"는 내용이 새겨진 척화비에는 쇄국양이정책을 굳건히 표방하는 의지가 담겨 있었다. 또 미국인은 양추(洋醜)이자 양비(洋匪), 심지어 성불능자를 의미하는 흑고자(黑鼓子)로 불렸던 사실로 비추어 얼마나 경멸의 대상이 되었는지를 짐작할 수 있다.

이처럼 조선이 전투에 패배했음에도 강경한 정책과 저항 의지를 천명했기 때문에, 미군의 막강한 군사력에 압도당한 조선 정부가 쉽사리 개항 교섭에 나설 것이라는 미국 측의 예상은 완전히 빗나가고 말았다. 더군다나 미국의 원정대는 강화해협을 통과할 수 있는 포함이 2척에 불과한데다가 서울 진격을 위한 정부의 훈령을 다시 받는 데 시간이 오래 걸리는 사정이 겹쳤다. 결국 로저스는 무려 21일간 기다려도 조선 정부에서 아무런 반응을 보이지 않자, 조선을 개항시킬 수 없다고 생각해 교섭을 포기하고 7월 3일 작약도 정박지로부터 함대를 철수해 5일 중국 즈푸로 돌아갔다. 미국 해군부에서도 "승리는 승리였으나 누구 한 사람 그다지 자랑할 것도 못되며, 누구 한 사람 기억하고 싶지도 않은 무의미한 승리였다"고 원정의 실패를 자인하지 않을 수 없었다. 신미양요는 조선에서 미국에 대한 악감정만 널리 퍼트리는 역효과를 불러일으켰던 것이다.

1865년 미국의 동인도·중국해 함대가 아시아 함대로 개편된 후 처음으로 무력팽창을 벌였던 신미양요는 제너럴 셔먼호 사건에 대한 응징을 빌미로 조선을 개항시키려 했던 원래의 목적을 달성하기는커녕, 양국 간의 상호 불신과 악감정을 더욱 널리 퍼트리는 부정적인 효과만 초래하고 말았다. 그 원인은 조선에서 병인박해와 병인양요, 제너럴 셔먼호 사건, 오페르트의 남연군묘 도굴 사건 등으로 서양 제국에 대한 반감이 팽배했기 때문에 국제정세를 올바로 파악하지 못하고 대처한 탓도 있었다. 하지만 미국이 조선의 상황을 무시한 채 전통적인 포함외교에 의해 무력적·공격적 자세로 개항을 강요하려 한 책임도 적지 않다. 이처럼 신미양요는 상대국에 대해 올바른 대화나 이해도 하지 않은 채 자국의 입장만을 관철시키려

할 경우 양국 모두에게 불행하고도 부정적인 영향을 끼친다는 중요한 교
훈을 던져주고 있다.

〈참고문헌〉

[Ⅰ. 서구의 동아시아 침략과 그 영향]

이광린, 『한국사강좌 Ⅴ 근대편』, 일조각, 1981.

권혁수, 『근대한중관계사의 재조명』, 혜안, 2007.

한중일3국 공동역사편찬위원회, 『한중일이 함께 쓴 동아시아 근현대사1』, 휴머니스트, 2012.

한국근현대사학회, 『한국근현대사강의』, 한울아카데미, 2013.

조동걸, 『한국 근현대사 개론』, 역사공간, 2014.

[Ⅱ. 이양선의 출몰]

한상복, 『해양학에서 본 한국학』, 해조사, 1988.

강재언, 이규수 역, 『서양과 조선 – 그 이문화 격투의 역사 – 』, 학고재, 1998.

이진명, 『독도, 지리상의 재발견』, 삼인, 2005(개정증보판).

박천홍, 『악령이 출몰하던 조선의 바다 – 서양과 조선의 만남 – 』, 현실문화, 2008.

김성준, 『한국항해선박사』, 혜안, 2015.

[Ⅲ. 열강의 개항 시도]

김원모, 『한미 외교관계 100년사』, 철학과현실사, 2002.

한철호, 「멀고도 가까운 나라 며리계·미리견합중국·미국 – 개화기 한미관계와 대미인식 – 」, 『내일을 여는 역사』 12, 2003.

이헌주, 「관찰사 박규수, 평양사람들과 제너럴 셔먼호를 불태운 배경은?」, 『개화기 지방 사람들(2)』, 어진이, 2006.

H. 쥐베르, C. H. 마르탱 지음, 유소연 옮김, 『프랑스 군인 쥐베르가 기록한 병인양요』, 살림출판사, 2010.

육군군사연구소 기획, 『한국군사사 9 – 근·현대 Ⅰ – 』, 육군본부, 2012.

김용구, 『약탈제국주의와 한반도 - 세계외교사 흐름 속의 병인·신미양요 - 』,
　　원, 2013.
박병선, 『1866 병인년, 프랑스가 조선을 침노하다 - 프랑스인이 기록한
　　병인양요 두 번째 이야기 - 』, 조율, 2013.

2장

문호 개방 :
바다가 열리다

Ⅰ. 강화도 사건과 조일수호조규 체결

홍선대원군이 정권에서 물러난 뒤 정치의 전면으로 나선 고종은 종전과 달리 통상수교 거부정책을 완화하는 방향으로 나아갔다. 이미 정부 내부에서도 병인양요·신미양요 등을 겪으면서 서양과 통교할 수밖에 없을 것이라는 의견이 싹트고 있었다. 특히 북학파의 사상을 계승한 박규수·오경석(吳慶錫) 등 일부 선각적인 양반과 중인들은 베이징을 왕래하면서 양무운동의 실태와 국제정세의 변화상을 직접 목격했으며, 더 이상 서구 열강과 군사적 충돌을 벌이지 말고 교류와 문호개방을 통해 근대적 기술과 문물을 받아들이자는 통상개화론을 주장하였다.

그럼에도 정계 내에서 여전히 자국의 천황을 '황(皇)'으로 칭하고 중국 천자의 조서를 의미하는 '칙(勅)'이라는 용어를 사용했던 일본의 서계를 거부해야 한다는 분위기가 팽배해 있었다. 이러한 상황에서 박규수 등 초기 개화사상가들은 일본과 서양이 한편이 되어 침입하는 것을 방지하기 위해라도 일본에 개국해야 한다는 입장을 취하였다. 종전에 문제가 되었던 서계의 내용 중 쓰시마주의 관직명은 일본의 정령(政令)이 바뀐 데 따른 것이지 조선을 경멸하는 성질의 것이 아니며, '황'이나 '칙'의 용어 사용도 자국 안에서 스스로 높여 부르는 것이지 조선 국왕과의 상하관계를 함의하지 않는 만큼 조선이 상관할 필요가 없다는 논리였다. 이러한 논리는 점차 설득력을 얻으면서 1876년 일본과 조약을 체결하는 데 중요한 기반이 되었다.

한편 일본에서는 흥선대원군 말기인 1873년 조선을 무력으로 정벌하자는 침략적 팽창론인 정한론(征韓論)이 시기상조라는 이유로 보류되었지만, 1874년에는 타이완[臺灣]정벌이 이루어졌다. 그 후 일본은 조선과 교섭을 재개하고자 일본의 군함을 파견해 이를 배경으로 교섭한다면 일본에 유리한 조약이 체결될 것이라고 판단하게 되었다. 이어 1875년 부산에 주재했던 히로쓰[廣津弘信]와 모리야마[森山茂] 등은 군함을 조선에 파견해서 조약을 체결하는 강경책이 가장 효과적 방법이라는 건백서를 외무성에 올렸다. 금일 정권 교체로 혼란한 조선에 일본이 1~2척의 군함을 소규모로 파견하면, 훗날 대규모로 군함을 파견할 필요 없이 개항시킬 수 있다는 내용이다. 여기에는 한두 척의 군함만을 파견해 대규모 전쟁이나 침략의 효과를 노리면서, 이를 통해 조선을 개항시키려는 일본의 의도가 드러나 있다.

이에 대해 외무성 측은 원칙적으로 찬성하지만 군함을 동원한 일본의 군사행동이 자칫 외국에 출병으로 오해를 불러일으킬지도 모른다고 염려했던 반면, 군부 측은 적극적으로 지지하고 나섰다. 당시 정부 최고정책결정자의 내각 참의와 행정 각성 장관 겸임 금지 등 내각개혁안을 둘러싸고 정계 내에서 갈등을 빚고 있었던 상황에서 실권자였던 오쿠보[大久保利通]는 군함을 파견하는 데 동의하게 되었다. 따라서 뒷날 강화도 사건['운요호 사건']은 정계의 관심을 조선에 돌려 정치적인 궁지에서 벗어나기 위한 오쿠보의 발악이라는 평가를 받기도 한다

운요호

강화도 사건 : 영종도를 침공하는 일본군

　마침내 일본은 무력으로 조선을 개항시킬 목적으로 1875년 운요[雲揚]
호를 파견하기로 결정하였다. 운요호의 이노우에[井上良馨] 함장은 해군성
으로부터 명목상으로 조선의 동남서해안부터 중국의 뉴촹[牛莊]까지 수로
를 탐사하라는 명령을 받았다. 그렇지만 실직적인 목적은 어떻게 해서라
도 조선과 분쟁을 일으킬 꼬투리를 잡는 데 있었다. 이에 9월 20일 그는 강
화도 동남쪽에 있는 난지도 부근에 도착한 뒤, 운요호의 보트를 내려 담수

를 구한다는 명목으로 강화도 초지진으로 접근토록 조치하였다. 이처럼 보트가 허락도 없이 강화도로 다가오자 초지진의 강화 수비대는 위협 포격을 가하였다. 이를 빌미로 운요호는 물러가기는커녕 초지진에 포격을 가하고, 해병대를 영종도에 상륙시켜 살인과 약탈, 방화를 저지른 다음 전리품을 싣고 일본으로 돌아갔다. 이는 서구 열강이 자행했던 전형적인 포함외교를 재현한 것이다. 이른바 강화도 사건이다.

그 후 일본은 가스가[春日]·다이니테이보[第2丁卯] 등의 군함을 잇달아 부산에 파견해 무력시위를 벌였다. 아울러 일본 정부는 운요호를 파견해 의도적으로 도발을 자행한 진실을 은폐한 채 사건 과정에서 조선 수비대가 일본 국기를 모독했다고 억지를 부리며 대규모 군함과 병력을 파견해 조선에 개항을 강요하기로 결정하였다. 영국이 애로우호 사건 당시 불법적인 아편무역 행위는 도외시한 채 자국의 국기가 모독 받았다는 이유로 사과는커녕 침략을 합리화했던 사례를 그대로 모방해 조선에 적용시켰던 것이다. 일본은 서구 제국주의 열강의 침략으로 고통을 직접 받고 있는 와중에서 그 논리를 고스란히 조선에 악의적으로 적용시켰던 것이다.

한편 일본 정부는 도쿄에 주재한 서양 각국의 공사에게 운요호의 행동이 만국공법에 비춰보아도 정당하다고 강조하면서 사절단 파견에 대한 양해를 구하는 데 힘썼다. 사절단 파견은 평화주의에 입각해 조약을 체결하는 데 목적이 있으므로 미국의 페리가 일본에 내항한 것과 같은 처치이며, 평화의 사신을 보내 항해안전 및 무역을 도모하는 데 주된 뜻이 있다고 설득했던 것이다. 아울러 이러한 조약 체결은 일본과 조선뿐 아니라 앞으로 세계 각국에도 이익관계를 생기게 할 것이기 때문에 일본이 이를 담당해야만 한다고 주장하였다. 한마디로, 만국공법에 기초해서 조선과 항해·무역의 조약을 맺어 개국시키는 것이 국제사회 일반의 이익이므로 이를 일본의 사명으로 삼아 실행하려고 한다는 논리였다. 또한 일본은 중국의 반발과 개입을 사전에 방지하기 위해 모리[森有禮] 주중 일본공사를 북양대신 리훙장[李鴻章]에게 파견해 조선과 중국의 사대관계 여부를 추궁한 끝에, 중국이 조선의 내정에 관여하지 않는다는 답을 확보해두는 것도 잊지 않았다.

이처럼 사전 조치를 치밀하게 취한 뒤 조선에 파견될 사절단에는 구로다[黑田淸隆] 전권변리대신과 이노우에[井上馨] 부전권대신이 임명되었다. 산죠[三條實美] 태정대신은 구로다 일행이 출발하기 직전 협상의 지침인 훈조(訓條, 훈령)와 내유(內諭)를 내렸다. 이 가운데 훈조는 일본국과 조선국은 영구의 친목을 맹약하고 서로 대등한 예로써 교접할 것, 양국 신민은 양국 정부가 정한 장소에서 무역할 수 있을 것, 조선 정부는 부산에서 두 나라 국민이 자유롭게 상업하도록 하며 강화부 혹은 수도 근방에서 운수에 편리한 장소를 선택해 일본 신민이 거주·무역하는 땅으로 할 것, 수도와 부산 혹은 다른 무역장소 사이에 일본인의 자유왕래를 허락하고 조선 정부는 그것을 도와줄 것, 일본 군함 또는 상선이 조선해 어느 곳에서도 도항·측량할 수 있을 것, 서로 표류민을 보호·송환할 방법을 설정할 것, 친목을 보존하기 위해 양국의 수도에 서로 사신을 재류시키고 사신은 예조판서와 대등한 예를 가질 것, 양국 신민의 분쟁을 서로 방지하기 위해 무역 장소에 영사관을 두고 무역하는 신민을 관리할 것 등의 8개 조항으로 구성되어 있다. 요약하면, 전권사절은 화약(和約) 체결을 주로 삼고, 조선 측이 일본의 화교(和交) 체결과 무역 확대 요구에 응할 경우 이를 운요호의 배상으로 간주해 승낙하라는 교섭의 기본방침이다. 조선이 일본의 제안에 따라 수호조약을 체결하고 통상을 확대하기로 수락하면, 이를 강화도 사건에 대한 보상으로 인정함으로써 별도의 보상을 요구하지 않는다는 것이다. 일본의 사절 파견 목적은 바로 조약 체결과 통상 확대에 있었음을 알 수 있다.

또한 훈령에 부속된 내유에는 양국 간에 벌어질지도 모를 교섭 상황에 대처하는 방침이 들어 있었다. 조선이 일본 사절을 능욕·폭행할 경우 일단 쓰시마까지 철수한 뒤 정부의 명령을 다시 기다릴 것, 일본 사절과 교

신헌

구로다

섭에 응하지 않을 경우 일본의 호의를 인정하지 않는 죄를 묻는 요지의 문서를 보낸 뒤 정부의 다음 명령을 기다릴 것, 중국의 명령을 받지 않으면 답할 수 없다든가 지연책을 취할 경우 양국의 구교(舊交)에는 중국의 중개를 받았던 적이 없다고 설득하되, 만약 중국에 조회하기를 주장한다면 그 기간에 일본 군대를 서울에 주둔시키거나 강화 포대를 점령하라는 강경책을 취해 조선 정부를 위압할 것 등이었다.

이러한 일본 정부의 방침에 입각해서 1876년 1월 구로다는 군함 7척에 2천여 명의 대규모 군대를 이끌고 조선으로 향하였다. 실로 임진왜란 이래 280여 년만에 일본이 조선에 또다시 군대를 파견했던 것이다. 일본의 군함과 군대가 조선과 수호를 맺기 위해 강화도로 향하고 있다는 보고를 받은 정부는 일본의 의도를 제대로 예측하지 못한 채 "먼 곳의 사람을 어루만지는 뜻에서 그 바라는 대로 한번 만나 이야기하는 것이 마땅"하다는 안일한 태도를 취하고 있었다. 그래서 오경석을 역관으로 임명해 강화부로 파견한 다음 신헌(申櫶)과 윤자승(尹滋承)을 접견대신으로 임명하였다.

1876년 2월 11일부터 조선의 접견대신 신헌은 일본 측과 회담을 벌였다. 일본 측은 우선 서계 문제와 강화도 사건에 대한 조선 정부의 책임을

제기한 다음 양국 간 우
의를 친밀히 도모하기 위
한 해결책으로 조약을 맺
는 것이 최선의 방법이라
고 주장하였다. 양국 사
이에 조약이 없기 때문에
갈등이 일어난다는 것이

강화도의 연무당에서 열린 회담

다. 그는 전문 13조로 된 조약 초안을 제시하면서 10일 안에 회답해달라고
요구했으며, 마지막으로 이에 대한 회답이 지연될 경우 무력을 사용할 수
있다고 협박조로 통고하였다. 실제로 협상 장소였던 연무당 주변을 중무
장한 일본군과 대포들이 에워싸면서 사뭇 강압적인 분위기를 자아냈다.

이러한 상황 아래 신헌은 옛 교린관계를 회복한다는 명분을 앞세워 교
섭에 임하였다. 이는 통상화약을 통해 일본의 무력 도발을 미연에 방지해
야 한다는 개국불가피론, 그리고 일본과의 수교는 옛 우호를 회복하는 데
지나지 않는다는 구호회복론(舊好回復論)에 입각한 정부의 방침에 따른 것
이다. 구로다가 조약 초안을 제시했을 때 그는 조약이 무엇이냐고 반문했
을 정도로 일본의 저의를 파악하지 못하고 있었다. 아울러 그는 운요호가
황색깃발을 달았던 탓에 일본 배인지 알 수 없었다는 점을 강조하면서 일
본에서 제기된 정한론으로 조선의 여론이 악화되었기 때문에 그동안의 수
교 거부에는 일본 측도 책임이 있다고 주장하였다.

양측의 협상은 난산을 거듭한 끝에 2월 27일 전문 12조로 구성된 조일
수호조규[강화도조약]가 마침내 맺어졌다. 조일수호조규의 전문은 "대조선
국과 대일본국은 일찍 교의를 두터이 해왔으나 지금 양국의 정의가 아직
화합하지 못하고 있으므로 거듭 구호를 수복해 친목을 도모하고자 한다"
로 시작된다. 이는 조선이 내세운 명분론적 인식과 태도가 표면상 반영된
것이지만, 근대적 국제관계에 대한 지식이 결여되었음을 보여주는 것이기

도 하였다. '수호조규'라는 용어도 일본이 중국과 조선만을 상대로 사용했던 것으로, 전근대에서 근대로 넘어가는 과도기적인 조약의 명칭이었다.

그 결과 교섭과정에서 조선 측은 전통적인 동아시아 국제질서의 틀 속에서 일본과 명분론적인 평등관계를 확보하는 데 역점을 두었다. 따라서 일본 측의 초안에 '황'·'칙'을 썼던 예전의 외교문서와 동일한 맥락에서 썼던 '대일본국'·'황제폐하'와 '조선국'·'국왕전하'라는 단어를 받아들일 수 없다고 주장해서 '일본국'과 '조선국'의 명칭을 명시하는 성과를 거두었다. 그 반면 조약에서는 조선의 운명을 좌우할 정도로 중요한 일본의 요구를 쉽게 수용하는 우를 범하고 말았다.

실제로 조선 측은 조약을 검토하는 과정에서 일본 외에 다른 나라와 조약을 맺지 않을 것이라고 주장해 최혜국조항을 거부했고, 수도 한성의 공사 상주를 피하기 위해 일본 사신의 파견에 관해서도 '수시(隨時)'라는 용어만 첨가했으며, 함경도 영흥부와 경기·충청·전라·경상 4도 중 1곳의 개항을 요구한 데 대해 조선 국왕 개조(開祖)의 묘가 있는 영흥부의 개항에 적극 반대해서 다른 지방으로 변경하고자 주장하고 상평전의 사용금지, 미곡의 수출금지, 아편이나 크리스트교 관계 도서의 수입금지 등을 추가로 요구했을 뿐이다.

특히 일본이 조선을 침략하는 데 발판이 되었던 영사관 설치와 치외법권에 관해서도 구호회복의 관점에 따라 아무런 이의를 제기하지 않았다. 개항장에 영사관을 설치하는 것에 대해서는 왜관의 예를 통해 영사관과 다를 바가 없으며, 자유무역에 관해서도 역시 종전 왜관을 중심으로 행해지던 무역규정을 완전 철폐하고 양국 상민이 자유롭게 거래하는 데 지나지 않는다고 생각했던 것이다.

이러한 과정을 거쳐 맺어진 조일수호조규의 조항을 살펴보면, 제1조에 조선국은 자주국으로 일본국과 평등한 권리를 보유한다고 규정함으로써 양국의 평등한 정치적 관계가 명시되었다. 이는 조선에 대한 중국의 종주권을 부정하는 규정으로, 양국 교섭에 최대 장애가 되었던 조·중 양국 간의 종속관계를 청산함과 동시에 일본의 침략의도를 은폐하려 한 조항이었다. 그 외의 중요 조항으로는 부산 외에 2개 항구를 개항하며(제5조), 조선 연안을 자유롭게 측량하고(제7조), 지정된 항구에 일본의 상관(商館)을 설치하며(제8조), 일본 상인의 자유로운 무역 활동을 보장하고(제9조), 불법행위를 저지른 일본인을 일본법으로 재판하도록 규정한 영사재판권 혹은 치외법권(제10조) 등을 꼽을 수 있다. 이어 제11조에 의거해 맺어진 수호 조규 부록에서는 개항장 내 일본 화폐의 유통과 일본 거류민의 거주지 설정, 조일통상장정[무역규칙]에서는 양곡의 무제한 유출과 일본의 수출입 상품에 대한 무관세 등이 각각 규정되었다. 요컨대, 조일수호조규와 그 후속 조약들은 한결같이 조선에 대한 일본의 일방적인 특권만을 규정한 전형적인 불평등조약으로 향후 일본이 조선을 식민지배하는 데 결정적인 발판을 마련해주었다.

이들 내용 중에서 조선의 바다와 관련해서 가장 주목할 만한 조항은 연안 측량의 자유이다. 구로다가 출발에 앞서 산죠 태정대신에게 받은 훈조의 마지막 부분에는 교섭 중 일본이 획득해야 할 8개 조항에 불평등조약의 상징 중 하나인 치외법권이 들어 있지 않았던 반면, 가장 중요한 문제로 개항과 연안 측량권이 꼽히고 있기 때문이다. 또 내유에서도 조선 정부에 대한 요구 중 전권위원이 긴급하지 않다고 인식하는 조항은 임기응변으로 취급할 수 있었던 반면, 강화도 사건에 대한 조선 정부의 사죄, 조선 영해의 자유항행, 강화부 부근 지점의 개항 등 3항은 절대로 양보할 수 없다고 전제하고 있다. 이는 일본이 조선의 바다를 장악하는 것을 얼마나 중요시 여겼는가를 단적으로 보여준다.

이에 따라 조일수호조규 제7조에는 "조선국 연해의 도서(島嶼)와 암초는 종전에 자세히 조사한 것이 없어 극히 위험하므로 일본국 항해자들이 수시로 해안을 측량해 위치와 깊이를 재고 도지(圖誌)를 제작해 양국의 배와 사람들이 위험한 곳을 피하고 안전한 데로 다닐 수 있도록 한다"는 연안 측량권과 도지 제작권이 들어가게 되었다. 또 제9조에서는 일본 측량선의 상륙권과 그 보호도 보장받았다. 요컨대, 군사적인 시위 및 도발, 개항장의 일본 거류민 비호를 위한 군함 파견의 필요에서 설정된 자유로운 조선의 바다 측량권은 향후 조선에 대한 일본의 정치적·군사적·경제적 침략을 위한 발판이 되었다.

한편 조일수호조규의 결과로 부산(1876)·원산(1880)·인천(1883)이, 청일전쟁 이후 진남포(1897)·목포(1897)·평양(1898)·군산(1899)·마산(1899)·성진(1899)이 순차적으로 개항되면서 조선의 바다는 실질적으로 완전히 열리고 말았다. 이러한 개항장의 확대와 더불어 조선의 대외무역도 급격히 증가하였다. 개항장을 통해 주로 영국산 자본제 면제품이 중국과 일본시장의 중계를 통해 수입되고 쌀·콩으로 대표되는 곡물과 금 등의 원자재가 수출되는 형태로 이뤄졌다. 대외무역은 농업에서 '쌀, 콩 단작화'라는 재배작물의 협소화를 초래했고, 값싼 자본제 소비재의 유입으로 재래 생산체계의 붕괴가 나타나게 되었다. 이는 조선사회 내적인 발전 동력에 따라 미약하게나마 성장하고 있었던 자본주의의 자생적 발전의 길을 가로막는 원인이 되었다. 청일전쟁 이후에는 행상을 위한 여행권 발급을 외국 공사가 담당하면서 조선 정부는 외국 상인의 개항장 밖 행상을 전혀 통제할 수 없었고, 여행권 없이도 개항장 밖 40km까지 자유롭게 출입할 수 있게 됨으로써 전국 주요지역이 외국 상인에게 사실상 자유롭게 개방되었다.

개항으로 대외무역이 증대하고 개항장을 중심으로 상권이 재편되면서 종래의 상품유통권, 유통상품의 구성, 유통조직 등 유통구조에도 전반적인 변화가 나타났다. 개항 직전 조선의 전통적인 상품유통권은 크게 경상도 동해안·강원도 영동지방·함경도를 잇는 동해안 유통권과 경상도 남해안·전라도·한성·개성·황해도·평안도를 잇는 서해안 유통권으로 양분되어 있었다. 그러나 개항으로 부산항이 삼남지방의 곡물을 집산하고 일본 수입품을 공급하는 새로운 유통 중심지로 등장했고, 전통적으로 서해안 유통권에 속했던 전라도·충청도·경상도 일대가 차츰 부산항을 거점으로 하는 유통권에 포섭되어 갔다.

이상과 같이 1876년 조선은 일본과 조일수호조규를 체결함으로써 전통적인 중국 중심의 화이론적 국제질서에서 벗어나 근대적 의미에서 문호를 개방하기 시작하였다. 개항을 계기로 조선은 서구 중심의 세계자본주의체제에 편입됨과 동시에 서구 열강의 정치적·군사적 침략에 직면하는 위기를 맞이하게 됨으로써 국가체제 전반에 걸쳐 획기적인 변화를 겪지 않을 수 없었다. 조선은 안으로 전통사회의 모순들을 극복하고 근대적 민족국가를 수립하며, 밖으로 제국주의세력의 국권침탈을 막아내고 자주독립을 유지해야 하는 역사적 과제를 안게 되었다. 문호개방 혹은 개항 후 조선의 최대 당면과제는 반봉건·반외세 민족운동을 통해 자주적인 근대 민족국가를 수립하는 것이었다. 그러나 조선은 이러한 과제를 해결하는 데 실패함으로써 일본제국주의에 국권을 강탈당하고 말았다. 따라서 문호개방은 단순히 항구를 열어 외국과 통교 혹은 무역한다는 차원을 훨씬 뛰어넘어 국가구조를 전면적으로 근대적인 체제로 재편성하는 결정적인 계기가 되었다는 의미에서 한국사에서 근대기점의 하나로 평가받기도 한다.

Ⅱ. 서구 열강과의 조약 체결

조선은 일본과 조약을 체결한 뒤 미국(1882)·영국(1883)·독일(1883)과 외교 관계를 맺었다. 러시아(1884)는 중국의 알선 없이 독자적으로 수교했으며, 프랑스(1886)와는 천주교 공인 문제로 조약 체결이 지연되기도 하였다.

그 밖의 나라들과도 조약을 체결했지만, 이들 조약은 모두 미국과 맺은 조약과 커다란 차이가 없었으며, 최혜국 대우 규정에 의해 외국에 유리한 조항이 자동적으로 적용되는 불평등 조약이었다. 그 결과 조선은 서양 중심의 근대적 조약 체제로 들어갔지만, 열강에 침략의 발판이 되는 바다를 무방비상태로 내주고 말았다.

조선과 미국은 신미양요라는 격렬한 전쟁을 치른 지 11년 만에 정식으로 수호조약을 체결하게 되었다. 서로에 대한 악감정이 완전히 사라져 버리지 않았지만, 고종을 비롯한 정계 내에서는 미국을 '영토 확장에 대한 욕심이 없으며 세상에서 가장 공평하고 부국강병한 나라'로 여길 정도로 호의적인 미국관이 형성되고 있었다. 심지어 고종은 미국공사 푸트(Lucius H. Foote)가 중국과 일본에 주재하는 미국 외교관과 똑같은 전권공사 직함을 갖고 서울로 들어온다는 소식을 듣고서 '기뻐서 춤을 추었다'고 전해진다. 우리나라를 중국·일본과 동일한 자주독립국으로 인정해 준 미국에게 얼마나 커다란 기대를 걸고 있었는가를 엿볼 수 있는 대목이다.

그러나 불행히도 조선은 미국과 조약을 체결하는 과정에서 거의 아무런 역할도 하지 못한 채 시종일관 방관자의 처지에 놓여 있었다. 조일수호조규가 체결되었다는 소식이 전해지자 미국에서는 조선을 개국시키려는 논의가 다시 일어났다. 무역의 확대, 조난선 보호, 러시아의 남하 방지 등 다각적인 목적에서 조선의 개항이 필요했기 때문이었다. 그리하여 미국은 일본에 슈펠트를 보내 조미조약 체결의 중재와 알선을 요청하였다. 그러나 일본은 조선에 대해 독점적인 영향력을 확보하려 했기 때문에 미국의 요청에 적극 나서지 않았다. 이 소식을 전해들은 중국의 북양대신 리훙장은 일본의 알선으로 조미조약이 체결될 경우 조선에 대한 자국의 종주권 유지가 어려워지게 될 것으로 판단하였다.

따라서 리훙장은 조선의 개항 문제를 상의하자는 초청장을 슈펠트에게 보냄과 동시에 조선 정부에 다각도로 수교를 권고하였다. 그러한 중국의 의도는 1880년 수신사로 일본에 파견된 김홍집(金弘集)이 주일 중국공사관 참찬관 황쭌쏀[黃遵憲]으로부터 받은『조선책략(朝鮮策略)』에 잘 나타나 있다. 잘 알려져 있듯이, 이 책에서는 러시아의 남하정책을 막기 위해 '친중(親中)'·'결일(結日)', 그리고 무엇보다도 '연미(聯美)'를 권고하는 개국·균세·자강책이 담겨져 있다. 아울러 미국을 "예의로써 나라를 세우고 남의 토지와 인민을 탐내지 않으며, 굳이 남의 정사에 관여하지 않는" 나라이자 "천하에 으뜸가는 부국"이라고 찬사를 아끼지 않았다. 따라서『조선책략』은 조선 정부 내에 큰 영향을 미쳐 조선의 대외정책이 서양에 대해 개국정책으로 전환하는 중요한 계기가 되었다.

이에 반해 보수 유생들은 미국이 러시아 등 다른 침략적인 나라들과 똑같은 오랑캐 나라이며, 종래 아무런 이해관계가 없었던 미국과 솔선해서 통교하는 것은 전적으로 무익하다는 논리로 맞섰다. 그럼에도 국왕을 비롯한 위정자들은 미국에 대한 종전의 부정적인 인식을 버리고 긍정적·호의적인 태도를 취하면서 미국과 조약을 추진해 나갔다.

『조선책략』의 내용을 둘러싸고 조선 정계 내에서 개항과 쇄국 문제로 격렬한 논쟁이 벌어지고 있었을 때, 톈진에서는 조선 대표를 전적으로 배제시킨 가운데 리훙장과 슈펠트가 조미조약에 대한 협상을 진행하고 있었다. 리훙장은 조일수호조규 체결 이후 청국의 동쪽 울타리로 여긴 조선에 대한 영향력을 유지하기 위해 러시아의 남하정책과 일본의 조선침략을 저지하려는 이이제이(以夷制夷) 전략을 구상해 왔다. 오랑캐로써 오랑캐를 견제한다는 전통적인 외교정책을 근대식으로 활용·적용하려 했던 것이다. 이러한 구상 아래 그는 제국주의 열강 중 상대적으로 영도 침략 야욕이 적다고 판단된 미국을 끌어들여 조선과 조약을 맺도록 적극적으로 나섰다.

양측은 조약의 기본 사항에는 합의를 보았지만, 리훙장이 '조선은 본래 중국의 속국'이라는 이른바 속방조항을 조약문에 명문화할 것을 주장함으로써 난관에 부딪쳤다. 슈펠트는 조선이 엄연히 정치적 독립국가임

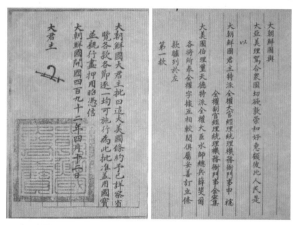

조미조약 원본

을 내세워 속방조항을 단호히 거부했다. 결국 양자는 한걸음씩 양보해 속
방조항을 넣지 않는 대신 조약 체결 후 조선 국왕이 미국 대통령에게 별도
의 조회문을 보내 조·중 양국의 종속관계를 밝히기로 합의를 보았다. 그
결과 1882년 5월 22일(4/6) 마침내 역사적인 조미조약이 체결되기에 이르
렀다.

조선이 서양 국가 중 최초로 미국과 체결한 이 조약은 전문(前文)과 14개
조항으로 구성되어 있다. 그 주요 내용에는 강화도조약의 무관세조항과
달리 수출입 상품에 대한 협정 관세를 비롯해서 외교 사절의 주차권, 양국
인의 자유로운 거주 및 유학, 아편 밀수 금지 등의 조항이 포함되었다. 또
바다에 관련해서는 제3조에 미국 선박이 조선 해안에서 난파되면 선원을
구호하고 식량 등을 공급한다는 내용이 들어 있다. 이 조항은 1881년 11월
에 슈펠트가 조약 체결의 전권위임장과 함께 받은 미국 정부의 훈령에서
역점을 두어야 할 사항으로 거론된 것이었다. 이 조약은 조일수호조규의
무관세조항과 달리 수출입 상품에 대한 협정 관세를 규정했다는 점에서
주목할 만하지만, 최혜국대우 규정이 새로 추가되고 치외법권이 보장됐던
불평등조약이었다. 그럼에도 조미조약은 향후 서양 열강들과 조약을 체결

하는 데 중요한 기준이 되었다.

무엇보다도 주목할 만한 사실은 조약 제1조에 양국 중 한 나라가 다른 나라의 핍박을 받을 경우 반드시 서로 돕고 분쟁을 원만히 해결하도록 주선한다는 '거중조정(居中調停, good office)' 조항이 담겨 있다는 점이다. 이 조항은 중국이 미국을 조선에 끌어들여 러시아와 일본의 세력 침투와 확대를 저지하려는 속셈에서 들어간 것이지만, 열강 간의 세력균형을 유지해 독립을 보존·유지해야 할 조선 측으로서도 굳이 반대할 이유가 없었다. 문제는 조선을 둘러싸고 열강 간의 각축이 벌어졌을 경우 조선과 중국의 기대대로 미국이 얼마나 거중조정에 나서줄 것인가에 있었다.

수교 직후 미국은 조선을 서구적 용어의 의미에서 '독립국'으로 간주하였다. 그러나 미국은 예상과 달리 조선이 부강하지 않을 뿐더러 중국의 간섭을 심하게 받고 있는 상황을 깨닫고, 점차 조선을 불완전한 독립국으로 경시하기 시작하였다. 그 결과 미국은 조선주재 미국공사의 직위를 특명전권공사에서 변리공사 겸 총영사로 격하시켰고, 조선의 지배권을 둘러싼 열강의 각축에 휘말려들지 않으려는 정책을 펼쳤다. 1885년 영국 함대의 거문도 점령 사건 당시 미국은 조선의 거중조정 의뢰를 받아들이지 않았고, 나아가 1889년에는 조선 국왕이 "다른 열강과 통상 및 책임져야 할 관계를 제외하고는 중국 황제와 봉건적인 종속관계를 이루고 있다"는 확신 아래 조선에서 중국의 특별한 지위를 인정하기에 이르렀다.

미국은 1894년 청일전쟁의 발발 이전에 조선을 둘러싼 중·일 양국 간의 대립을 평화적으로 해결하려고 노력했지만, 그러한 노력은 기껏 거중조정을 제시하는 데 머물렀을 뿐이었다. 아울러 미국은 다른 열강들과 연합해 조선의 독립을 보장해 주자는 영국 측의 제안 역시 사절하였다. 1895년 명성왕후 살해 사건·춘생문 사건 등이 일어났을 때도 미국 정부는 정치적 사태에 결코 간섭하지 말고, 조선 거주 미국인에게 반일적 견해를 조금이라도 표명하지 말라고 강조하였다. 1899년 고종은 미국공사 알렌

(Horace N. Allen)을 통해 미국 정부가 열강들로부터 한국의 영토 보존을 보장하는 협정을 이끌어내는 데 주도권을 행사해 달라고 요청했지만, 미국 정부로부터 거절당한 적도 있었다.

무엇보다도 1905년 일본이 한국의 외교권을 박탈해 실질적인 보호국으로 삼았을 때, 주한 미국공사관은 일본의 요청에 따라 서구 열강 중 제일 먼저 철수하고 말았다. 러일전쟁 발발 직후 러시아의 한국 지배에 반대했던 미국은 오히려 일본의 한국 지배를 찬성하는 쪽으로 기울어졌다. 이는 1905년 1월 루스벨트(Theodore Roosevelt) 대통령이 헤이(John Hay) 국무장관에게, "우리는 도저히 일본에 반대해 한국인들을 위해 개입할 수가 없다. 한국인들은 자신들을 방어하기 위해 주먹 한방도 날릴 수 없었다"고 보낸 문서에 잘 드러나 있다.

이로 미뤄볼 때, 한국이 일본의 보호국이 되어야 한다는 미국의 판단은 1905년 7월 도쿄에서 열린 태프트-가쓰라 회담 이전에 이미 정해져 있었음을 알 수 있다. 이 회담에서 일본이 필리핀에 대한 침략 계획을 완전히 포기하는 대가로 미국은 일본이 한국을 보호국으로 삼는 데 전혀 반대하지 않겠다고 약속했기 때문이다. 결국 미국을 비롯한 열강의 승인 아래 마침내 일본은 한국을 보호국으로 삼았다.

고종은 이러한 사정도 까맣게 모른 채 일본이 이른바 을사늑약에 강제로 조인케 했다고 주장하면서 1882년에 맺어진 조미조약 내 거중조정 조항에 의거해 미국 측에 도움을 호소하였다. 그러나 미국은 한·일 양국 간에 체결된 '조약들'에 아무런 하자가 없다고 판단해 이를 묵살해 버렸다. 1910년 일본의 한국국권강탈 당시에도 미국은 아무런 반대 의견을 제시하지 않았다. 일본이 이른바 '한국병탄'을 선언하면서 한국과의 통상에 적용한 관세 규정을 향후 10년 동안 유지하고, 선교 활동을 허용하며, 미국의 재산권 역시 존중할 것이라고 공표했기 때문이다.

이와 같이 조미조약 체결 후 미국은 표면상 엄정 중립 혹은 불간섭정책을 내세우며 한국의 거중조정 및 원조 요청을 거절한 채 실제로는 강대국 위주의 실리외교정책을 펼침으로써 일본의 한국 지배를 묵인 내지 방조하고 말았다. 그러

조영수호통상조약을 맺기 위해 인천 월미도 해상에 정박 중인 영국 함대를 방문하러 배를 타고 가는 조선 관리의 모습이다.

나 한국에 주재 혹은 거주했던 미국인들 중에는 한국의 독립 및 개화를 적극적으로 지원해 주거나 이를 미국 정부에 강력히 요청한 사람들도 적지 않았다. 특히 개신교 선교사들이 펼쳤던 교회·학교·병원 및 문예활동 등은 비록 선교를 목적으로 삼은 것이지만, 한국사회의 근대화에 커다란 영향을 끼쳤던 것이다.

한편 주목할 만한 사실은 조선이 일본·미국과 조약을 맺은 이후 서구 국가와의 조약에서 일종의 기준으로 여겨졌던 조영조약에는 바다에 관한 내용이 자세하고도 명확하게 규정되었다는 점이다. 이 조약의 제8조에는 조선의 항구 및 근해에서 영국 군함이 누리는 특권이 명문화되어 있다. 즉, 영국 군함은 조선의 모든 항구에 정박할 수 있고 통상장정 및 항구의 규정, 그리고 세칙의 적용을 받지 않으며(1항), 승무원들은 개항장 이외의 항구에 상륙할 수 있고(2항), 군함에서 사용하는 모든 군수품은 개항장에서 보관할 수 있으며 모두 면세의 혜택을 받고(3항), 군함은 조선의 도움을 받아 조선 근해를 조사할 수 있다(4항)는 것 등이다. 조미조약에는 없는 이들 내용은 조선 근해와 항구에서 영국 군함이 자유롭게 측량하고 군사 작전을 펼칠 수 있는 특권을 부여한 것이다.

Ⅲ. 근대적 외교사절단의 파견과 시찰

1. 제1차 수신사와 조사시찰단

1876년 정부는 조일수호조규를 맺은 뒤 최초의 근대적 외교사절단인 제1차 수신사(修信使) 김기수(金綺秀)를 파견하였다. 1811년에 마지막 통신 사행 이후 65년 만에 공식사절단이 일본에 파견되었던 것이다. 그런데 마지막 통신사는 일본의 수도인 에도가 아니라 지역을 달리해 가장 가까운 번에서 외국 사신을 맞이하는 '역지빙례제(易地聘禮制)'로 변질되어 접경지역인 쓰시마에서 국서와 예물을 교환하고 돌아왔다. 따라서 1763년 통신사가 일본 본토로 건너간 이래 113년 만에 비로소 수신사가 일본의 수도를 밟은 셈이 된다. 그러나 일본은 이미 메이지유신[明治維新]을 통해 전통적인 중국 중심의 화이론적 질서에서 벗어나 근대적 서구 중심의 국제 질서에 편입되었기 때문에 수신사는 종전의 통신사와 그 성격이 매우 다를 수밖에 없었다.

원칙적으로 통신사는 일본 막부의 장군이 교체될 때마다 파견되었다. 하지만 통신사는 실질적으로 일본과 정치적·외교적 현안을 해결하거나 일본 국내의 정보를 수집해서 대일정책을 수립하는 기회로 삼았으며, 조선의 선진 문화를 일본에 전파하는 데에도 커다란 영향을 끼쳤다. 반면 수신사는 전통적인 화이관에 입각해서 구례를 회복하고 선린을 도모한다는 명분 아래 파견되었지만, 실제로는 일본의 근대화된 모습을 파악하는 데 주안을 두었다. 따라서 제1차 수신사는 단순히 전통적인 대일 관계를 회복하는 데 머물지 않고 서구화된 일본의 변화상을 최초로 견문·시찰했다는

요코하마에 도착한 제1차 수신사 김기수 일행

점에서 한국 근대사상 획기적인 의미를 지니고 있다.

　조일수호조규 체결 당시 일본 전권대신 구로다는 조선의 접견대신 신헌에게 일본에서 전권 정·부 두 대신을 파견했으므로 조선도 그 답례로 회례사를 파견해 달라고 요구하였다. 교린의 도는 풍속을 상세히 알고 난 후에야 의혹이 풀릴 것이므로 일본의 물정을 탐색하기 위한 사절단을 파견해달라는 것이다. 이에 신헌은 일본의 개화문물을 시찰하고 외침에 대한 방비책을 강구해야 한다는 건의를 정부에 올렸다. 의정부에서도 "은혜로써 회유하고, 의리로써 제재하며, 정도(正道)로써 굴복시키고, 신의로써 화호를 맺는다면, 우리에게 더욱 가깝게 지내고 또 우리의 울타리가 될 것이다"는 입장 아래 먼저 사신을 보내자는 쪽으로 논의가 이뤄졌다. 여기에는 일본에게 은혜를 베푼다는 종래의 성리학적 명분을 유지하되, 강병해진 일본의 의구심을 풀고 재침략의 꼬투리를 주지 않으려는 의도가 담겨져 있었다. 그 결과 3월 17일(2/22) 정부는 일본의 사신 파견에 대한 회례로서 양국의 우호를 돈독히 하기 위해 수신사를 파견하기로 결정하였다.

　'회례' 내지 '보빙(報聘)'의 의미를 지닌 수신사는 '선린' 즉 이웃나라인 일본과 친하게 지내기 위해 신의를 두텁게 하려는 의도에서 파견된 셈이다. 이는 정부가 조일수호조규의 체결을 전통적인 교린체제의 회복 혹은 연장으로 인식하고 있었다는 사실을 보여준다. 그렇지만 정부도 당시의 조일관계가 교린체제와는 다르다는 점을 나름대로 깨닫고 있었기 때문에 통신사행과 구분해서 수신사로 명칭을 바꾸었다.

이어 정부는 예조로 하여금 옛날의 우호를 회복하기 위해 수신사를 파견한다는 문서를 작성해 일본 외무성에 보내도록 조치했고, 중국에도 이 사실을 알려주었다. 4월 27일 고종은 김기수를 접견하는 자리에서 "이번 길은 단지 멀리 바다를 건너가는 일일 뿐 아니라 처음 가는 길이니, 모든 일은 반드시 잘 조처하고 그곳 사정을 반드시 자세히 탐지해가지고 오는 것이 좋겠다"고 지시하면서 "들을 만한 모든 일들은 하나도 빠뜨리지 말고 반드시 기록해 오라"고 거듭 당부하였다. 일본에 대해 정확한 최신 정보가 절실히 필요했기 때문이다. 이처럼 수신사는 회례사라는 명목적인 임무와 일본의 국정 및 정세시찰과 개화문물의 탐색이라는 실질적인 목적을 부여받았다.

수신사 일행은 정사 김기수를 비롯해서 총 76명으로 구성되었다. 제1차 수신사의 총원은 약 300~500명 정도에 달하였던 통신사보다 규모도 훨씬 적고 의례적 성격도 약하였다. 그 이유는 무엇보다도 양국이 통신사행과 달리 격식에 구애받지 말고 사절단을 실무용으로 간소화하기로 합의했기 때문이다. 하지만 의례에 관계된 인원이 20명 이상이었던 점은 수신사가 전통적인 형식에서 완전히 탈피하지 못했다는 사실을 보여준다.

수신사의 임무를 담당할 인원이 김기수를 포함해서 직책을 맡았던 11명에 지나지 않은 소규모였기 때문에, 그들이 20일의 짧은 도쿄 체류기간 동안 예전과는 완전히 달라진 메이지 일본의 국정 탐문이라는 목적을 달성하기는 애초부터 매우 벅찬 일이었다. 더욱이 조선의 정계가 여전히 일본과 서양에 대한 의구심으로 팽배했던 점 등을 고려하면, 수신사 일행이 생전 처음 접해보았던 근대적 제도와 문물을 선뜻 수용해서 부국강병책을 건의하는 것도 기대하기 어려웠을 것이다. 그렇지만 수신사의 수행원들 중에는 어학에 능통했던 것 외에도 대외정책에서 실무능력을 갖추었거나 국제정세에 대해 비교적 밝았던 인물들도 있었다.

당시 반일적인 위정척사사상이 우세한 정계의 동향을 감지했던 김기수도 어떠한 입장을 취해야 할지 매우 고심하지 않을 수 없었다. 그는 자신의 사명에 양국의 옛 우호를 도모하는 '수신'에 기본적으로 역점을 두되, 국가 혹은 국왕의 체면을 잃지 않도록 신중한 태도를 취하겠다고 다짐하였다. 김기수는 국왕에게 직접 일본의 실상을 상세히 보고하라는 지시를 받았기 때문에, 일본에 대한 정보를 미리 수집·정리하는 데 심혈을 기울였다. 그는 행장을 꾸리기에도 바쁜 와중에서도 일본의 실정을 간접적으로나마 파악하려고 과거 통신사가 남긴 서적을 참고하였다. 또 전신 등 근대적 기계·문물에 대해 지식을 입수하거나 이미 중국을 통해 입수·유포되었던 『해국도지』·『영환지략』 등 각종 서양관련 서적도 읽었다. 아마도 이는 일본과 조약을 체결하는 데 적극적인 태도를 취했던 박규수·신헌 등의 격려 혹은 자문에 영향을 받았을 가능성이 크다.

김기수를 비롯한 수신사 일행은 고종에게 사폐한 후 5월 22일(4/29) 부산 초량에서 일본 화륜선 고류마루[黃龍丸]를 타고 출발하였다. 이때 그는 처음보는 이양선, 즉 서양식 증기선에 대해 협판·쌍범과 돛대 사이에 연통은 꿈꿔볼 수도 없는 것이라고 감탄하였다. 배에 승선한 뒤에도 증기선 원리에 대해서는 자세하게 보아도 설명할 수가 없는데다가 몸가짐을 진중히 해 마음대로 구경을 할 수도 없는 처지라고 아쉬워하면서도, 직접 옷을 걷고 증기선을 자세히 관찰하면서 그 원리를 탐구하는 모습을 보여주었다. 배는 모두 기관이며, 배가 가는 힘은 오직 석탄에서 나오는데 석탄에서 불이 일면 기계가 저절로 돌아 배가 나는 듯이 가게 된다고 비교적 정확하게 파악했던 것이다. 그는 바다가 비록 험한 곳이지만 배는 칼처럼 물결을

해군병학료

헤치고 잘 지나갔다고 그 성능을 높이 평가하였다.

김기수는 5월 29일(5/7) 도쿄에 도착해 6월 18일 귀국길에 오르기까지 일본의 각종 신식 기관과 시설을 시찰하였다. 20일의 기간은 김기수가 일본의 근대화실상을 정확히 파악하거나 일본 정부의 숨겨진 의도를 간파하기 힘든 짧은 시간이었다. 그렇다고 김기수가 고지식하게 시찰을 거부하거나 소극적으로 임했던 것은 아니었다. 그는 단순히 명분만 고집하지 않고 메이지 천황을 알현하거나 원로원을 방문했으며, 위엄과 체통을 유지하면서도 적절하게 융통성을 발휘해 일본의 근대적 제도와 상황을 살펴보았다. 또한 외무권대승 모리야마가 먼저 기계의 모방·군제 등 제도의 개혁과 풍속의 채용을 위해 견문을 권고했을 때, 김기수가 "옛날 속담에 '편리한 기계는 다른 사람에게 보여서는 안 된다'고 했는데 지금 귀국에서는 다만 이것을 보일 뿐만 아니라, 아울러 모방하도록 하니 귀국이 우리나라에 대해 특별히 애호하는 점이 있음을 알겠다"고 호의적으로 받아들이면서 일본의 국정을 탐문하려고 애썼다.

김기수는 일본의 변화된 모습 중에서 근대적 군사 체제에 관해서도 주목하였다. 이는 강화도 사건을 통해 일본의 월등한 무력을 경험한 조선의 위정자들이 일반적으로 지녔던 관심 대상이기도 하였다. 그는 해군성 병학료에 가서 해군의 훈련이 매우 조직적이고 체계적으로 실시되고 있는 모습을 보았으며, 귀가 멍멍할 정도의 함포와 수뢰포(水雷砲) 발사 소리에 놀라기도 하였다. 따라서 그는 일본 정부가 평상시에 7~8만 명의 군사를 양성하고 있고, 육군성과 해군성의 군사도 모두 기계에 정통하고 군율에 숙련해 군대의 모든 동작에 명령을 어기지 않았으며 육·해상에서 사용하는 대포 작동도 신속하고 정확하였다고 파악하면서 "이러한 강병(强兵)이 있고 이러한 이기(利器)가 있어도 오히려 부지런히 일하여 쉴 사이가 없었다"고 총평하였다. 귀국 후 "그들 군사의 병기는 매우 강하던가?"라는 고종의 질문에

도쿄 쓰키지[築地]의 해군성 조련장
김기수가 함포와 수뢰포(水雷砲) 발사 등 훈련 모습을 관람하였다.

요코스카 조선소
배를 건조하기 위해 거대한 도크가 만들어져 있다.

대해 김기수는 "매우 강하였다"고 답변했던 것이다.

또한 김기수는 자신은 표면적으로 일본의 견문 요구에 적극 응하지 않되, 실질적으로 수행원들의 시찰을 허락하거나 묵인해주었다. 그는 엔료칸[延遼館]에서 환영연을 마치고 숙소로 돌아오는 도중에 박물관을 구경했으며, 수행원들에게는 대장성의 지폐료(紙幣寮)를 비롯해 히로세[廣瀬]의 전기기계를 구경할 수 있도록 허락하였다. 귀국 길에 풍랑을 만나 배가 요코스카[橫須賀]에 정박했을 때에도 김기수는 병을 핑계로 조선소에 가지 않았지만, 간접적으로 수행원을 '회례'의 명분으로 파견해 아마기[天城]호·진게이[迅鯨]호의 건조 상황 등을 견문하도록 조치하였다.

한편 김기수는 만국공법 체제를 기반으로 전개되고 있는 국제질서를 새롭게 인식하였다. 서구 열강은 무력을 기반으로 하되 표면상 '만국공법'을

앞세워 전통적인 동아시아의 국제질서를 해체시키고 개항을 통해 식민지 배를 확대해가고 있었다. 만국공법을 전제로 맺어진 조일수호조규 제1조 역시 조선과 중국의 '종속'관계를 부정함으로써 일본의 영향력을 확대하려는 의도가 담겨져 있었던 것이다.

김기수는 만국공법을 중국 전국시대의 연횡법과 동일하다는 전제 아래 그 속에 내재된 제국주의적 침략성을 간과한 한계는 있지만, 당시 국제질서를 규정하고 있는 '서양인의 법'으로서 일본도 이를 엄격하게 준수하고 있다고 파악하였다. 또한 그는 만국공법 체제 하에서 각국이 외교관을 파견·상주시키면서 외교활동을 벌이고 있다는 사실도 알고 있었다. 군주로부터 전권을 위임받은 외교관은 전권대신 혹은 전권공사로서 국익에 관계되는 일을 마음대로 처리할 수 있는데, 이는 고대 중국의 그것과는 전혀 다르다는 것이다. 실제로 그는 각국의 외교관들이 도쿄에 상주하는 모습을 직접 확인하기도 하였다. 이처럼 김기수는 근대적 조약체제와 외교제도를 어느 정도 알거나 그 운영을 간접적으로나마 체험했음에도, 조일수호조규 자체를 만국공법에 기초한 근대적 조약으로 인식한 것 같지는 않다.

또한 김기수는 일본과 중국이 그토록 경계하고 있던 러시아에 대해 방러책의 필요성을 조금이나마 인정하면서도 전통적인 중국의 제도를 고수하는 데 역점을 두었다. 나아가 이로 인해 망하게 되더라도 서양 기술과 문명['기기음교(奇技淫巧)']의 수용을 감수하면서까지 방러책을 강구하지 않겠다고 자신의 입장을 강력하게 표명하였다. 김기수는 일본이 러시아에 대해 높은 경계심을 갖는 이유를 이해하면서도 일본과 달리 러시아의 남하 위협을 상대적으로 심각하게 느끼지 않았던 것 같다. 그러나 김기수가 귀국 후 고종에게 전달했을 것으로 여겨지는 일본 측의 정보와 지도는 고종을 비롯한 위정자에게 러시아의 동향에 대해 관심을 불러일으키는 계기가 되었다. 수신사가 귀국한지 얼마 되지 않은 1876년 10월 고종이 중국 정부에 보낸 국서에서 '연일방로(連日防露)'의 외교동향을 내비쳤기 때문이다.

수신사 일행을 맞이해서 일본은 서구열강의 침략 상황을 부각시킴으로써 조선과 연대를 도모하는 계기로 삼으려고 진력하였다. 여기에는 조선에 대한 중국의 전통적인 영향력을 약화시키고 자국의 경제적·군사적 세력을 확대하려는 의도가 담겨져 있었다. 이에 대해 김기수는 일본이 이미 부강해져서 자력으로 외환을 방어할 수 있음에도 부국강병을 권고하고 연대를 제의한 데 감사를 표시하면서도 자신의 주임무가 견문이 아니라 수신에 있다는 점을 강조하였다. 또한 일본이 조선에 대한 중국의 영향력을 약화시키기 위해 양국의 관계 개선 및 강화를 역설했던 반면, 김기수는 은근히 조선과 중국의 전통적인 관계를 내세워 연대론의 제의에 소극적인 입장을 취하였다.

이처럼 그는 전통적인 '수신'의 차원에서 양국의 관계를 개선할 필요가 있다는 점은 인정하면서도 일본이 주창하는 조일연대론에 대해 원론적인 입장에서 동조하지 않았던 것 같다. 어디까지나 그는 구호회복론의 시각에서 일본과 우호를 돈독히 한다는 수신의 입장을 견지했던 것이다. 그러면서도 일본 견문을 통해 김기수가 화이론적 세계관에 바탕을 둔 '일본이적관(夷狄觀)'에서 점차 탈피하려는 양상을 띠기 시작했다는 점은 주목할 만하다.

또 김기수의 견문은 적어도 국왕을 비롯한 위정자들에게 메이지유신 이래 일본의 상황을 새롭게 인식하는 계기를 마련해주었다. 특히 그와 함께 동행했던 수행원들이 귀국 후 조선 정부의 개화자강과 외교정책을 추진하는 데 중요한 역할을 담당하였다. 비록 당시 정계의 대일인식과 대일정책이 근본적으로 전환되지 않았지만, 수신사행을 통해 얻은 그들의 경험과 견문이 1880년대 개화자강정책을 추진하는 계기를 마련해주었던 것은 제1차 수신사가 거둔 귀중한 성과이자 의의라고 평가할 수 있다.

한편 수신사 김기수의 파견 이후 정계 내에서는 서구의 근대적 문물을 받아들여야 한다는 인식이 차츰 형성되기 시작했지만, 여전히 적극적으로 개화정책을 펼칠 여건이 마련되지 않았다. 그러다가 1880년을 전후해서 중국이 러시아의 남하를 막기 위해 조선에 서구 열강과 조약을 맺고 부강책을 추진하라고 권유했고, 이러한 내용이 담긴 『조선책략』이 제2차 수신사 김홍집에 의해 국내에 들어오면서 커다란 변화가 일기 시작하였다.

이에 1880년 말 정부는 기존의 의정부와 6조 체제로는 개화정책을 본격적으로 펼치기 힘들다는 판단 아래 근대적 행정 기구인 통리기무아문을 새로 설치하였다. 청의 양무운동 추진 기구인 총리아문을 본떠 설치한 기구로서 개화와 관련된 정책을 총괄하는 통리기무아문은 실무를 담당하는 12사를 두고, 김윤식(金允植)·박정양(朴定陽)·어윤중(魚允中)·김홍집·김옥균(金玉均)·홍영식(洪英植) 등 개화파 인사들을 등용하면서 개항 후 새롭게 대두한 외교·통상을 비롯해 군사·산업·외국어 교육 등 여러 분야의 업무를 맡아 추진해 나갔다.

통리기무아문은 일본의 정세를 파악하고 근대적 행정기구의 운영과 개화정책에 대한 정보를 얻기 위해 일본에 조사(朝士)시찰단[신사유람단]을 파견하였다. 1881년 4월부터 약 4개월간 박정양·어윤중·홍영식 등 조사 12명과 유학생 등 수행원 27명, 일본인 2명을 포함한 12명의 통역관, 하인 13명으로 구성된 총원 64명이 일본을 방문·시찰했던 것이다. 물론 이들의 파견에는 정치적·경제적으로 조선에 대해 영향력을 확대하려는 일본의 의도도 들어 있다.

조사들은 대부분 명문가 출신이자 민씨 척족계열의 인사로서 고종의 두터운 신임을 얻고 있던 근왕 세력이었고, 과거 급제 후 학식과 문장이 뛰어나 주로 승지 혹은 언관직에 종사한 중견 관료였다. 특히 당시 가장 개화에 열정을 지녔던 어윤중과 홍영식이 포함되어 있었다는 사실은 주목할 만하다. 또 어윤중에게는 일본의 제도를 파악하는 것 외에 유학생을 관리하고 미국과의 수교를 교섭하는 임무도 주어졌다.

5월 7일(4/10) 조사시찰단 일행은 부산에서 일본 화륜선 안네이마루[安寧

丸]를 타고 쓰시마·나가사키·오사카·교토·고베 등을 거쳐 5월 25일 도쿄에 도착하였다. 이때 이헌영(李鑣永)은 기선에 대해 바깥엔 연통이 우뚝 솟아 있고 안에는 기륜이 쌍으로 돌고 있으며, 뱃머리에는 시계와 나침반이 달렸는데 그 크고 정교하며 호화로운 만듦새는 참으로 처음 보았다고 기록해두었다. 또 그는 증기기관 도는 것이 번개처럼 빠르고 기선은 하루에 천리를 가고 기차는 한 시간에 백리를 달리는데, 어찌 사람의 힘으로 이런 것을 할 수가 있느냐며 놀라움을 금치 못하였다.

조사시찰단 일행은 일본 체류 중 일본 관리들과 접촉하면서 관련 자료를 수집해 한문으로 옮기는 등 임무를 수행하였다. 아울러 조사들은 각종 근대적 시설과 육해군의 훈련 실황 등 메이지유신 이후 부국강병책의 실상을 시찰·조사하였다. 물론 일본 정계를 비롯해 경제·교육계 등의 인사들과도 폭넓게 만났다. 수행원들 역시 군사·산업·의료·제조기술 등에 관한 정보와 지식을 얻는 데 온 힘을 기울였다. 포대·화약제조소·사관학교·도야마[戶山]학교·군용전신국·근위병영·포병공창 등의 군사시설을 방문했을 뿐 아니라 유리·설탕·성냥 제조법, 도자기 채색 기술, 제사·제지·조선 등의 산업기술, 그리고 말라리아치료법 등의 의료기술과 황산·초산·염화칼륨 등의 제조 공정도 자세하게 조사하고 관련 정보를 입수했던 것이다.

이처럼 각자 자신이 맡은 임무를 수행한 조사시찰단은 조사 어윤중과 유길준(兪吉濬) 등 유학생을 제외하고 8월 중순경 도쿄를 떠나 귀국길에 올라 나가사키에서 배를 타고 부산으로 돌아왔다. 조사시찰단은 귀국 후 고종에게 복명했으며, 일본의 전반적인 정세와 정부 기관과 각종 제도에 대한 결과 보고서인 문견사건류(聞見事件類)와 시찰기류(視察記類)를 각각 작성해 올렸다. 일본의 정세를 분석한 문견사건류로는 제목을 다양하게 붙여놓았지만, 박정양·이헌영·어윤중 등 8명의 것이 남아 있다.

이들 문견사건류에는 메이지유신 이후 일본이 추진했던 각 분야의 제도

개혁을 비롯해 정계의 동향, 통상·외교 관계와 대외 팽창, 관세자주권 확보와 치외법권 철폐 시도 등 대외 사무, 물가·재정 상황과 산업 시설, 물산 등 경제 동향, 우편과 전신, 철도의 보급과 가로망의 확충 등 교통·통신 시설의 발달, 의식주의 서구화와 풍속, 종교, 신분 제도상의 변화상, 역사 및 지리적 환경 등을 포함한 일본 실정 전반에 관한 최신 정보와 평가가 담겨 있다.

또한 조사들은 출발 전 개개인에게 할당되었던 일본의 정부 기관과 각종 기구를 직접 시찰하고 시찰기류를 작성하였다. 그 중에서 군사 혹은 해양에 관련된 것을 살펴보면, 강문형(姜文馨)이 작성한 『공부성(工部省)』은 공부성의 연혁, 직제, 소관 업무, 사무장정, 그리고 산하 기관의 직능과 업무 등 메이지유신 이후 일본의 산업진흥정책 추진체계에 관한 보고서이다. 여기에는 산업에서 사용되는 증기기관 등 각종 근대 기계류의 성능과 특징을 설명하고, 해저의 전신 가설법과 원거리 전신의 신호보강법 등에 관련된 과학 기술도 소개되어 있다.

홍영식은 근위병의 선발 방법, 신병 훈련 과정, 사관학교 등 각종 군사학교의 교과 과정과 교과목, 군사 운영 전반에 대한 검열 제도, 군법, 연금 제도 등 일본 육군의 군사 행정 및 관리 체계, 군제 운영 전반을 세밀하게 파악한 다음 『일본육군총제(日本陸軍總制)』(2권)를 집필하였다. 이 책에는 각 단위 부대별 병력 배치 현황과 병종별(兵種別) 병력 편제, 그리고 전시 체제 하의 각 병대별(兵隊別) 병력 증원, 여단과 사단 편제, 군단장(軍團長) 이하 참모부·포병부·공병부 등 군단 산하 제 기구의 직무를 포함해 육군 운영비의 회계·경리 방법, 육군의 계급별·군종별 봉급액 등도 실려 있다. 이원회(李元會)는 육군의 군사훈련 방법과 육군의 전기(戰技)·전술에 관한 정보를 수집하는 데 주력해 실질적인 군사 훈련 방법 및 전술 등을 기록한 『일본육군조전(日本陸軍操典)』(4권)을 작성하였다.

이와 같이 조사시찰단의 조사들은 일본이 근대 서구 문물을 도입해 정치·경제·군사·산업·사회·문화·교육 등 국정 전반에 걸쳐 이룩해 놓은 성과를 둘러보고, 이를 면밀하게 파악해 문견사건류와 시찰기류의 보고서를 작성하였다. 이들 보고서는 활자화되어 유포되지 않은 채 국왕 혹은 일부 위정자들에게 한정되어 읽혀졌다. 그렇지만 당시 일본 근대 문물에 관해 가장 최신이자 구체적인 지식과 정보가 담겨 있는 이 보고서들은 개화의 필요성을 널리 확산시키고 개화 정책을 적극적으로 추진하는 데 중요한 근거로 활용되었다.

2. 제4차 수신사와 국기 제정

1881년 정부는 제3차 수신사 조병호(趙秉鎬)를 파견해 관세 문제를 논의했으며, 1882년 임오군란 직후에는 제4차 수신사 박영효(朴泳孝)를 파견하였다. 무엇보다도 주목할 만한 점은 박영효가 우리나라 최초의 국기를 제정했다는 사실이다. 서구 열강과 접촉이 잦아지고 강화도 사건으로 일본과 조일수호조규를 체결한 이래 조선 정부도 점차 국기 제정의 필요성을 절감하게 되었다. 일본이 운요호가 일장기를 내걸음에도 조선군이 발포한 것을 국기모독죄라고 억지를 부리며 보복을 자행했기 때문이다. 사실 당시 운요호의 보트에는 일장기가 걸려 있지 않았다. 그런데 일본이 일장기가 걸려 있었다는 거짓까지 일삼으며 자신의 불법 행위와 보복을 정당화했음에도, 조선 정부는 이에 대한 사실 여부조차 확인하지 못한 채 속수무책으로 당하고 말았다.

1880년 『조선책략』의 전래를 계기로 국기 제정에 대한 논의가 진행된 적도 있었다. 이 책에서 조선이 중국의 속국이므로 중국 국기인 용기(龍旗)를 사용하라고 권고하는 내용이 들어 있지만, 정부는 이를 받아들이지 않았다. 결국 1882년 5월 22일 조미조약 체결 당시 미국 전권대신 슈펠트의

메이지마루

권고로 이응준(李應俊)이 미국 군함 스와타라(Swatara)호 함상에서 '국기대용'으로 제작한 것으로 알려진 깃발이 미국 성조기가 함께 사용됨으로써 국기 제정이 본격적으로 논의되기 시작하였다.

인천의 화도진에서 조미조약의 조인식이 끝난 후 열린 축하연에서 중국의 마젠충[馬建忠]은 김홍집과 필담을 나누는 과정에서 "귀국도 국기가 있어야만 한다. 어제 이응준이 소매에서 기식(旗式)을 꺼내 보여주었는데, 이는 일본 국기와 서로 혼동된다"면서 중국 용기를 본뜬 국기를 사용하라고 강요하였다. 또 5월 27일(4/11) 고별연 자리에서 마젠충은 재차 백색 바탕에 푸른 구름과 홍색 용이 그려진 국기['백저청운홍룡기(白底靑雲紅龍旗)']를 제시했고, 김홍집은 이를 거부하면서 이응준이 만든 국기가 일본 국기와 서로 혼동된다면. 홍색 바탕에 청·백색을 합성한 태극 원을 그리겠다고 응수하였다. 그러자 마젠충은 다시 흰 바탕 중간에 반홍·반흑의 태극도를 그리고 그 주위에 조선 8도를 의미하는 8괘를 배치하며, 깃발 가장자리에 홍색선을 두를 것을 권고하였다. 하지만 국기 제정은 더 논의할 필요성이 제기되어 확정은 훗날로 미루어졌고, 마젠충은 태극 8괘 도안을 개인적인 견해라고 전제하면서도 귀국 후 중국 정부에 보고하겠다고 은근히 압력을 가하였다.

이러한 상황에서 임오군란이 일어나자 박영효는 수신사로 발탁되어 9월 20일 메이지마루[明治丸]를 타고 인천을 출발하였다. 그 도중인 9월 25일 박영효는 배안에서 함께 동승했던 일본주재 영국외교관 애스턴(William

G. Aston)의 소개로 영국인 선장 제임스(John Mathews James)에게 마젠충이 제시했던 태극 8괘 도안의 국기에 관해 자문을 구하였다. 애스턴에 의하면, 제임스는 "사해를 두루 다녔기 때문에 각국의 기호를 잘 알고, 또 각색의 분별과 원근의 이동도 함께 능히 환하게" 알고 있는 인물이었다.

박영효 태극기(1882)

이때 제임스는 "태극·팔괘의 형식은 특별해서 눈에 띌 만큼 뛰어나다"고 총평한 뒤, 태극문양에 관해서는 아무런 이견을 제시하지 않은 채 '8괘'가 너무 조잡해서 분명치 않을 뿐 아니라 다른 나라가 이를 모방·제작하기가 불편하므로 4괘만 사용하라는 의견을 내놓았다. 박영효는 그의 의견을 받아들여 국기의 대·중·소 각각 1본씩을 만들었다. 당시 중국의 영향력이 막강했던 상황에서 마젠충의 권고를 무시하기 어려웠기 때문에, 반중 의식이 강한 박영효는 제임스의 의견을 결정적인 근거로 내세워 태극 4괘 모양 도안을 국기를 정했다고 판단된다.

박영효가 제작한 국기를 보면, 건·곤·리·감의 4괘만 좌·우가 바뀌고 색이 흑색에서 청색으로 바뀌었을 뿐 태극의 모양도 이응준의 국기와 매우 비슷하다. 따라서 양자의 유사성은 단순히 우연이라고 보기 어려우므로 박영효가 제임스에게 자문을 구해 국기를 제정했다기보다 이응준의 국기를 모본으로 삼았거나, 최소한 이를 참고했을 가능성이 높다. 즉, 최초의 국기 창안자는 이응준, 제정자는 박영효가 되는 셈이다.

박영효는 국기를 제작하자마자 고베의 숙소인 니시무라[西村]여관에 국기를 내걸었으며, 10월 3일(8/22)에는 국기 제정 사실을 기무처에 보고하였

다. 이 보고에서 그는 이미 영국·미국·독일·일본 등 여러 나라가 모두 본
떠 그리기를 청한 적이 있다고 밝히고, "이것은 천하에 알려 밝히는 데에
관련된 것"이라고 강조함으로써 최초의 국기가 이미 대외적으로 알려졌다
는 점을 부각시켰다. 이어 그는 외무참의 겸 외무경 이노우에와 함께 도쿄
마루[東京丸]를 타고 도쿄로 가는 도중 선장에게 의뢰해 배 앞 돛대에 국기
를 내걸었으며, 도쿄의 숙소인 세이쇼사[靑松寺] 여관에도 사방 4척 정도의
국기를 걸겠다는 취지의 문서를 일본 외무성에 제출하였다.

11월 13일에도 그는 수신사 일행 및 김옥균 등과 함께 엔료칸[延遼館]에
서 일본을 비롯한 각국의 외교관들을 초청해 왕비의 탄신 축하연을 열었
을 때, 중국을 비롯해 각국의 국기와 더불어 조선 국기를 네 모퉁이와 중앙
양쪽 등 6개를 걸어놓았다. 이처럼 박영효가 제작한 국기에는 중국의 영향
력으로부터 벗어나려는 자주 의식이 강하게 깃들어져 있을 뿐 아니라 일
본을 비롯한 서구 국가들에게도 독립국가의 면모를 과시함으로써 대등한
관계를 맺으려는 의도가 들어 있었다. 실제로 1883년 3월 6일 정부는 박영
효가 제작한 태극기를 최초의 국기로 승인·반포함으로써 대내외에 조선
이 자주국임을 천명하였다.

한편 박영효는 일본의 강병책에 지대한 관심을 쏟았다. 중국군이 무력
으로 임오군란을 진압했을 뿐 아니라 흥선대원군을 납치한 데 누구보다
도 분해하면서 군사력 증강의 필요성을 절실히 간망했기 때문이다. 따라
서 박영효는 군사관련 시설을 자주 방문하고 군사훈련을 시찰하였다. 그
는 히비야[日比谷] 연병장에 거행된 관병식(觀兵式)을 관람하거나 수군조련
모습을 보고 감탄하였다. 또 요코스카를 직접 방문해서 조선소를 관찰하
고, 해군성에서 내준 배를 타고 조선소로 가서 배 만드는 모습을 시찰하기
도 하였다.

특히 박영효는 육군보다 해군 관계자와 자주 접촉했는데, 그 범위도 대
신급 외에 실무 장교 및 하사관급의 병사까지 매우 넓었다. 이는 당시 조선

정부가 일본으로부터 기선을 구입하려고 추진했던 점과 관련이 있는 것으로 보여진다. 또 그는 해군성의 프랑스인고문을 초대해 향연을 베풀 때, 해군사무를 모두 분명하게 알고 싶다는 뜻을 피력했고, 그도 흔쾌히 승낙해서 오랜 시간 동안 위의 요령에 대해 이야기를 나누었다.

이러한 시찰을 바탕으로 귀국 후 복명하는 자리에서 일본이 강력한 군대와 병기를 보유하고 있느냐는 고종의 물음에 박영효는 일본이 부국강병책에 전적으로 힘을 기울여 그렇다고 답하였다. 아울러 그는 고종에게 조선(造船)의 중요성을 역설하고, 나아가 일본의 근대적 기술과 제도를 받아들여야 한다고 강조하였다. 이러한 박영효의 자주의식과 개혁의지는 갑신정변을 통해 실현에 옮겨졌지만, 정변의 실패로 말미암아 수포로 돌아가고 말았다.

3. 보빙사

1882년 5월 22일 조미조약이 체결된 뒤 그 다음해인 1883년 1월 9일 미국 의회가 이를 비준하자, 아더(Chester A. Arthur) 대통령은 푸트를 조선주재 미국특명전권공사에 임명하였다. 미국은 주조선공사를 주중·주일공사의 지위와 동등한 특명전권공사로 격상함으로써 조선이 중국의 속방이 아니라 엄연한 자주독립국임을 인정해주었던 것이다. 1883년 5월 19일 서울에 부임한 초대 미국공사 푸트 역시 비준 문서를 교환하면서 "조선은 자치권이 있는 독립국가"이며, 조미조약은 "주권국가 간의 협약에 의해 체결된 것이기에 비준한다"고 재천명하였다.

이처럼 미국이 조선을 독립국으로 인정하면서 푸트를 주재시키고 서울에 미국공사관을 개설하자, 조선은 미국이 조·중 간의 속방조문에 개의치 않고 조선을 독립국으로 인정해준 사실에 크게 고무되었다. 조선 정부 역

보빙사 일행
앞줄 왼쪽부터 홍영식, 민영익, 서광범, 로웰
뒷줄 왼쪽부터 현흥택, 최경석, 유길준, 고영철, 변수

시 미국 수도 워싱턴에 상주공사관을 개설해서 전권공사를 파견해야 했지만 재정이 궁핍해 당장 시행할 수 없었다. 이에 푸트는 상주공사를 대신해 미국에 사절단을 보내자고 제의했고, 정부는 이 건의를 받아들여 보빙사(報聘使)를 워싱턴으로 보내기로 결정하였다.

정부가 보빙사를 파견한 목적은 첫째, 미국으로부터 공인받은 완전 자주독립국이라는 사실을 국제적으로 선양할 수 있는 기회를 마련하는 데 있었다. 미국은 조미조약 교섭단계부터 시종일관 조선에 대한 중국의 종주권 주장을 원천 봉쇄하겠다는 외교책략에 따라 조선 독립국정책을 관철시켰듯이, 조선 정부도 보빙사를 파견함으로써 미국의 정책을 전폭적으로 수용함과 동시에 조선이 자주독립국임을 대외적으로 과시하려 했던 것이다.

둘째, 조선은 보빙사의 파견을 계기로 미국인 고문관·교사·군사 교관 등을 다수 고빙함으로써 개화정책을 적극적으로 펼치려는 의도를 갖고 있었다. 미국 역시 동양의 여러 나라와 마찬가지로 조선도 외국인 고문관을 채용할 필요성을 느낄 것이라는 판단 아래, 그 채용 여부는 보빙사가 미국에 가서 받은 인상 여하에 달려 있다고 파악하였다. 당시 조선이 미국에 대해 호의적으로 인식하고 있었던 만큼 양국의 이해관계가 잘 맞아떨어질 수 있다는 것이다.

7월 8일 고종은 미국에 보빙사를 파견해 미국 정부의 공사파견 조치에 감사의 뜻을 표시함과 아울러 개화·자강에 필요한 미국인 고문관을 초빙하고 싶다는 의사를 전달하였다. 보빙사의 전권대신인 정사(正使)에 왕비의 조카이자 민씨 척족의 소장 영수였던 민영익(閔泳翊), 부사(副使)에 조사시찰단의 조사로서 대미 수교를 위한 국제정세를 파악하는 특별 임무를 부여받았던 홍영식, 종사관에 수신사 박영효와 함께 일본을 방문했던 서광범(徐光範)이 각각 발탁되었다.

그리고 수행원에는 일본의 게이오의숙[慶應義塾]에서 유학했던 유길준, 수신사의 일원으로 일본을 방문했던 변수(邊燧), 영선사 김윤식의 수원 및 학도로서 중국 어학국에서 영어를 학습했던 고영철(高永喆), 무관 최경석(崔景錫)·현흥택(玄興澤) 등이 임명되었고, 중국인 통역관 우리탕[吳禮堂]이 포함되었다. 이처럼 민씨 척족을 대표하는 민영익과 외유경험이 풍부해 국제정세에 밝고 개화지향적인 개화파인사들이 보빙사에 발탁된 점은 고종이 미국과 유대를 강화하고, 이를 통한 개화·자강정책 추진에 심혈을 기울이고 있었음을 시사해준다.

7월 14일 보빙사 일행은 국왕에게 인사를 올린 뒤 7월 16일 아시아 함대 소속 미국 군함 모노카시호로 제물포를 출발하였다. 신미양요 때 강화도를 침공하는 데 동원되었던 모노카시호가 불과 12년만에 조선과 미국의 우호를 다지는 보빙사 일행을 태웠다는 사실은 양국의 관계 변화를 단적으로 보여준다는 점에서 흥미롭다. 그들은 21일 나가사키에 도착한 다음 기선을 갈아타고 요코하마를 거쳐 도쿄로 갔다. 그곳에서 보빙사의 임무를 잘 보필하고 안내할 미국 외교관이 절대 필요했기 때문에, 주일 미국 공사 빙햄(John A. Bingham)의 천거로 외국참찬관 겸 고문관에 미국인 로웰

(Percival Rowell)을 특채하였다. 아울러 로웰이 우리말을 몰랐으므로 영어에 능통한 일본인 미야오카[宮岡恒次郞]를 그의 개인비서로 채용해 일본어를 통한 이중통역을 담당하도록 하였다. 마침내 사절단의 진용을 갖춘 보빙사는 8월 18일 아라빅(Arabic)호를 타고 요코하마를 떠나 9월 2일 샌프란시스코항에 상륙하였다. 처음으로 우리나라에서 미국까지 태평양을 가로질러 간 셈이다.

보빙사 일행은 샌프란시스코에 도착해 팔레스 호텔에 묵은 뒤, 워싱턴까지 약 1주일 동안 대륙횡단철도로 타고 시카고를 거쳐 9월 15일 워싱턴에 도착하였다. 미국 정부는 보빙사를 안내할 영접관으로 메이슨(Theodore B. Mason) 해군 대위와 포크(George C. Foulk) 해군 소위를 임명하였다. 당시 아더 대통령은 휴가로 뉴욕에 머물고 있었다. 따라서 보빙사 일행은 두 영접관의 안내를 받아 9월 17일 대통령이 묵고 있는 뉴욕의 피프스 애비뉴(5번가) 호텔로 갔다.

1883년 9월 18일 오전 11시에 피프스 애비뉴 호텔 대접견실에서 역사적인 국서 제정식(提呈式)이 거행되었다. 전권대신 민영익을 비롯한 사절단 전원이 흉배와 각대를 두른 청홍 색깔의 사모관대 차림으로 한 줄로 늘어서서 대접견실로 가자 중앙에 아더 대통령이 국무장관과 함께 서 있었다. 보빙사 일행은 처음에 다른 인물들과 똑같이 정장을 한 대통령을 구별하지 못해 당황하다가 민영익을 선두로 차례대로 대통령에게 큰절을 올렸다. 대통령 역시 서양과 다른 예절에 당황하기는 마찬가지였지만, 선 채로 허리를 굽히는 인사로 답례하였다. 그 후 민영익은 「대조선국서」를 제정하고, 아더 대통령은 "양국의 영역 사이에 가로놓여 있는 대양도 이제는 증기기선 항해의 도입과 완비로 편리하고도 안전한 교역의 대공로(大公路)가 된 것"이라면서 미국은 "과거 역사에서 보듯이 다른 나라 영토를 점령·지배할 의도는 없으며, 오로지 상호 우호적 관계와 호혜적 교역을 통해 이익을 같이 나누고자 한다"고 답사하였다.

보스턴 벤덤 호텔에 내걸린 태극기(1883.9.19)

국서제정식은 무엇보다 조선이 최초의 미국사행을 통해 자주독립국가라는 사실을 세계만방으로부터 국제적으로 공인받게 되었다는 점에서 커다란 의미를 지닌다. 또 국서에 '대조선국'·'대군주'를 처음으로 사용했으며 중국연호가 아니라 '개국연호'만 사용하였다. 조미조약에는 중국연호와 개국연호를 병기했지만, 국서에는 개국연호만 사용함으로써 독립국가임을 대외에 천명했던 것이다. 다음으로 국서를 한글로 번역해 미국 신문인 『뉴욕 헤럴드(New York Herald)』에 게재하였다. 이를 통해 보빙사는 중국이나 일본과 달리 조선은 '한글'이라는 독자적인 고유문자를 가진 문화국가임을 과시할 수 있었다.

그 후 보빙사 일행은 보스턴 등 동부지방의 산업도시를 돌면서 방적공장·미국박람회·월코트 농장(Wolcott Farm) 등을 시찰하였다. 뉴욕으로 돌아와서도 공장과 뉴욕 헤럴드 등 신문사·소방서·육군사관학교·우체국 등을 살펴보았다. 이어 보빙사는 워싱턴으로 가서 미국 정부의 각 부처를 순방하였다. 보빙사가 머무는 호텔에는 국기[태극기]가 게양되었다. 그들은 국기를 호텔 옥상에 내걸음으로써 사절단의 위엄을 과시하고 조선의 국위를 선양하려 했던 것이다.

10월 12일 보빙사 일행은 백악관을 예방해 아더 대통령에게 고별인사를 나누었다. 이때 아더 대통령은 군함 트렌턴(Trenton)호로 민영익 일행을 호송하도록 조치하였다. 보빙사는 유길준을 유학생으로 남겨둔 채 두 조로 나뉘어 귀국길에 올랐다. 유길준은 민영익의 특별 배려로 조선인 최초의 미국 유학생으로서 상투를 자르고 양복을 입고 미국에 남아 공부하게 되었다. 홍영식은 참찬관 미국인 로웰, 중국인 우리탕, 수행원 현흥택·최경석·고영철 등을 대동하고 10월 16일 미국을 떠났다. 또 민영익은 종사관 서광범, 수행원 변수, 해군무관 포크 등과 함께 트렌턴호로 대서양을 건너 유럽 각국 순방길에 올랐다. 그들은 영국·프랑스·이탈리아 등 유럽 각국, 그리고 아프리카의 이집트까지 시찰한 후 수에즈운하를 거쳐 인도양을 항행, 남중국해를 통과, 1884년 5월 31일 귀국하였다. 조선인으로서는 최초의 세계일주 항행을 완수한 셈이다. 미국이 중국과 일본에도 없는 해군무관을 조선에 파견한 것 역시 이례적인 조치였다.

조선 역사상 최초로 미국과 유럽을 견문하고 돌아온 보빙사 일행은 우호적인 미국관을 갖게 되었을 뿐 아니라 근대적 제도·문물의 수용에 대한 필요성을 절실히 느꼈다. 1883년에 12월 21일 고종과 나눈 복명문답에서 홍영식은 미국의 교육방법을 본받아 인재를 양성할 것을 건의했을 뿐 아니라 "일본 같은 나라는 서양법을 채용한 지 아직 일천하며 비록 그 나라가 서양법을 약간 모방했다손 치더라도 진실로 미국의 예에 견주어 논할 수 없습니다"고 미·일 양국의 개화 상태를 비교 평가하였다. 또한 민영익도 귀국 직후 "나는 암흑에서 태어나 광명 속으로 들어가 보았다. 이제 나는 다시 암흑으로 되돌아왔다"고 소감을 밝혔으며, 1884년 6월 2일 "미국의 부강이 천하제일이냐?"라는 고종의 물음에 "그 나라는 땅이 넓고 생산물이 많으며 사람들이 모든 성실에 힘쓰므로 상무가 가장 왕성해 비교할 나라가 없나이다"고 답하였다.

그러나 서구식 제도의 수용을 둘러싸고 보수파 민영익과 변법개화파 홍영식·서광범·변수 등은 귀국 후 서로 상반되는 태도를 취하기 시작하였다. 이러한 조짐은 귀국 전에 이미 싹터 있었다. 미국인 무관 포크에 의하면, 민영익은 처음에는 국가발전을 위해 정력적인 노력을 경주하겠다는 의지를 표명한 바 있지만, 오랫동안 관찰해 본 결과 그는 마음이 약하고 변덕심이 심한 성격의 인물임을 알게 되었다고 한다. 특히 그는 항상 휴대하고 다니는 유교관계 서적만을 탐독하고 있었는데, 이러한 그의 수구적 태도는 슬프게도 모처럼 서양의 선진문물을 시찰하고 계몽을 받을 수 있는 좋은 기회를 놓치는 것 같아 안타까워 보였다. 반면, 서광범·변수는 백과사전을 번역해 설명해 주면 자기 나라에 유용한 사항을 공책에다가 적는데 지칠 줄 모르는 열의를 보였다고 평가하였다.

이처럼 보빙사 파견 전 변법개화파와 교류하면서 개화에 관심을 보였던 민영익은 민씨 척족의 집권을 공고히 하고 중국과 전통적 관계를 유지하는 범위 내에서 점진적인 개혁을 추진해야 된다는 입장을 갖게 되었다. 그와는 달리 홍영식·서광범·변수 등은 미국을 방문하면서 조선의 자주와 부국강병을 달성하기 위해서는 중국에 대한 속방관계를 청산하고 혁신적인 제도개혁이 단행되지 않으면 안 된다고 확신하였다. 따라서 그들은 김옥균·박영효 등과 더불어 반청운동과 개화정책을 적극적으로 펼치게 되었다. 이러한 민영익과 홍영식 등의 견해차는 결국 갑신정변을 유발시키는 중요한 요인으로 작용했으며, 이 정변에서 민영익은 변법개화파의 일차 제거대상으로 지목되어 치명적인 부상을 당했다.

갑신정변의 실패로 홍영식은 살해당했으며, 서광범과 변수는 일본으로 망명했다가 미국으로 재차 건너갔다. 보빙사의 일원들은 자신들이 미국시찰을 통해 얻었던 견문과 지식들을 조선의 개화·자강을 달성하는 데 제대로 활용하지 못하고 말았다. 다만 정변에 가담하지 않았던 최경석은 농무목축시험장을 설치했고, 고영철은 동문학 주사로 영어교육에 종사함으로써 개화정책추진에 일익을 담당하기도 하였다. 한편 유길준은 미국의 매사추세츠주 쎄일럼시에 있는 담마학교(Governer Dummer Academy)에서 공부했는데, 갑신정변이 끝난 지 10개월 후인 1885년 9월경 귀국했다가 유폐

당하였다.

　요컨대, 보빙사 일행은 조·중 양국 간의 속방관계를 부정하는 대미 자주외교를 전개했을 뿐 아니라 미국의 근대적 제도와 문물을 직접 견문함으로써 호의적인 미국관을 지니게 되었다. 그러나 미국 방문 후 혁신적인 제도개혁의 필요성을 절감하였던 홍영식·서광범·변수 등 변법개화파는 민영익과 개화의 추진방법을 둘러싸고 서로 대립하였다. 그 결과 변법개화파는 갑신정변을 일으켰다가 살해당하거나 망명함으로써 정계 내에서 몰락하고 말았다.

〈참고문헌〉

[Ⅰ. 강화도 사건과 조일수호조규 체결]

김경태,『한국근대경제사연구』, 창작과비평사, 1994.

김기혁,『근대 한·중·일 관계사』, 연세대학교출판부, 2007.

김흥수,『한일관계의 근대적 개편과정』, 서울대학교출판부, 2010.

신헌·김종학 역,『심행일기』, 푸른역사, 2010.

한일공통역사교재제작팀,『한국과 일본 그 사이의 역사』, 휴머니스트, 2012.

윤소영,『일본근대의 보도판화는 한국사를 어떻게 왜곡했나?』, 독립기념관,
       2014.

[Ⅱ. 서구 열강과의 조약 체결]

국제역사학회의 한국위원회,『한미수교 100년사』, 국제역사학회의 한국위원
       회, 1982.

한국사연구협의회,『한영수교 100년사』, 한국사연구협의회, 1984.

미국 국무부 편, 한철호 역,『미국의 대한 정책 1834~1950』, 한림대학교 아
       시아문화연구소, 1998.

부산근대역사관,『근대외교의 발자취(1876~1905)』, 부산근대역사관, 2005.

최덕수 외,『조약으로 본 한국 근대사』, 열린책들, 2010.

[Ⅲ. 근대적 외교사절단의 파견과 시찰]

문일평, 이광린 교주,『한미오십년사』, 탐구당, 1975.

홍사중,『상투 틀고 미국에 가다』, 홍성사, 1983.

김원모,『태극기의 연혁』, 행정자치부, 1988.

이민식,『근대 한미관계 연구』, 백산, 1998.

허동현,『근대한일관계사연구』, 국학자료원, 2000.

김원모,『한미 외교관계 100년사』, 철학과현실사, 2002.

김원모,『개화기 한미 교섭관계사』, 단국대출판부, 2003.

손정숙, 『한국 근대(1883~1905) 주한 미국공사 연구』, 한국사학, 2005.

한철호, 「우리나라 최초의 국기('박영효 태극기', 1882)와 통리교섭통상사무
아문 제작 국기(1884)의 원형 발견과 그 역사적 의의」, 『한국독립운
동사연구』 31, 2008.

국사편찬위원회 편, 『조선이 본 일본』, 두산동아, 2009.

3장

열강의 해양 침략 :
바다를 내주다

Ⅰ. 해안 측량과 등대 건설

1. 해안 측량

일본은 1854년 이후 미국을 비롯한 서구 제국주의열강과 불평등조약을 맺었지만, 그 조약들 가운데 해안 측량권은 들어가 있지 않았다. 그렇지만 일본은 국력이 매우 약했기 때문에 서구 열강의 일본 해안 측량을 저지하지 못한 채 방관할 수밖에 없었다. 그 과정에서 해안 측량의 중요성을 인식한 일본은 열강의 측량기술을 적극적으로 배움과 동시에 조선의 해안을 측량하는 데 온힘을 쏟았다. 일본 정부 차원에서 자국의 해안과 육지뿐 아니라 조선 전체에 대한 측량을 전담·주도했던 기관이 바로 육군 참모국과 해군 수로부였다.

1871년에 설치된 육군 참모국은 1878년 참모본부로 개편되면서 그 산하에 측량과와 편찬과 등을 두었으며, 1884년부터 내무성 지리국과 이원화되었던 측량과 지도제작 업무를 전담하였다. 1888년 측량과는 참모본부장 직속의 독립관청인 육지측량부로 승격되었다. 또한 1871년 병부성

일본 육군 참모국의 「조선전도」(1876)

해군부 소속으로 출범한 수로부는 1872년 4월 해군성 수로국과 11월 해군경 수로료, 1876년 수로국 등을 거쳐 1886년부터 수로부로 명칭이 바뀌었다. 육지측량부와 수로부는 패전 직후인 1945년 9월 폐지되기 전까지 일본이 한국을 필두로 침략정책을 수행하는 과정에서 침략해야 할 지역과 식민지로 강점한 지역들의 육지와 바다를 세밀하게 측량해 각각 정확한 지도와 해도를 제작하는 막강한 기관으로 기능하였다.

일본은 이들 두 기관을 앞세워 조일수호조규의 체결 이전부터 조선에 대한 정보를 얻으려고 애썼다. 수로국은 1872년에 조선과 쓰시마[對馬]부근의 지도를 임시로 본떠 간략한 지도를 만들었으며, 1873년에 최초의 조선지도인 「조선전도(朝鮮全圖)」를 급히 제작하였다. 「조선전도」는 1872년 일본 군함 가스가[春日]가 조선으로 항해했을 때 조선인에게 얻어온 편자 미상의 지도를 다시 본뜬 것이었다. 그러나 이 지도는 정확한 측량을 바탕으로 만들어진 것이 아니었기 때문에, 1874년 타이완 침략 이후 다음 대상으로 떠오른 조선의 지도와 해도가 절실하게 필요해졌다.

이러한 상황에서 강화도 사건을 도발하기 전인 1875년에 참모국은 정밀도가 높은 서양의 해도에 표시된 해안선과 경위도를 기준으로 삼고, 「조선팔도전도(朝鮮八道全圖)」·「대청일통여도(大淸一統輿圖)」 등 조선과 중국

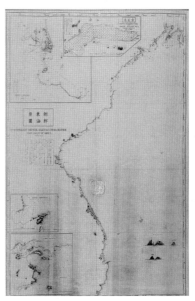

러시아 수로부의 「조선동해안도」(1862) 　　　　일본 수로료의 「조선동해안도」(1875)

등의 지도를 종합해서 내륙지역을 묘사한 「조선전도」를 제작하였다. 이 지도는 참모국이 조선에 관한 각종 정보를 아주 정밀하게 수집·종합해서 처음으로 제작한 조선 관련 공식 관찬지도로 손꼽힌다. 참모국이 조선을 비롯한 이웃나라에 대한 침략을 염두에 두면서 외국의 정보를 수집하고 불법으로 측량해 만든 외국지도를 '외방도(外邦圖)'라고 부르는데, 「조선전도」는 조선에 대한 최초의 외방도였던 것이다.

　한편 바다나 해안에 대한 측량과 해도 제작 업무를 전문적으로 담당하면서 도서의 영역 혹은 소속 여부를 가장 정확하게 파악했던 수로료 역시 1875년 강화도 사건 전에 러시아와 영국의 해도를 참고로 「조선동해안도」라는 해도를 발간하였다. 이때 수로료는 측량할 능력도 부족한데다가 조선의 해안을 측량할 여건도 갖춰지지 않은 탓에 1857년 러시아 해군 수로부가 간행한 「조선동해안도」를 주로 참고하지 않을 수 없었다. 그 결과 수로료의 「조선동해안도」에는 러시아의 「조선동해안도」에 실린 독도 및 독

도그림이 고스란히 들어가 있다. 따라서 러시아판과 수로료판 「조선동해
안도」는 두 나라 모두 독도를 조선 영토로 인식했던 중요한 근거가 되기도
한다.

한편 일본은 교착상태에 빠진 조선관계를 해결하기 위해 측량을 빌미로
강화도 사건을 일으켰다. 이 사건을 전후로 일본은 군함 두 척을 잇달아 부
산에 파견해 무력시위를 벌였다. 이중 수로국 소속의 측량선은 일본 북부
해안을 측량하려고 출항하는 도중 조선에 대한 군사행동에 참가하라는 명
령을 받아 급히 동원되어 부산항을 측량·조사하였다. 강화도 사건으로 조
선 해도의 필요성이 증대하자 수로국은 육군성으로부터 받은 프랑스판 한
강해도 3매를 급히 등사해 군함에 공급했으며, 1876년 1월에는 영국 수로
부 간행의 1874년판『지나해수로지[중국수로지]』의 조선 부분을 번역한『조선
수로지』의 사본을 만들어 각처에 공급해주기도 하였다.

이처럼 주도면밀하게 사전 작업을 한 뒤 일본은 조선 정부의 사죄와 개
항 및 조선 영해의 자유항행을 조약에 절대적으로 삽입한다는 방침 아래
조일수호조규를 체결하였다. 개항 직후부터 참모국은 조선주재 일본공사
하나부사[花房義質]의 수행원 혹은 공사관부 무관 내지 어학연수원 등으로
구성된 '은밀' 탐정, 즉 간첩대를 파견해 조선의 지형을 파악하고 지리 정
보를 수집하였다. 특히 육지 침략의 근거지가 되는 개항장과 그 후보지를
측량하는 데 역점을 두었다.

그 결과 1876년에는 「조선전도」의 여백 부분에 「한강구(漢江口)」·「대동
강」·「유힌만[원산만]」·「부산포」 등 4개의 소도(小圖)가 추가되고, 경기도 등
8도의 경계구획 주변에 색깔을 넣은 개정판이 출간되었다. 1894년에는
1876년 개정판 「조선전도」의 재판(再版)이 간행되었다. 「조선전도」 초판은
강화도 사건이 일어난 1875년, 개정판은 조일수호조규가 체결된 1876년,
개정판의 재판은 청일전쟁이 발발한 1894년에 각각 간행되었던 사실을 감
안하면, 이 지도가 육군에서 전쟁 혹은 침략을 위한 군사용으로 제작되었

던 것임을 쉽게 알 수 있다.

1878년 참모국에서 독립성이 더욱 강화된 참모본부는 평상시에는 지리지 등을 편찬하는 업무를 맡았다. 이에 1888년에 참모본부는 조선을 광범위하게 조사한 끝에 조선 전역에 대한 각종 정보를 총체적으로 수록한『조선지지략(朝鮮地誌略)』을 간행하였다.『조선지지략』은 개항 직후부터 참모본부의 간첩대가 은밀하게 조선의 지형과 지리 정보를 수집해서 편찬한 일종의 병요(兵要)지지이다. '병요'가 '군사의 추요(樞要)'라는 뜻을 지녔을 뿐 아니라 육군 장병을 위해 만들어졌던 만큼, 이 지지는 기본적으로 전략·작전에 관련된 군사적 목적을 위해 사전 준비용으로 편찬된 것이다. 따라서『조선지지략』은 훗날 조선을 침략하기 위한 사전 준비와 교육용으로 발행되었음을 알 수 있다.

이러한 목적을 달성하기 위해『조선지지략』에는 조선 8도 지역마다 위치·산맥·강·기후·풍속·정체·종교·제조·도로·구역[인구]·해안·전신·도시·사략(史略) 등의 항목별로 강역·역사·군사·경제·지리 정보가 총체적으로 수록되어 있다. 비록 그 명칭에는 '략(略)'이 붙어 잠정적·요약적인 성격을 지녔으며, 편찬자 등도 기재되어 있지 않고 조선전체의 총론 부분도 없는 한계가 있다. 그러나 실제로『조선지지략』에는 병요지지답게 군사적 관점에서 지형·풍속 등 당시의 상황이 상세하고도 정확하게 기록되었다. 또 그 항목 중 해안에 도서·항만·반도·곶 등이 서술된 사실은 참모본부가 육지뿐만 아니라 해양 즉 바다에도 매우 관심을 갖고 있음을 잘 보여준다.

육지측량부는 1894년 청일전쟁 발발 후 임시측도부를 편성하고 조선에 대한 측량을 본격적으로 벌여나갔다. 청일전쟁 기간 중 육지측량부는 여행객·상업시찰단으로 위장한 간첩대를 파견해 비밀리에 조선을 측량하고 5만분의 1 축척 등의 지형도를 제작하였다. 이 지도는 간첩대가 군사적 목적으로 은밀하게 제작되었기 때문에 '군용비도(軍用秘圖)'로 불리기도 한다. 전쟁 기간 중 육지측량부는 무려 1,710매를 제도하고 2,034매를 제판했다고 전해진다. 1905년 을사늑약 이전 이웃나라에 대한 첩보활동이나 지도측량이 명백한 한국의 주권 침해였던 만큼, 육지측량부는 이를 은폐하기 위해 군용비도에 측량연대를 의도적으로 삭제하고 출판하였다.

이어 육지측량부는 한국병탄을 전후한 1909년부터 1911년까지 한국을 측량하고 1913년부터 1916년간 지형도를 발행했으며, 1914년부터 1918년에 걸쳐 측량한 결과 1919년에는 한국 전역을 포함한 5만분의 1 축척의 지형도를 완성하게 되었다. 이들 중 한국강점 이후 측량은 토지조사사업의 일환으로 조선총독부 임시토지조사국에 의해 진행되었다. 한국을 효율적으로 통치하고 토지 약탈로 경제적 토대를 마련하기 위한 토지조사사업에서 측량과 지도제작은 필수적인 긴급과제였기 때문이다. 1910년부터 1915년간 진행된 측량은 형식상 임시토지조사국의 명의로 이루어졌지만, 실질상 육지측량부에서 차출된 일본인들이 주도하였다. 아울러 육지측량부는 청일전쟁 당시 종래부터 수집해온 자료를 바탕으로 조선뿐만 아니라 시베리아동부부터 중국남부까지 동아시아 전역을 구역별로 나눈 「동아여지도(東亞輿地圖)」와 「만국도(萬國圖)」 등 수많은 지도를 제작하였다. 실로 한국정부나 한국인보다 한국을 훨씬 정확하고 자세하게 파악할 정도로 철저하게 한국 침략을 준비했던 것이다.

한편 해군 역시 개항을 계기로 조선의 바다를 본격적으로 측량하기 시작하였다. 수로국은 조선 해안에 부득이 상륙하더라도 내륙으로 들어가지 말고 어떠한 경우라도 조선인의 집에 머무르지 말고 측량 후 보고서와 도지를 제출할 것 등 주의사항을 규정한 수칙서(守則書)인 「조선국연해도서측량심득서(朝鮮國沿海島嶼測量心得書)」를 토대로 해안 측량정책과 방침을 마련하였다. 여기에는 조선인의 감정을 자극하지 않도록 고심한 흔적이 엿보이지만, 실제로는 그와 반대로 측량이 이뤄져 일본에 대한 조선인의 악감정은 더욱 고조되었다.

조일수호조규 체결 직후부터 수로국은 조선의 해안을 정밀하게 측량하고 부산 외에 2개 개항장과 공사의 주차 및 상경(上京) 도로설정 등을 모색하는 데 온힘을 기울였다. 조일수호조규 체결로 양국 사이에 교류가 개시되어 통상이 점증할 것으로 예상되었음에도, 조선 해안에 관련된 해도가 턱없이 부족한 탓에 선박의 항해와 정박에 위험이 많았기 때문이다. 우선 1876~1877년에 군함들을 파견해 부산부터 남해안을 거쳐 서해안의 강화도까지 측량했지만, 개항하기에 적당한 후보지를 발견하지 못하였다. 애초에 기대했던 남양만은 측량하지 못했으나 그렇게 좋은 항이 아니라고 판단했기 때문이다.

또 동해안에서는 영흥부의 대항(代港)으로 지정된 함경도 문천군 송전리는 능침(陵寢)이 소재한 땅이라는 이유로 일언지하에 거절되었다. 조선 측은 송전리를 대체할 곳으로 송전리에서 가까운 덕원부 원산진을 제의했지만, 그 가치는 전혀 일본 측에 알려져 있지 않았다. 그렇다고 지도만으로 가부를 결정할 수도 없는 실정이었다. 이러한 상황에서 나가사키에서 블라디보스토크를 왕래하는 일본 상선들이 그 도중에 있는 울릉도[마쓰시마(松島)]를 개척하자는 요청서를 잇달아 올리면서 울릉도의 실체가 무엇인가를 둘러싸고 일본 정부 내에서 다양한 논의가 벌어지기도 하였다.

이에 따라 1878년 4월 일본 정부는 군함 아마기를 파견해 원산과 울릉도를 측량하도록 지시하였다. 수로국 소속의 아마기호는 5월 9일 부산을 출발해 동해안을 거슬러 올라간 뒤 11일부터 원산을 측량하기 시작하였다. 조선 정부는 이 사태를 중대하다고 판단하고 함경도관찰사 김세균(金世均)에게 급히 명령을 내려 덕원부사 이교칠(李敎七)·문천군수 이정필(李正弼)로 하여금 아마기호의 측량을 살펴보고 덕원지방 연안의 측량을 저지시키도록 조처하였다. 그 이유는 덕원부 용주리가 조선의 개창자 이성계의 선조인 목조 이하 도조에 이르는 누대의 고향으로 국가의 근본이 되는 땅이라는 것뿐만 아니라, 안변부터 문천을 거쳐, 영흥·함흥에 이르는 일대가

아마기호

해안을 이루고, 능침에 가까운 곳으로서 가장 중요한 지역이라고 판단했기 때문이다.

이에 아마기호의 함장 마쓰무라[松村安種]는 이전에 하나부사 대리공사에 대한 반접관 홍우창(洪祐昌)의 언질을 인용해 응대하지 않았다. 오히려 그는 조선의 사정 여하를 무시한 채 일본 해군경의 명령을 받은 이상 덕원에 대한 측량을 멈출 수 없으며, 만약 이를 중지시키려면, 동래부사로 하여금 부산주재 관리관을 거쳐 일본 외무성에게 항의하라고 주의를 주었다. 덕원부사 이교칠 등은 실력을 사용하지 않고서는 더 이상 측량을 막을 도리가 없어 방관할 수밖에 없었다.

결국 아마기호는 한 달 남짓이나 덕원의 해안을 측량한 뒤 문천군 송전리로 갔다가 원산으로 귀항했고, 다시 북청부로 떠나 신포진 마량도에 정박하면서 신포 및 마량도를 시찰하였다. 이어 아마기호는 특별임무로 부여받은 울릉도[마쓰시마]의 실체를 파악하기 위해 마량도를 떠났다. 아마기호는 육군성판 「조선전도」(1875, 1876)에 점선으로 그려진 '다케시마[竹島]'의 유무를 조사하려 했다가 발견하지 못하였다. 이 섬은 존재하지 않은 아르고노트섬이었기 때문이다.

이어 아마기호는 울릉도[마쓰시마] 주변을 순항하며 측량하면서 조선인이 배를 만드는 모습을 목격하기도 하였다. 이는 일본 정부 차원에서 최초로 울릉도를 측량한 것이었다. 그 후 아마기호는 부산을 거쳐 나가사키로 돌아갔다가 곧바로 조선의 남해안을 측량하러 떠났다. 1880년 5~6월에도 아마기호는 부산항에서 영흥만을 거쳐 울릉도를 측량하였다. 이때는 부산에서 원산으로 직행했던 1878년과 달리 동해상의 요지인 '죽변만' 등을 측량하였다. 그 결과 아마 기호는 원산을 개항장으로 선정하고 '마쓰시마' 가 조선의 울릉도라고

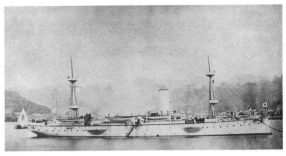

다카오호

밝히는 데 커다란 영향을 미쳤다.

　그 뒤에도 일본 수로부는 동해에 관한 정확한 정보를 얻어내기 위해 지속적으로 측량을 시도하였다. 1881년 11월에는 군함 세이키[清輝]가 내호만을, 1885년 10월에는 군함 가이몬[海門]이 부산에서 원산까지 각각 측량하였다. 1896년에는 군함 다카오[高雄]와 아타고[愛宕] 등이 울산·영일만·삼척·원산 등을 측량했으며, 1898년 군함 쵸카이[鳥海]가 동해안을 측량하였다. 1899년에도 군함 마야[摩耶]가 원산에서 두만강까지 측량하면서 울릉도를 측량한 적도 있었다. 또한 1901년에는 군함 이쓰쿠시마[嚴島]·하시다테[橋立] 등이 홍콩에서 제물포·부산·원산을 거쳐 블라디보스토크까지 항해하면서 측량하기도 하였다. 동해뿐만 아니라 남해와 서해 등 조선의 전 해안이 일본에 의해 샅샅이 측량되었다.

　이처럼 일본 군함이 조선의 해안 전체를 제집 안방 드나들 듯이 휘젓고 다니면서 측량한 결과는 고스란히 해도뿐만 아니라 수로지에도 반영·축적되었다. 조선 해안을 측량한 수로국의 군함들은 해당 지역의 경위도를 측량하고 각종 해안의 형상을 기록·묘사했으며 해도와 수로지를 제작·편찬했던 것이다. 그 대표적인 해도로는 「조선동안(朝鮮東岸)」과 「조선전안(朝鮮全岸)」, 수로지로는 『환영수로지(寰瀛水路誌)』와 『조선수로지』를 각각 손꼽을 수 있다.

　먼저 수로국은 개항 직후인 1876년에 「월미도해협약측도」와 「전라도순

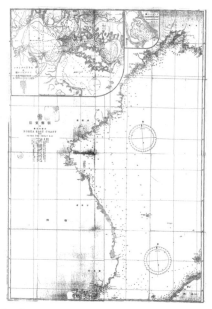

「조선동안」(1893)

천포약측도」·「거제도 및 한산
도」에 이어 1877년에 「조선국
부산항」 등의 해도를 제작하였
다. 아울러 1876년 말에는 「조
선동해안도」의 소개정판을 내
놓았는데, 이는 1875년판과 비
교해 전체적인 판형과 형태는
거의 동일하다. 다만 해안가의
채색이 사라지고 지명이 조금
상세해진 점이 다를 뿐이다. 아
직 동해안에 대해 세밀한 측량
이 이뤄지지 않았음에도, 개항
장을 선정하기 위한 필요로 말
미암아 수요가 늘어났기 때문에 소개정판이 제작된 것이다. 하지만 원산
도 개항되어 측량이 점차 늘어나고 정확한 정보가 확보되면서 「조선동해
안도」는 여러 차례 개정된 뒤 1893년 10월에는 전면적인 개정이 이뤄지면
서 「조선동안」으로 그 명칭도 바뀌었다.

　「조선동안」은 「조선동해안도」보다 판형도 커졌을 뿐 아니라 수록 형식
이나 내용도 완전히 달라졌다. 종전에 러시아 해도를 바탕으로 삼았던 것
과 달리 이번에는 정확도가 훨씬 높은 영국 해도를 바탕으로 그동안의 측
량 결과를 반영했던 것이다. 수록 범위는 동경 125도 0분에서 133도 10분,
북위 34도 40분에서 44도 0분이었다. 이처럼 경위도가 확대되면서 러시아
의 블라디보스토크 동쪽 해안, 부산 서쪽의 남해안 일부, 그리고 일본의 쓰
시마 윗부분과 본주 북서안 일부 및 오키[隱岐]의 일부 등이 새롭게 포함되
었다. 삽입지도 역시 「조선동해안도」에 있던 금각항(金角港) 등은 삭제되고
라스보이니크만(Rasboinik Bay) 등으로 대체되었다.

가장 주목할 만한 사실은 가공의 섬으로 확인된 아르고노트섬과 독도 그림 3점이 삭제되었지만, '마쓰시마'는 '울릉도[마쓰시마]'로 이름이 바뀌고 부쏠암('Boussole Rk.')과 씰각(Seal Pt.)이 추가되었으며, 독도는 러시아식 명칭인 올리부차초와 메넬라이초가 사라지고 프랑스식 이름을 일본식으로 발음한 '리앙코루도암'['리앙코루토암']으로 표기된 점이다. 그 외에도 「조선동해안도」에 대부분의 지명이 영어 혹은 러시아어를 번역해서 가타가나로 표기된 것과 달리, 「조선동안」에는 여전히 가타가나명이 남아 있지만 '함경도(咸鏡道)'나 '부산항(釜山港)' 등의 도명과 지명이 한자로, 원산 부근의 만은 '조선만[브로튼만]'으로 쓰여 있다. 이처럼 수로부가 당시까지 측량한 결과와 영국수로지 등을 통해 입수한 정보를 반영해서 울릉도와 독도를 '울릉도[마쓰시마]'·'리앙코루도암'으로 표기했던 사실은 독도를 조선 영토로 간주하고 있었음을 보여준다는 점에서 매우 중요하다.

특히 수로부가 「조선동해안도」를 「조선동안」으로 전면 개정했던 시기가 청일전쟁 발발 직전이었던 점을 감안하면, 「조선동안」은 「조선동해안도」와 마찬가지로 전쟁에 대비하기 위한 군사용으로 제작되었던 것으로 판단된다. 실제로 청일전쟁이 발발해 본격적으로 싸움이 벌어지고 있던 1894년 8월에 일본 육군은 해군 측에 조선의 남안·동안 및 부산·원산 등의 해도가 반드시 필요하다고 판단해서 「조선동안」을 비롯한 해도를 입수해달라고 요청했던 적도 있었다.

다음으로 수로부가 만든 조선 관련 해도의 종합적인 결정판은 「조선전안」이었다. 수로부는 영국과 러시아의 해도를 참조하고 측량 결과를 보완해서 1882년 「조선전안」을 간행하였다. 그러나 「조선전안」은 그 수록 범위가 동경 124~130도, 북위 33도 0분~40도 20분에 한정되었다. 즉, 두만강 일대의 함경북도 일부와 울릉도·독도가 수록되지 않은 불완전한 조선전도였던 것이다. 이는 「조선전안」이 개항장 후보지를 조사하는 데 역점을 두고 제작되었고 측량도 미흡했기 때문이다.

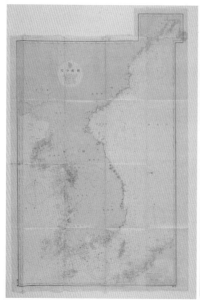

「조선전안」(1896)　　　　　　　　　　　「조선전안」(1906)

　「조선전안」 간행 이후 조선에서는 임오군란·갑신정변·동학농민전쟁·
청일전쟁 등 중요한 정치적·군사적 사건이 일어났다. 또한 경제적으로도
양국의 무역이 확대되고 일본 상인들이 본격적으로 조선에서 상권을 확대
시켜 나가면서 정확한 해도의 필요성이 더욱 절실해졌다. 따라서 수로부
는 조선 해안을 측량한 결과를 불완전한 「조선동해안도」와 「조선전안」에
반영해 여러 차례 개정판을 내놓았고, 마침내 1896년 조선관련 해도를 통
합·정리해서 그야말로 명실상부한 「조선전안」을 간행하였다.

　「조선전안」의 수록 범위는 동경 124도에서 132도 0분~132도 25분, 북
위 33도 0분에서 42도 30~43도 30분이었다. 「조선전안」은 그 이전의 것에
비해 경위도를 확대시켜가면서까지 오른쪽 상부의 돌출부분에 피터대제
만[백덕대제만(伯德大帝灣)]을 포함시켰고, 특히 울릉도와 함께 독도['리앙코루도
암']를 정확한 경위도상의 위치에 수록해두었다. 이제 일본은 「조선전안」만
가지고도 조선의 해안 상황을 손바닥 보듯 파악할 수 있게 되었던 것이다.

「조선전안」은 거의 해마다 수로부의 측량 결과를 토대로 개정을 거듭했으며, 러일전쟁 중인 1904년 해도번호 역시 21번에서 301번으로 바뀌었다.

그러나 수로부는 일본이 무주지선점론을 내세워 1905년 2월 독도를 불법적으로 자국의 영토로 편입한 후인 1906년 3월에 「조선전안」의 개정판을 간행하였다. 1904년까지 측량한 성과를 근거하고 영국과 러시아의 최근 측량을 참작해서 개정판을 간행했던 것이다. 그런데 1906년판 「조선전안」의 수록 범위는 동경 122도~131도 10분, 북위 32도 30분~42도 45분이었다. 경도상으로 왼쪽 부분이 확대되어 중국의 일부가 들어가면서 오른쪽 부분이 축소되어 독도가 삭제되었고, 위도상으로는 북쪽 부분이 줄어들어 러시아의 피터대제만이 제외된 반면 남쪽 부분이 늘어나 일본 규슈 방면이 넓어졌던 것이다. 한마디로, 「조선전안」 1906년판은 일본이 독도 편입 상황을 반영해 의도적으로 독도를 제외시키기 위해 개정·간행된 것이다.

일반적으로 해도에는 국경이 표시되어 있지 않지만, 그 속에 그려진 섬의 소속 국가에 대한 영토 인식이 직간접적으로 들어 있다. 일본이 독도를 자국영토로 불법 편입한 직후인 1906년에 수로부가 「조선전안」의 개정판을 간행하면서 독도를 삭제한 사실 자체는 해도에 섬의 소속 국가 인식이 반영되었음을 분명하게 보여주는 증거이기도 하다. 따라서 일본의 독도 강제 편입 후 독도를 일부러 삭제한 「조선전안」 1906년판은 역설적으로 1905년 2월 이전에 수로부가 독도를 한국령으로 인식하고 있었음을 입증해주는 명확한 근거가 된다. 「조선전안」은 1906년 12월 소개정을 거쳐 한국병탄 이후인 1911년 1월 대개정되면서 그 명칭도 「조선」으로 바뀌고 말았다.

한편 수로부는 측량 성과를 바탕으로 해도를 제작함과 동시에 수로지를 편찬하였다. 수로지는 측량 당시에 작성했던 측량일지와 각종 보고서를 비롯해 지지(地誌) 등을 참고삼아 수역별로 연안과 섬의 지형·형세·호

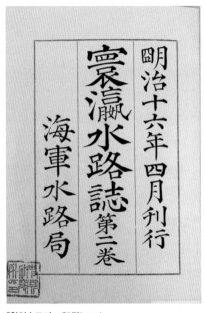

明治十六年四月刊行

寰瀛水路誌第二巻

海軍水路局

『환영수로지』 제2권(1883)

수(戸數) · 산물 · 항로 · 항만 · 기상 및 역사 등 자세한 정보를 기록한 책이다. 따라서 수로지는 지면의 제한을 받는 해도에 기재할 수 없는 정보를 보완한 수로안내서로서 해도와 짝을 이루며 선박이 항해하거나 정박하는 데 필요한 길잡이 역할을 한다. 특히 수로지는 해도와 달리 국가별로 섬의 소속 변동 사항을 기록해두었다는 점에서 주목할 만하다. 여기에서는 일본의 한국 해안 침략 상황을 가장 극명하게 보여주는 '조선해협'의 명칭과 독도의 서술 내용이 변화해가는 과정을 중심으로 수로지를 살펴보고자 한다.

수로부는 1880년부터 영국 등 세계 각국의 수로지를 번역하고 자국의 측량 성과를 반영해서 100권 규모의 『환영수로지』를 편찬하기 시작하였다. 여기에서 '환(寰)'은 천하 혹은 세계, '영(瀛)'은 바다라는 뜻이므로, '환영수로지'는 곧 '세계수로지'를 의미한다. 원래 계획은 제1권에 일본을 필두로 제2권에는 조선과 연해주, 제3~5권에는 중국, 그리고 제6권부터는 순차적으로 외국의 연안에 관한 수로지를 간행하는 것이었다. 하지만 일본에 대한 자료를 충분하게 수집하지 못한 탓에 1881년에 가장 먼저 제3권인 『환영수로지 : 지나동안(支那東岸)』이 간행되었다. 일본연해에 관해서는 남동부와 북서부로 나누어 1885년에 제1권 상, 1886년에 제1권 하가 각각 발간되었다.

'조선'에 관한 내용은 1883년 4월에 간행된 『환영수로지 : 노한연안(露

韓沿岸)』제2권에 러시아와 함께 들어 있다. 이는 일본이 조선에 대해 처음으로 간행한 수로지였다. 제2권이 제3권 중국 다음이지만 제1권 일본보다 빨리 간행되었다는 사실은 일본이 얼마나 조선에 대해 관심을 기울이고 있었는가를 잘 보여준다. 여기에서는 제1편 총기(總記)의 '조선국 일반정세'를 설명하면서 조선과 조선해협에 관해 "조선국은 아세아의 동부에 있다. 그 지세는 좁고 긴 일대반도(一大半島)를 이루고 섬들이 이를 둘러싼다.……남은 태평양에 임하며, 그리고 우리[일본] 규슈[九州] 및 고토[伍島]와 조선해협을 이룬다. 남동은 우리 쓰시마와 해수(海水)를 사이에 두고 서수도(西水道)를 이룬다(쓰시마와 규슈의 수도를 동수도(東水道)라고 부른다)"라고 서술해두었다. 이 외에도 바람·기후·해류 등의 항목에서도 조선해협이라는 명칭이 사용되었다.

이처럼 수로부가 조선과 일본 사이에 있는 해협에 조선해협의 명칭을 붙인 중요한 이유는 『환영수로지』가 영국 수로부가 간행한 『중국수로지(China Pilot)』를 대부분 번역했기 때문이다. 당시 세계에서 가장 커다란 영향력을 행사하고 있던 영국의 수로부가 편찬한 수로지와 해도에는 한국과 일본 사이에 있는 해협을 'Korea strait'와 'Eastern channel'·'Western channel'로 표기하고 있었다. 『환영수로지』에 동해가 아니라 일본해로 표기된 것도 동일한 이유 때문이라고 여겨진다.

이어 1886년 12월에 수로부는 종전의 『환영수로지』를 보완한 제2권 제2판을 간행하였다. 제2판은 제1판과 마찬가지로 제1편 총기의 '조선국 일반정세'에서 여전히 "우리[일본] 규슈 및 고토와 조선해협을 이룬다"면서 동수도와 서수도를 언급해두었다. 특히 제3편 조선남안의 부산항 항목 다음의 마지막 부분에 단독 항목으로 '조선해협'이 들어 있다는 점은 주목할 만하다. 여기에서 '조선해협'은 조선을 기준으로 서수도를 먼저 다루었으며, 서수도와 동수도의 거리와 수심을 기록하고 영국 함대의 측량 성과도 덧붙였다.

『조선수로지』(1894)

물론 1886년 조선과 가까운 일본 연해를 다룬 『환영수로지』제1권 하에서도 조선해협의 명칭이 사용되었다. 이처럼 『환영수로지』에서는 조선에 대한 일본의 정치적·경제적·군사적 관심이 갈수록 높아지는 상황에서 조선과 일본 양국 사이의 최단 통로이자 요충지였던 해협을 조선해협으로 인정했음을 알 수 있다. 이는 1880년대부터 이미 조선해협이 양국 사이의 해협에 대한 명칭으로 확실하게 자리 잡고 있었다는 사실을 잘 보여준다.

한편 수로부는 세계 각국에서 수집하거나 직접 측량한 정보량이 엄청나게 늘어나면서 1889년부터 세계수로지인 『환영수로지』의 간행을 중단하고 국가별로 수로지를 편찬하기 시작하였다. 조선에 관해서는 1894년 11월에 『조선수로지』가 편찬되었는데, 조선해협의 내용은 『환영수로지』와 거의 비슷하다. 단지 여기에서는 제1편 '총기'에서 조선해협이 단독 항목으로 편성되고, 제3편 조선남서안·남안 및 남동안의 목차에도 단독 항목으로 '조선해협'이 들어가면서 그동안 수집한 정보를 토대로 잘못된 사항을 수정하는 정도였다.

『조선수로지』는 1899년 3월 약 5년 만에 『조선수로지』제2판으로 개정되었다. 제2판은 구성 면에서 제1판과 거의 동일하다. 조선해협과 관련해서 제1편 총기의 형세에서 1897년 조선의 국호가 대한제국으로 바뀌고 칭제한 사실을 넣고, 동·서수도에 대한 설명부분이 삭제되었을 뿐이다. 하

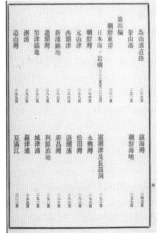

『조선수로지』 제2판(1899)
조선해협

『일본수로지』 제1권(1904)
쓰시마해협

『조선수로지』 제2개판(1907)
쓰시마해협[Korea strait]

지만 『조선수로지』에 처음으로 추가된 제1편 총기의 '외교' 항목에서 조선을 중국의 '속방'으로 간주하고 일본이 청일전쟁으로 조선을 독립시켜 주었음에도, 붕당 정치의 폐단으로 말미암아 조선이 외국인에 의해 정권이 좌우되면서 실질적으로 독립국 행세를 하지 못하고 있다고 폄하했던 점은 주목을 요한다. 조선 혹은 대한제국에 대한 일본의 우월감과 멸시감은 마치 그 후에 전개되었던 러일전쟁과 독도 강점, 그리고 한국보호국화 및 병탄의 수순, 나아가 '조선해협'의 명칭 박탈을 예고하고 있기 때문이다.

그럼에도 『조선수로지』와 마찬가지로 『일본수로지』에서도 조선해협의 명칭은 여전히 사용되었다. 1892년 3월 간행된 『일본수로지』 제1권의 제1편 일본연해총기에 조선해협이 거론되었으며, 1897년 3월에 발간된 『일본수로지』 제4권 제1편 규슈북안에서는 '조선해협' 항목이 들어갔다. 조선해협은 "일본 북서안과 조선 동남안 사이로 쓰시마가 그 중앙에 가로놓여 있어 이를 동서 2수도로 나눈다"고 기술되면서 동수도와 서수도의 서술 순서가 일본 중심으로 바뀌었을 뿐이다. 수로부는 『조선수로지』와 『일본수로지』에서 모두 조선과 일본 사이에 있는 해협의 총칭으로 조선해협이라는 명칭을 썼던 것이다.

그러나 수로부는 1904년에 러일전쟁을 도발한 후 조선해협의 명칭을 '쓰시마해협'으로 바꾸었다. 1904년 2월 일본은 러시아와 교섭을 단절하기로 결정하고 뤼순[旅順]과 인천에 정박 중인 러시아 함대를 선제공격한 뒤 선전포고를 했으며, 곧바로 한국의 국외중립 선언을 완전히 무시한 채 서울을 무력으로 점령하고 한국 정부를 위협한 끝에 2월 23일 일본군이 전략상 필요한 지역을 마음대로 사용할 수 있다는 내용의 한일의정서를 강제로 체결하였다. 그 후 일본군이 압록강을 넘어 만주로 전선을 확대하고 뤼순을 함락해 승세를 잡는 등 러일전쟁이 한창 벌어졌던 1904년 12월 말에 간행된 『일본수로지』 제1권에서 수로부는 조선해협의 명칭을 모조리 쓰시마해협으로 대체해버렸다. 물론 '쓰시마해협'의 내용은 『조선수로지』 제2판과 다르지 않다.

당시 일본 해군은 러시아와 해전을 벌일 예상 지역으로 동해를 상정하고 이미 작전을 구상하고 있었으며, 이에 상응해서 수로부도 한국 연안과 쓰시마 및 동해를 측량하는 데 온힘을 쏟았다. 그 결과 수로부는 조선해협에 대해 더욱 상세한 정보를 축적하면서 그 전략적 중요성을 깨닫게 되었고, 실질적으로 조선해협을 장악하고 그 명칭마저 쓰시마해협으로 바꾸었다. 일본은 1905년 2월 독도 강점에 앞서 조선해협의 명칭부터 빼앗아갔던 것이다.

또한 1907년 3월에 간행된 『조선수로지』 제2개판에서도 조선해협의 명칭은 사라지고 한국에 대한 폄하와 우월의식은 더욱 노골화되었다. 제1편 총기의 '형세'와 '외교'를 보면, 1905년 11월 을사늑약의 체결로 한국의 외교권을 박탈하고 이토[伊藤博文] 통감이 실질적으로 한국을 지배하고 있었던 상황이 반영되어 있다. '조선국'은 '조선'으로 전락하고 1897년 대한제국의 선포와 칭제 사실은 삭제되었으며, '일대반도(一大半島)'가 아니라 붕

당으로 정쟁이나 일삼거나 외국인에 의해 정권이 휘둘리는 초라한 '반도'로 묘사되었던 것이다. 아울러 여기에는 일본이 한일의정서에 이어 을사늑약을 강제로 체결한 사실을 왜곡하거나 정당화하는 논조로 가득 차 있다.

단, 눈여겨 볼만한 사실은 제4편 조선남안의 부산항 항목의 끝부분에 '쓰시마해협[Korea strait]'이 들어간 점이다. 수로부는 조선해협의 명칭을 삭제하면서도 『일본수로지』 제1권과는 달리 쓰시마해협에 'Korea strait'를 부기하는 편법을 썼던 것이다. 일본이 을사늑약 체결 후 한국을 실질적으로 지배하는 상황에서 조선해협의 명칭을 쓰시마해협으로 바꾸었기 때문에, 굳이 따진다면 영어 명칭을 부기할 필요는 없었다. 이는 독도가 줄곧 '리앙코루도암'으로 표기되다가 1905년 2월 그 명칭이 '다케시마[竹島]'로 바뀐 후 영어나 일본식 발음으로 '리앙코루도암'을 병기하지 않았던 사례에서도 잘 드러난다. 그러나 수로지는 일본에서만 사용되지 않고 세계 각국과 교환·기증되고 있었다. 따라서 일본이 독단적·자의적으로 조선해협의 명칭을 쓰시마해협으로 바꾸긴 했어도, 그동안 세계 각국에 널리 통용되었던 '조선해협'과 자칫 혼란을 초래할 우려가 남아 있었다. 아마도 이러한 이유로 수로부는 조선해협의 명칭을 삭제하면서도 쓰시마해협에 'Korea strait'를 부기하는 편법을 쓰지 않을 수 없었던 것이다.

수로부는 『조선수로지』 제2개판을 간행한 지 3개월 뒤인 1907년 6월에 『일본수로지』 제4권 제1개판을 내놓았다. 여기에서도 '쓰시마해협[Korea strait]' 내용은 1907년 『조선수로지』의 자구만 수정하거나 문장을 가다듬었을 뿐이다. 다만 여기서는 1905년 6월 하순부터 8월 초순까지 십여 차례의 실험 측량 결과를 추가하고 단순히 조선해협의 동·서수도를 설명한 『조선수로지』와는 달리 해류에 대해 자세하게 다루었다. 뒤에서 살펴보겠지만 『조선수로지』 제2개판에서도 독도가 여전히 조선동안에 울릉도와 함께 게재되었던 반면, 『일본수로지』 제4권 제1개판에서는 독도를 1905년에 일본 영토로 '편입'한 사실을 처음으로 게재하였다. 그러나 수로부는 『일

본수로지』제1권과 제4권 제1개판뿐만 아니라 그 이후에 간행된 수로지에
서도 조선해협을 쓰시마해협으로 바꾼 이유나 사실을 밝힌 적이 없다.

1911년 12월에 간행된『일본수로지 : 조선전안』제6권에서는 제3편 조
선남안 첫 부분에 '쓰시마해협[Korea strait]'이 편제되었다. 여기에는 한국을
폄하하기 위해 편법으로 삽입했던 '외교' 항목도 없어지는 등 한국병탄 후
의 상황이 반영되어 있다. 물론 '쓰시마해협'에는 여전히 'Korea strait'가
부기되면서『조선수로지』제2개판의 체제대로 서수도·동수도 순으로 서
술되었다. 하지만 그 이후 일본의 패망 직전인 1945년 6월까지 수로부가
간행한 수로지에서는 쓰시마해협에 부기되었던 'Korea strait'마저 사라져
버리고 말았다. 일본은 한국병탄 후 한·일 양국 간의 해협이었던 '조선해
협'의 명칭을 지워버리고 일본 내 해협으로서 '쓰시마해협'을 확고히 다져
나갔던 것이다.

한편 수로부는 '독도' 역시 수로지에서 처음에는 한국 영토로 기록하다
가 점차 일본 영토로 게재하였다. 수로부는『환영수로지』제2권, 제5편 '조
선동안'에서 독도와 울릉도를 처음으로 기술하였다. 독도는 '리앙코루토
열암(列岩)', 뒤이어 울릉도는 '울릉도 일명 마쓰시마[松島][서양명 '다게렛토(다
즐레섬)']'의 항목에 각각 서술되었다. '리앙코루토열암'에는 1849년 프랑스
의 리앙쿠르호의 발견과 그 이후 러시아·영국의 탐항 및 독도 경위도와
실태에 대한 영국 호넷 함장 포시드의 언급, 그리고 동도·서도의 거리와
형상, 수심 및 위치와 항해 상황 등이 서술되었던 것이다. 또 '조선동안'의
첫 항목인 '조선동안 및 제도(諸島)'에는 앞에서 살펴보았던「조선동해안
도」와「조선전안」그리고 영국해군 해도 제2347호를 참관(參觀)하라고 쓰여
있다. 당연히 일본연해 북서부를 기술한『환영수로지』제1권 하 제6편 '오
키전도[隱岐全島]'에는 독도가 들어있지 않다.

『환영수로지』제2권 제2판의 제4편 조선동안에 편제된 '리앙코루토열
암'에도 자구만 일부 수정했을 뿐 제1판과 동일한 내용이 기록되었다. 독

도 항목 뒤에 '울릉도 일명 마쓰시마[서양명 '다게렛토']'가 들어 있는 점도 동일하다. '조선동안 및 제도'에도 「조선동해안도」와 「조선전안」을 참관하라고 적혀 있다.『환영수로지』가 세계수로지이기 때문에 국가별 소속을 결정하는 수단은 되지 않는다는 견해도 있다. 그렇지만『환영수로지』에 모두 독도와 울릉도가 '조선동안'에 포함된 사실은 적어도 일본의 수로부가 독도를 울릉도의 부속섬이자 조선 영토로 간주하고 있었다는 점을 잘 보여준다.

이러한 수로부의 독도·울릉도 인식은『환영수로지』의 편찬이 중단되고 국가 영역별로 간행된 수로지에도 이어졌다. 수로부가『일본수로지』와 분리해서 1894년과 1899년에 간행한『조선수로지』와『조선수로지』제2판의 제4편 '조선동안'에는 모두 '리앙코루토열암' 항목에『환영수로지』와 동일한 내용이 기록되었기 때문이다. 독도 항목 뒤에『환영수로지』와 마찬가지로 '울릉도 일명 마쓰시마'가 기록된 점도 똑같다. 역시 '조선동안 및 제도(諸島)'에는 모두 「조선동안」과 「조선전안」을 참관하는 내용이 들어 있다. 그 반면 수로부가 1897년 5월에 간행한『일본수로지』제4권의 제3편에 편제된 '오키열도[隱岐列島]'에는 독도가 기술되어 있지 않다.

심지어 일본이 독도를 강제로 편입한 뒤인 1907년 3월에 발간된『조선수로지』제2개판의 제5편 '일본해 및 조선동안'에도 '다케시마'와 울릉도가 포함되어 있다. 곧이어 1907년 6월에 발간된『일본수로지』제4권 제1개판 제3편의 '오키열도'에 '다케시마[Liancourt rocks]'가 비로소 추가되면서 "1905년 시마네현[島根縣]의 소관으로 편입되었다"는 내용이 덧붙여졌다. 그러나 일본의 한국병탄 후 1911년 6월 '조선전안의 수로'를 모아 간행된『일본수로지』제6권의 제2편 '조선동안'에는 다시 울릉도와 '다케시마[Liancourt rocks]'가 들어갔다. 수로부는 항해의 안전을 위해서라도 독도를 오키가 아니라 울릉도와 함께 배치하는 것이 좋다고 인식했기 때문이다. 이는 일본의 독도 편입, 심지어 한국병탄 뒤에도 수로부가 독도를 울릉도의 부속섬이자 한국영토로 인식하였다는 사실을 드러낸 것이다.

이처럼 수로부는 『환영수로지』뿐만 아니라 독도를 일본 영토로 불법 편입한 직후에 간행된 『조선수로지』에서도 조선동안에 울릉도와 독도를 편제해두었고, 독도와 울릉도의 항목에도 「조선전안」과 「조선동해안도」·「조선동안」을 기본으로 삼고 일본 해도와 영국 해도를 참고해도로 덧붙였다. 따라서 『환영수로지』와 『조선수로지』를 비롯해 한·일 양국의 해안과 섬이 표시된 일본·영국 해도, 그리고 독도가 수록된 「조선전안」과 「조선동안」 등의 해도를 종합적으로 살펴보면, 누구라도 자연스럽게 독도가 조선의 동해안에 소속된 섬이라고 인식할 수밖에 없게 된다. 일본·영국 해도에는 한국과 일본이 함께 그려져 있으므로 독도의 소속 여부를 알 수 없다고 하더라도, 「조선전안」과 『환영수로지』·『조선수로지』 혹은 『일본수로지』를 근거로 독도가 한국에 속했다고 판단할 수 있기 때문이다.

수로부가 외국의 수로지 등을 참고하고 조선 해안에 대한 측량 성과를 반영해 간행한 수로지와 해도는 일본의 정부기관뿐 아니라 민간인들에게도 공유되면서 한국을 정치적·경제적·군사적으로 침략하는 데 매우 유용한 참고자료가 되었다. 특히 한국에서 제해권을 장악하기 위한 일본 정부의 적극적인 지원 아래 한국 해안을 휘젓고 다니고 있던 일본 어민이나 어업관련 종사자들에게 항해의 편리와 안전에 직결되는 『환영수로지』·『조선수로지』와 「조선전안」을 비롯한 해도는 필수품이었다. 이렇게 해도와 수로지가 널리 배포·유통되면서 독도가 한국 영토라는 사실도 자연스럽게 확산되어 나갔을 것이다.

그 결과 한국의 해안과 어류의 상황을 구체적으로 서술했던 구즈[葛生修亮]의 『한해통어지침(韓海通漁指針)』(1903)과 이와나가[岩永重華]의 『최신한국실업지침(最新韓國實業指針)』(1904)에서도 독도는 한국 영토로 인식되어 수록되었다. 1905년 2월 일본이 독도를 편입할 당시 적극적으로 관여했던 농상무성 수산국장 마키[牧朴眞]와 외무성 정무국장 야마자[山座円次郎]도 이들 저서에 각각 서문을 써주었을 정도였다.

따라서 일본의 독도 강점에 결정적인 빌미를 제공했던 나카이가 「조선전안」 등의 해도와 『조선수로지』를 보고 독도를 한국영토로 인식했던 것은 너무나도 당연한 일이었다. 잘 알려져 있듯이, 나카이는 "해도에 의하면, 독도는 조선의 판도(版圖)에 속"하므로 "독도가 울릉도에 부속해서 한국의 소령(所領)이라고 생각함으로써" 한국 정부에 강치잡이-'해려어업(海驢漁業)'-의 독점 허가를 청원하기로 결심했다고 스스로 고백하였다. 나카이로부터 독도 「대하원」 제출에 대한 이야기를 듣고 1907년에 『다케시마 및 울릉도[竹島及鬱陵島]』를 집필한 오쿠하라[娛原碧雲]마저도 왜 수로부가 해도와 수로지에 독도를 한국령으로 '편입'했는지 유감이 많다고 불평할 만큼, 「조선전안」과 『조선수로지』를 보면, 독도가 울릉도의 부속도서라고 인식하는 것은 지극히 상식적인 판단이었다.

2. 등대 건설

개항 이후 개항장이 늘어나고 외국과 인적·물적 교류가 확대되면서 무엇보다도 선박의 안전한 운행에 도움을 주는 등대의 필요성이 절실해졌다. 그리하여 정부는 1893년 영국인 기사 첸바스의 설계를 토대로 인천의 팔미도와 소월미도에 각각 1개씩의 비콘(beacon)를 설치하고 목표(木標)를 설치하는 등 항로 표지(標識)시설을 갖추었다. 그러나 1895년에 이르러서 이 시설들마저 모래가 쌓여 점차 그 기능이 떨어져 야간의 선박 운행에 불편을 겪게 되었다. 특히 청일전쟁(1894~1895) 중 군사작전으로 군함의 항해가 빈번해지자 일본 참모총장은 체신대신과 상의해 체신기사 이시바시[石橋絢彦]로 하여금 1895년 6월부터 9월까지 4개월에 걸쳐 메이지마루를 동원해 조선 전 연안의 등대 건설 위치를 조사하도록 조치하였다. 일본은 경

소월미도등대

기도 풍도(豊島) 부근에서 청일전쟁 중 최초의 해전을 벌이면서 등대가 없는 탓에 어려움을 겪었던데 다가 일본의 상선들도 빈번하게 해난 사고를 당했기 때문이다.

팔미도등대 모형

그 뒤 1901년 5월 주한 일본공사 하야시[林權助]는 1883년 7월 양국 간에 체결된 일본인무역규칙 31조에 "한국 정부는 훗날 통상 각항을 수리하고 등대 초표(礁標)를 설치한다"라는 조항에 근거해 한국 정부에 일본의 기사를 초빙해서 각 항로에 표지건설계획을 수립하도록 강요하였다. 이에 1902년에 정부는 탁지부(度支部) 관리 아래 인천에 처음으로 해관등대국(海關燈臺局)을 설치하고, 인천항부터 등대 건설을 추진하였다. 같은 해 5월 해관등대국은 인천항 내의 소월미도(小月尾島)와 항구인 팔미도(八尾島)에 등대, 항외의 북장자서(北長子嶼)와 항구 동쪽의 백암(白巖)에 등표를 각각 건설하는 데 착수하였다. 그 결과 1903년 4월에 팔미도등대가 준공되었으며, 6월 1일에 처음으로 점등을 개시하게 되었다. 이 등대는 높이가 7.9m, 지름이 약 2m이며, 해발고도 71m의 팔미도 꼭대기에 세워져 있는데, 처음에는 90촉광 짜리 석유등을 사용하였다. 서남해에서 인천으로 들어오는 길목에 위치한 팔미도등대는 이후 2002년까지 지정학적으로 해상교통의 흐름을 밝혀주는 중심적 기능을 담당하였다.

우리나라 최초의 등대인 팔미도·소월미도등대는 우리의 독자적인 필요에 따라 이루어진 것이 아니라 일본이 러시아와 치룰 전쟁에 대비해서 서둘러 건설된 것이었다. 실제로 일본은 러일전쟁을 일으킬 무렵 한국 해안의 항로가 전시 교통의 요충지라고 판단하고, 공사용 선박과 기술자를 한국 정부에 제공하면서 북쪽의 압록강부터 동쪽의 원산까지 표지를 설치하도록 압력을 넣었다. 이러한 상황에서 1903년 4월 인천항구의 들머리에 부도(鳧島)등대가 건설되기 시작해 그 다음해인 1904년 4월에 완성되었다.

그런데 최근에 한국 최초의 근대식 등대인 팔미도등대의 원형을 밝혀줄 은제 모형이 공개되었다. 이 등대 모형은 당시 한국의 등대 건설을 총괄했던 영국인 총세무사 브라운(John McLeavy Brown)이 1906년 총세무사직을 떠날 때 직원들이 선물한 기념품으로 알려졌다. "은둔의 왕국 한국 해안에 설치된 첫 등대의 모형"이라는 설명 문구가 새겨진 은제 모형을 살펴보면, 팔미도등대는 현재 콘크리트로 만들어진 모습과 달리 벽돌과 석조 건물로 이루어져 있다. 석조에 벽돌을 덧대어 벽체와 탑을 쌓아올린 얼개로 되어 있는 것이다. 등대 상부의 등명기를 감싸는 금속 지붕 구조물인 등롱 난간 아래 받침 부분도 3단으로, 현재 등대의 등롱과는 외관상으로도 전혀 같지 않다. 탑 몸체도 현재의 모습처럼 단순한 원통형이 아니라 아래로 갈수록 지름이 넓어져 활처럼 휘어지면서 등탑의 비례도 서로 다르다. 다만, 불빛을 내는 램프인 등명기는 1902년 제작품이 지금도 그대로 남아있다.

따라서 현존하는 콘크리트 팔미도등대는 등명기를 제외하고 다른 건물은 그 후 새로 지었던 것으로 추정된다. 실제로 1905년 주한 미국공사관에 근무했던 모건(Edwin V. Morgan)이 당시 미국 국무부에 한국 상황을 보고한 서신에 의하면, 인천해관 등대국 기술자인 영국인 하딩(J. R. Harding)이 당시 총세무사 브라운의 지시 아래 작성했던 팔미도등대 공사 내용 보고서에는 석탑으로 된 등탑 측면에 벽체를 쌓아올렸다는 기록이 남아있다. 또 1907~1909년 한국세관공사부등대국의 「연보」에도 '연와석조(煉瓦石造)', 즉 등대가 벽돌로 만들어졌다는 내용이 나온다.

하지만 일제강점기인 1927년 일본 등대국의 「일본등대표」에는 팔미도 등대의 구조를 콘크리트를 뜻하는 '혼응토조(混凝土造)'로, 1936년 일본 수로부의 「동양등대표」에는 백색원형 콘크리트조라고 기술되어 있다. 한마디로, 현재 콘크리트로 만들어진 팔미도등대는 한국 최초 등대의 원형이 아니라 1910년 혹은 그 이후에 개축되었을 가능성이 매우 큰 셈이다. 이렇게 될 경우, 한국에서 가장 오래된 등대는 1904년 4월 처음 불을 밝힌 부도등대가 된다.

러일전쟁이 본격적으로 전개되면서 일본군은 주요 지역에 군함들을 파견해 망루와 통신소, 그리고 무선시설을 설치하기 좋은 위치를 찾는 데 혈안이 되었다. 일본은 러시아와 가까워서 러시아 해군이 한국 남쪽을 감시하기 쉬운 원산을 장악하고 망루와 통신시설, 그리고 해저 기뢰를 설치함으로써 러시아의 블라디보스토크 함대를 저지하고자 하였다.

또한 일본군은 러시아의 발틱 함대(Baltic Fleet)를 제압하기 위해 한국 해안의 요충지에 급히 목조 등대·등간·망루 등을 건설하기 시작하였다. 1905년 4월에는 거문도, 5월에는 조도군도의 죽도, 11월에는 서남해안의 칠발도가 점등되었다. 제주도의 우도, 거제도의 홍도, 동해안의 울기와 원산만의 갈마반도 등 네 곳에는 각각 등간이 설치되었다. 절영도와 울릉도·독도를 비롯한 수많은 곳에도 망루가 설치되었다.

부산은 가장 먼저 개항되었을 뿐 아니라 대한해협의 요충지였다. 거문도와 우도는 불과 60km밖에 떨어지지 않아서 그 사이에서 지나가는 함대는 모두 탐지할 수가 있다. 거문도가 우도~팔문도 그리고 일본의 사세보 [佐世保]에 있는 해군 기지를 연결하는 통신선에 중요한 허브 역할을 하고 있는 것도 동일한 맥락이다. 울기 역시 동해와 대한해협의 상황을 파악할 수 있는 길목이었으며, 러일전쟁 시기에 목조 등대가 급조되었다가 전쟁이 끝난 1906년에 항구적인 등대로 바뀌었다. 또한 서해안의 울도 역시 서쪽의 뤼순항에 주둔하고 있는 러시아 함대를 감시하는 중요한 전략적 가치를 갖고 있었다. 울도는 한강의 하구와 인천항을 보호하는 기능도 갖고 있었다. 울도에서 백령도에 이르는 통신선은 러일전쟁 당시 뤼순항이 함락된 후에 가설되었다.

이처럼 등대는 정부의 독자적인 필요에 따라 건설된 것이 아니고, 1904년에 발발한 러일전쟁에 이용할 목적으로 일본의 주도로 만들어진 것이었다. 팔미도등대에 이어 1904년 개전 직후인 4월부터 압록강에 다수의 부표(浮標)와 대화도등대가 건설되었으며 서해안에 또 등대가 건설되었다. 또 일본 해군은 남해안 및 동해안에 등간 4개소를 설치하였다. 그 결과 1905년 말 한국의 등대는 일본 해군이 급히 설치한 것을 포함해 야표(夜標) 15기와 주표(晝標) 37기 등 모두 52기가 세워졌다. 당시 항로표지의 소관은 등대국, 해관, 일본 해군에 속하는 것 등으로 대단히 복잡하였다.

1905년 10월 러일전쟁에서 승리한 일본은 한국의 관세권을 장악했고, 일본인이 총세무사로 취임하면서 1906년 4월 총무세무사가 모든 등대시설을 인수해 관할하였다. 재정고문 메가타[目賀田種太郎]는 통상관계에서도 항로표지의 필요를 인식했기 때문에, 1906년도부터 5개년 계속공사로 한국의 모든 해안에 표지를 건설하였다. 그 결과 소월미도의 남쪽에 첫번째 괘등부표(挂燈浮漂)가 건설되어 1906년 3월에 점등되었고, 한국병탄 직후인 1910년 10월 인천의 항로표지관리소가 총독부 등대국 소관으로 이전된 뒤 1911년 12월 안도등대가 점등되었다. 아울러 일본은 1906년 이후 5년간 전 연안에 등대를 증설하는 데 착수했고, 1907년 6월에는 기선 미도리가와마루[綠川丸] 등을 건조해 압록강 동·서 수로의 부표정리 및 대화도 등대의 운영 업부를 수행시켰다. 한국병탄 후 1912년까지 등대 37기, 기타 표지 133기를 증설했고, 8기를 개축해 전체 등대 수는 총 207기가 되었다.

이와 같이 일본은 단순히 선박의 안전을 도모하는 차원이 아니라 한국을 효율적으로 병탄·지배하기 위한 목적으로 등대를 설치하였다. 등대는 표면상으로는 근대의 상징물 중 하나였지만, 실질적으로는 한국 침략의 선봉장 역할을 한 셈이다. 이로 말미암아 등대는 한국인의 파괴대상이 되기도 하였다. 이러한 상황을 잘 보여주는 등대가 1909년 1월 1일에 세워진 당사도등대이다.

당사도는 소안도와 보길도·노화도 등이 아늑한 만을 형성하며 섬의 산들이 둘러싸고 있어 비행기 폭격이 어렵기 때문에 군함이 주둔하기 매우 유리한 곳이었다. 이러한 군사전략적 가치 외에도 당사도 초입에 있는 소안도는 제주도로 가는 길목이어서 목포 개항 이후 선박의 왕래가 빈번했고, 인천과 오사카를 왕래하는 선박들도 반드시 통과해야 하는 해로의 요지였다. 그래서 일본은 당사도에 등대를 세워 각종 군함과 상선의 안전을 도모하고자 했던 것이다.

이에 등대가 불을 밝힌 지 두 달도 채 되지 않았던 2월 24일 소안도 출신 동학군 이준화를 비롯한 의병들은 당사도등대를 습격해서 일본인 등대 간수 4명을 사살하고 주요 시설물을 파괴하는 의거를 감행하였다. 일제의 국권 강탈에 대항해 전국적으로 격렬하게 전개되었던 의병투쟁이 한국의 남쪽 끝에 있는 당사도에서도 불어닥쳤던 것이다. 의병들은 등대가 일제의 첨병 역할을 담당하고 있다고 인식하고, 그 건설을 바라보면서 의분을 참지 못하다가 드디어 등대와 간수를 응징했던 것이다.

Ⅱ. 항로 개척과 해운 장악

1876년 조일수호조규와 그 부속조약의 체결로 조선의 바닷길은 일본에게 활짝 열리게 되었다. 이 조규의 제6조에는 일본 선박이 조선 연해에서 난파될 위기에 처하면 가까운 항구에 정박해 위험을 피하고 수리와 구호 등의 물자를 지원받는다고 규정되어 있다. 하지만 실제로 일본 선박은 이를 근거로 조선 연해에서 자유롭게 항해할 수 있는 권한을 갖게 되었던 것이다. 일본 항해자들이 마음껏 조선 해안을 측량할 수 있다거나 일본 상선이 항세를 납부하면 개항장에 드나들 수 있는 조항도 들어 있었다. 이러한 선박의 자유로운 항행권과 무역권을 확보한 일본은 정치·경제·군사적으로 조선의 연안을 장악하기 위해 항로를 개설하고 해운을 확장시켜 나갔다.

개항 직후 부산이 개항장으로 지정되자, 1876년 11월부터 일본은 나가사키에서 부산까지 우편선로를 개설한 뒤 미쓰비시[三陵]회사 소속의 기선 나니와[浪華]호를 정기 운항하면서 무역상품을 운반하였다. 이는 일본 정부가 조선 진출의 발판을 마련하기 위해 민간해운 보호정책에 의해 보조금을 지원한 것이었다. 이 항로는 곧 조선과 무역이 활발해지면서 그 중심지인 오사카를 배후지로 둔 고베에서 출항하는 것으로 바뀌었다.

그 후 개항장이 늘어남에 따라 일본 정부는 동일한 방식으로 부산 외에 원산·인천 등 다른 개항장을 연결하는 항로를 증설하고 기선을 운행하였다. 1881년에는 나가사키에서 부산과 원산을 거쳐 블라디보스토크를 왕복하는 항로를 신설했다가 이를 다시 나가사키에서 요코하마·상하이선과 나가사키·톈진선을 연결함으로써 조선과 중국의 중개무역을 도모했던 것이다. 또 인천 개항 후인 1883년에는 종래 부산까지 운항하던 우편선을 인천까지 늘렸다. 이러한 일본의 정책은 단순히 무역을 확장하기 위한 토대를 마련하는 것뿐 아니라 유사시 군사적 용도의 수송에 동원하려는 목적을 염두에 둔 것이었다.

한편 임오군란 이후 중국은 조선에 대해 압도적인 영향력을 발휘하면서 해운에도 진출하기 시작하였다. 중국의 초상국(招商局)은 조선에 차관을 제공하는 대가로 개항장의 조차권을 획득했으며, 조청상민수륙무역장정(朝淸商民水陸貿易章程)에 의거해 선박을 정기적으로 운항하는 권리를 얻어 냈다. 그 결과 1883년 초상국은 언제든지 운항비를 조선으로부터 지급받을

세창양행 사택
1884년 독일 마이어상사의 제물포지점으로 설립된 무역상사로 1886년 2월 22일 『한성주보』 제4호에 우리나라 최초로 '덕상(德商)세창양행고백(告白)'이라는 광고를 실었다. 이 건물은 세창양행 사택으로 최초의 서양식 건축물로도 유명하였다.

수 있을 뿐 아니라 결손이 생길 경우 인천세관에서 보전받을 수 있다는 일방적으로 유리한 조건으로 인천과 상하이 사이에 정기 항로를 개설하였다.

곧이어 초상국은 무역을 진흥하기 위한 일환으로 항로를 상하이·옌타이[烟台]·나가사키·부산·인천으로 바꾸어 조선과 일본의 중요 항구를 연결하였다. 하지만 초상국의 선박은 청불전쟁이 일어나자 징용되는 바람에 3차례밖에 운항하지 못했으며, 금융공황으로 운영난에 허덕였고 무역 부진마저 겹치면서 1884년 초 스스로 운항을 중단하고 말았다. 이로 말미암아 중국 상인은 영국의 이화양행(怡和洋行, Jardine, Matheson & Co.)과 독일의 세창양행(世昌洋行, E. Meyer & Co.) 소속의 기선을 이용했지만 역시 운항이 중단되었기 때문에 일본 미쓰비시회사의 기선으로 상품을 운송하게 되었다.

그런데 미쓰비시회사는 1885년 9월 일본우선회사로 통합되었다. 미쓰비시회사의 독점을 견제하기 위해 설립한 공동운수회사가 미쓰비시회사와 서로 운임인하 경쟁을 벌여 모두 경영난에 빠지는 상황이 벌어지자, 일본 정부가 보조금 지급을 조건으로 두 회사를 통합시켰던 것이다. 그러나 실질적으로는 회사의 규모를 키워 외국기선에 대한 경쟁력을 갖추고, 갑신정변 이후 중국의 영향력이 증대한 조선에서 혹 일어날지도 모를 군사적 수송에 대비하려는 목적이 있었다. 이에 곧 일본우선회사는 인천지점을 개설했으며, 고베·나가사키·인천·옌타이·톈진 등을 왕래하는 항로를 신설해 조선의 해운권을 장악해나갔다.

조선에 대해 중국이 막대한 영향력을 발휘했음에도, 일본우선회사의 기선에 의존해왔던 중국 상인은 일본 상인과의 경쟁에서 우위를 점하기 위해서라도 기선 운항 재개의 필요성을 절실히 느끼고 있었다. 따라서 1887년 그들은 주차조선총리교섭통상사의 위안스카이[袁世凱]에게 기선 파견을 강력히 요청했고, 위안스카이 역시 조선에서 중국의 체면을 유지할 뿐 아니라 각종 이권을 확대하기 위해 정기 항로의 개설이 중대하다고 판단하였다. 그 결과 다음해에는 상하이·인천 간 항로가 다시 개설되었고, 중국 정부의 자금 지원과 중국 상인의 적자 부담 등의 조건으로 초상국 기선이 운항을 개시하게 되었다.

이후 초상국은 무역량의 증대로 흑자 경영을 거두었지만, 점차 수출상품은 증대한 반면 수입상품의 양이 늘지 않은 탓에 1890년부터 적자로 돌아섰다. 더군다나 중국 정부가 약속했던 재정지원을 해주지 않았기 때문에, 1892년에 들어 초상국은 항로를 폐지해야 하는 상황에 처하고 말았다. 이에 항로 개설의 중요성을 인식했던 중국 정부의 조치로 초상국은 선박 운항을 유지했으며, 때마침 무역량의 급증과 조선의 흉작으로 인한 쌀 수출로 호황을 맞이해 청일전쟁 발발 직전까지 운항을 계속하였다.

중국 초상국의 정기 운항으로 인천에서 타격을 입은 일본우선회사는 1889년부터 러시아가 블라디보스토크에서 원산과 부산을 거쳐 나가사키·옌타이·상하이를 오가는 정기항로를 개설하면서 더욱 곤경에 빠졌다. 이에 일본우선회사는 인천까지 포함해 조선의 세 항구를 연결하는 상하이·블라디보스토크 간의 항로를 개설해 난국을 타개하고자 노력하였다.

홈링거상회
영국계 상사로 본점은 일본 나가사키에 있었고, 1896년 10월에 인천지점을 개설
한 뒤 1898년부터 이 건물을 짓기 시작했으며 1910년경까지 영업하였다. 홈링거
양행이라고도 부른다.

아울러 부산과 인천을 거치는 고베·우창[武昌] 간의 항로도 개설되었다. 이들 항로는 일본의 대외무역을 진흥시킴과 아울러 조선·중국·러시아 등 동아시아지역의 해운권 장악 및 군사적 필요성도 감안한 것이었다.

그러나 1890년에 역시 일본 정부의 지원 아래 오사카[大阪]상선회사가 부산에 지점을 설치한 뒤 오사카와 부산 간에 정기 운항을 개시하면서 일본우선회사와 경쟁이 벌어졌다. 그 후 오사카상선회사가 부산과 인천을 경유하는 고베·오사카 간의 항로를 개설하자 두 회사의 경쟁은 더욱 치열해져 운임이 폭락하는 바람에 모두 막대한 손해를 입지 않을 수 없었다. 결국 두 회사는 운임을 인상하기로 합의해 출혈경쟁을 마무리지었다.

1894년 청일전쟁의 승리를 바탕으로 일본은 조선의 해운을 장악해나갔다. 전쟁이 끝난 후 일본우선회사는 고베·블라디보스토크선의 운영을 재개했고, 차관제공 조건으로 이운사 소유의 기선을 위탁 관리함으로써 조선의 대외항로와 연안항해권을 독차지하였다. 비록 아관파천으로 조선에 대한 영향력이 증대한 러시아의 세베레브회사가 상하이·블라디보스토크의 운항을 재개하고 나가사키의 영국 홈링거상회(Holme Ringer & Co.)를 대리점으로 삼아 인천에 지점을 개설했지만, 일본에 대항할 정도는 아니었다.

이 회사는 1900년 3월 처음으로 블라디보스토크에서 옌타이·뤼순으로 회선하는 도중 마산에 기항했지만, 통상보다는 군사적 목적이 더 컸다. 1901년에도 블라디보스토크·북청선(北淸線) 항로를 확장했지만, 운행 횟수도 적은데다가 중국의 수입품을 주로 수송했기 때문에 일본 기선회사와 경쟁을 벌일 정도는 아니었다.

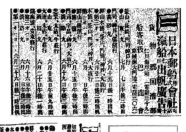

일본우선주식회사와 오사카상선주식회사의
'기선인천(仁川)출범광고'

청일전쟁 후 일본우선회사와 오사카상선회사는 전쟁으로 중단된 항로를 재개하는데 그치지 않고 이를 더욱 확장하는 데 주력하였다. 일본우선회사는 1896년 부산과 원산을 경유하는 홍콩·블라디보스토크선과 부산과 인천에 기항하는 고베·태고선 등을 신설했고, 새로 개항장으로 지정된 목포와 진남포에도 곧바로 기항하였다. 다만, 성진은 1899년 6월 개항 초에 항로가 개설되지 않은 채 1901년 4월에야 비로소 블라디보스토크에서 원산으로 가면서 기항하게 되었다.

오사카상선회사 역시 부산과 인천 경유의 고베·오사카 간의 정기항로를 재개한 데 이어 인천·오사카 간의 부정기항로를 추가로 배정했으며, 1897년부터 목포에도 기항하였다. 특히 1900년에는 신개항장인 군산에 대리점을 설치하고 일본과 직통항로를 최초로 개설했으며, 인천·목포·부산을 정기적으로 운행하는 연안항로에도 사업을 확장하였다. 이 항로는 그 다음해 부산·마산·목포·군산에 기항하는 오사카·인천선으로 대체되었다. 또한 부산·목포·인천을 경유하는 오사카·진남포선도 신설되었다. 요

중국과 일본의 조계 경계지 앞 바다에 조선의 전통배와 외국 기선이 묘한 대조를 이루며 지나가고 있다.

컨대, 일본우선회사와 오사카상선회사는 서로 경쟁하기도 했지만, 일본 정부의 적극적인 지원 아래 서로 보완해가면서 한국뿐 아니라 일본과 중국의 개항장들을 연결하는 항로를 확장하면서 조선의 해운권을 장악해갔던 것이다.

한편 일본 등 열강의 해운 장악에 대항해 조선 정부도 근대적 수송수단인 기선의 편리성과 신속함을 인식하면서 해운업을 육성하려는 정책을 펼쳤다. 1882년 말 정부는 각국과 통상할 때 민간인이 기선을 구매하도록 허가했으며, 세곡의 안전한 운송과 무역 진흥 및 해양방어를 위한 기선 도입의 필요성을 논의하였다. 그 결과 1883년에 신설된 통리교섭통상사무아문[외아문] 산하에 통신과 수륙교통 업무를 담당하는 우정사가 설치되었다.

정부는 원래 민·관영 해운회사의 설립을 적극 권장·육성하는 데 목표를 두었지만, 재정난으로 기선을 사들일 형

인천항에 전통적인 조선의 덤개배가 정박하고 있고, 저 멀리 월미도 앞 바다를 기선이 연기를 내뿜으며 지나가고 있다(1897년경).

편이 아니었기 때문에 외국 기선회사와 계약을 맺어 세곡의 일부를 운송하는 조치를 취하였다. 1883년 11월 때마침 인천에 정기항로를 개설하려던 영국의 이화양행에게 1년간 적자 운영 시 해관세에서 그 반을 보충해준다는 조건으로 세미 특송권을 부여했던 것이다. 물론 여기에는 일본의 해운 장악을 견제하고 무역과 상업을 진흥하려는 의도도 있었다. 그러나 이화양행 기선은 계약 만료 직후 운항을 중단했고, 뒤이어 1885년 3월 비슷한 조건으로 계약을 맺은 독일의 세창양행도 무역부진과 세곡상납 담당자의 비협조 등 비효율적인 운영 탓으로 6개월 만에 기선운항을 중단하고 말았다.

이후 세창양행은 다시 높은 운임이 보장되는 세곡 운송권을 얻기 위해 차관공세를 펼친 끝에 1886년 목포 등지에서 인천까지 호남지방의 세미 3만 석의 운송권을 부여받았다. 정부가 세창양행이 독자적으로 운항하는 기선을 이용할 뿐 그 약속 이행 여부에 대해 제재를 할 수 없는 조건이었다. 실제로 세창양행은 처음부터 기선운항 일자를 약속대로 지키지 않아 세곡 운반에 차질을 빚었는데, 그로 인한 손실을 조선 정부가 부담해주는 어처구니없는 일이 벌어졌다.

이러한 상황에서 정부는 1885년 세곡운송 업무를 관장해왔던 전운서(轉

運署)를 전운국(轉運局)으로 개편하고 기선을 구입해 직접 운항함으로써 실제로 그 업무를 담당하는 방향을 모색하게 되었다. 그리하여 정부는 1886년 미국 타운센드상회(Morse and Townsend & Co.)의 주선으로 해룡호를, 1887년 세창양행의 주선으로 조양호·광제호를 각각 구입해 전운국에 소속시킨 뒤 직접 운항하도록 조치하였다. 이어 1889년에는 조양호를 팔고 독일로부터 쾌속정 제강호를 사들였다.

그런데 전운국의 기선은 11월부터 이듬해 5~6월까지 집중적으로 운행할 때를 제외하고는 별달리 이용되지 않은 채 항구에 정박할 수밖에 없었기 때문에 매우 비경제적인데다가 부식될 염려도 있었다. 따라서 상업과 무역을 진흥하기 위해 기선을 국내 연안 운송에 적극 활용해야 한다는 의견이 제기되었다. 특히 총세무사 메릴(H. F. Merrill) 등은 전운국의 기선을 교통이 불편한 인천과 대동강·평안도 등 개항장과 비개항장 간의 연안운수를 담당케 함으로써 연안무역의 상권을 장악하고 대외무역에도 종사하게 하는 방안을 내놓았다.

그러나 운행한 지 얼마 되지 않아 제강호가 좌초되었고, 전운국은 기선 활용 방안을 추진하지도 않았다. 오히려 전운국은 값싼 운임으로 일본우선회사와 오사카상선회사의 기선을 고용하는 정책을 펼쳤으며, 1892년 일본으로부터 범선 15척을 구매하였다. 또한 전운국 소속의 기선 중에는 해관 순라선으로서 전국 연안을 순찰해 외국 상인의 밀무역을 단속하거나 연안과 섬들을 순행하는 일을 전담하는 등 다양한 역할을 맡았으며, 무역에 종사하기도 하였다.

하지만 전운국은 불법으로 밀무역을 하거나 각종 부담을 조세 징수로 충당했기 때문에 국민의 불만을 자아냈다. 일본 상인에게 기선을 빌려주고 그 대가로 운송화물에 대한 운임과 세금을 징수함으로써 외국선박의 항행이 금지된 비개항장에 대한 일본 상인의 침투와 쌀 유출을 방조하는 폐단을 일으킨 적도 있었다. 아울러 전운국은 조선인 운항기술자가 없었기 때문에 선장과 기관사는 모두 외국인을 고용할 수밖에 없었고, 재정 부족으로 말미암아 선박 구입비나 각종 경비를 차관으로 충당하는 바람에 선박의 소유권도 확보하지 못해 원래의 선박 소유 회사의 소속 국기를 달고 다녀야 하는 등 운영의 문제점도 적지 않았다.

이러한 폐단과 문제점을 해결하기 위해 1893년 전운국은 중국에서 차관을 빌어 세곡운송 외에 민간 화물과 여객수송을 담당하는 이운사(利運社)를 설립하였다. 이운사는 전운국에서 인수한 창룡호와 현익호, 세창양행·일본·중국으로부터 각각 구입한 이운호·경제호·한양호 등 모두 5척의 기선을 보유하였다. 기선들은 인천과 평안도·충청도·전라도·경상도·함경도 등 전국의 주요 지역을 왕복하면서 세곡을 운반했을 뿐 아니라 개인 화물과 보통여객의 운송도 취급함으로써 해운기업으로 발돋움해나 갔다.

이들 기선 가운데 이운호는 인천에서 부산과 원산을 거쳐 옌타이-블라디보스토크 등을 운항하며 무역상품을 수송했지만, 경영상 부진을 면치 못했으며 일정도 제대로 지키지 못하는 바람에 신용마저 잃게 되었다. 현익호 역시 관리감독관이 세금을 강제로 거두고 친절하지도 않아서 적자로 운항하였다. 한양호도 연안무역과 대외무역에 기여했지만, 이로 말미암아 피해를 입은 재래 선주들의 방해로 적자를 벗어나지 못하였다.

1894년 청일전쟁이 벌어지자 이운사의 기선들은 일본군의 군수물자를 수송하는 데 징발되었으며, 갑오개혁 이후 조세의 금납화로 세곡을 운송할 필요가 없어짐에 따라 일본인에게 임대되기도 하였다. 또 전운국이 폐지되면서 이운사의 관할을 맡은 탁지아문은 관리를 파견해 경영의 정상화를 꾀하다가, 결국 이운사의 재산과 기선에 대한 모든 운영권을 인천의 상인들에게 넘겨주어 민영화시켰다.

이러한 상황에서 일본은 조선 연안의 항해권을 장악하는 것이 군사적·경제적으로 필요하다는 판단 아래 이운사의 기선 운영권을 차지하려고 시도하였다. 정부는 이운사의 경영권을 인천 상인에게 양도한 터라 이 제안을 거절했지만, 결국 차관 공세를 펼친 일본에 굴복해서 1895년 1월 이운사 소속의 기선을 일본우선회사에 위탁·운영한다는 계약을 체결하고 말았다. 이 계약으로 일본우선회사는 인사권과 선박의 자유로운 이용권을 장악해 종래 금지되었던 비개항장의 왕래를 보장받음으로써 조선해운업의 발전은 실제로 봉쇄되었다.

한편 1896년 2월 아관파천으로 조선에 대한 일본의 영향력이 급속히 약화되자, 정부는 일본우선회사와 맺은 계약을 파기해버렸다. 이에 일본우선회사는 각종 명목으로 거액의 배상금을 요구하면서 그 담보로 기선 2척을 일본에 억류하였다. 일본은 계약 파기를 철회하려고 끈질기게 교섭했으나 실패로 돌아가자 억류한 선박을 돌려주었다.

정부는 일본우선회사와 맺은 계약을 파기하는 데 성공했지만, 기선을 활용할 수 있는 방안을 마련하지 못했기 때문에 해룡호 등 기선 4척의 관리를 총세무사 브라운에게 맡겼다. 그는 해룡호를 매각하고 세창양행에 현익호와 창룡호의 운항권을 위임하였다. 세창양행은 인천에서 함경도 경성까지 중요 개항장과 항구를 거치는 항로를 개설·운항하였다. 그러나 기항지도 많고 항해일수도 길었을 뿐 아니라 정기적으로 운항하지 못했던 탓에 신용도와 이용도가 떨어지고 말았다.

그러자 1900년 정부는 브라운에게 맡겼던 기선 관리권을 회수해서 이를 통신원에 넘겨주는 조치를 취하였다. 갑오개혁 이후 해운업무 관장기구는 외무아문 등을 거쳐 농상공부 산하의 통신국으로 이관되었는데, 그해 통신국이 통신원으로 승격·독립되었기 때문이다. 이에 브라운은 정부의 기선 관리권 회수에 반발했지만 결국 창룡호와 현익호를 돌려주었고, 이운호는 세창양행에 선박대금을 완전히 지불하고 돌려받아 한성호로 이름을 바꾸었다. 이들 기선은 1900년 6월에 설립된 민간해운회사인 대한협동우선회사에 일단 세금상납을 조건으로 빌려주었다가 곧 매도되었다.

당시 통신원이 외국해운업의 침투를 막기 위해 외국선박의 구매와 고용에 대한 통제를 강화했던 사실로 미루어, 이러한 조치는 관영해운업의 한계를 인식한 정부가 민간해운업을 육성해 일본 등 외국해운업의 침투에 대응함과 동시에 영업세를 징수해 재정확보책을 마련하려는 목적이 있었다고 판단된다. 그러나 러일전쟁의 승리를 바탕으로 1905년 8월 일본은 정부를 압박해 자국선박의 자유로운 기선 항행권을 획득함으로써 한국의 해운업을 장악하게 되었다.

Ⅲ. 어업·수산업 침탈

1876년 조일수호조규가 맺어져 조선의 바다는 열렸지만, 어업에 관한 조항은 들어있지 않았다. 그렇다고 개항 이전에 중국이나 일본의 어민들이 조선 연해에서 어업을 펼치지 않은 것은 아니었다. 중국과 일본 어민들은 지리적으로 가깝고 어종이 풍부한 조선 연해에서 밀어(密漁)를 행해 왔다. 이처럼 조선 연해에서 외국 어민들 은밀하고도 불법적으로 자행되어 왔던 어업 행위는 조청상민수륙무역장정(1882)과 조일통상조약(1883)의 체결로 합법화되는 길이 열렸다.

조청상민수륙무역장정은 임오군란 직후에 맺어졌다. 중국은 군란 진압 후에도 3,000명의 군대를 조선에 주둔시키면서 마젠창과 독일인 묄렌도르프(Paul George von Möllendorf)를 고문으로 파견해 조선의 내정과 외교에 깊숙이 관여하기 시작하였다. 이를 위해 중국은 전통적인 조공체제를 스스로 무너트리면서도 실질적으로 조선을 중국의 속국으로 규정하고 경제적 특권을 보장한 조청상민수륙무역장정을 강제로 체결했던 것이다.

이 무역장정 제3조에는 선박의 조난을 구호하고 중국인은 서해안의 황해도와 평안도의 연안에서, 조선인도 중국의 산둥성과 펑톈성[奉天省] 연안에 각각 어업 활동을 허용한다고 규정되었다. 그러나 실제로 조선인의 중국 연안 진출이 불가능했으므로 이 조항은 중국인에게 일방적으로 유리할 수밖에 없었다. 더욱이 조선에 대한 중국의 영향력이 절대적인 상황에서 중국 어부들은 아무런 통제도 받지 않은 채 서해안을 제집 드나들 듯이 마음껏 휘젓고 다녔다. 그 결과 성어기가 되면 서해안에 중국인들은 수백척의 배를 몰고 와서 고기를 잡는 데 혈안이 되었고, 심지어 육지에 상륙해 민가를 습격하는 등 횡포를 부림으로써 조선인의 생계를 위협할 정도로 커다란 피해를 끼쳤다.

한편 조선은 국제적인 통상 관례에 크게 어긋나는 조일수호조규와 그 부속인 무역 규칙을 뒤늦게나마 시정하려고 노력한 결과, 관세권의 설정·방곡령 선포 등이 포함된 조일통상장정을 체결했지만 그 대가로 일본에게 최혜국대우 규정뿐만 아니라 어업권을 허용하게 되었다. 이 통상장정의 제41조 규정에 의해 일본은 조선의 전라도·경상도·강원도·함경도 등 4도의 '해빈(海濱)'에서 '포어(捕漁)'할 수 있는 권한을 확보하였다. 조선도 쓰시마·히젠[肥前]·치쿠젠[筑前]·나가토[長門]·이와미[石見]·이즈모[出雲] 등 동해에 접한 일본 서북 해안의 어업권을 얻었으나 현실적으로 무용지물에 지나지 않았다. 이는 장정이 체결되고 2년이 지난 뒤 나가사키현 산하의 일본 연해에서 어업하는 조선 어선단은 전혀 없지만 일본 어선은 조선 연해로 출어하고 있다는 공식 보고서로도 확인된다. 이와 동시에 일본은 조일수호조규에서 획득한 영사재판권의 연장선에서 처판일본인민재약정조선국해안어채범죄조규(處辦日本人民在約定朝鮮國海岸魚採犯罪條規)['약정한 조선 해안에서 범죄한 일본국어민취급규칙']를 맺음으로써 일본인의 불법 어업을 은폐하고 보호할 수 있는 법적 근거마저 확보해두었다.

이어 1889년에는 조일통상장정이 개정되어 그 41조의 세부규칙인 조일통어장정이 맺어졌다. 일본 어민이 조선의 해안 근처까지 들어와 조선 어민이 부설한 어장['어기(漁基)']에서 후릿그물로 조업해 막대한 피해가 발생하자, 조일통상장정 41조의 내용 중 어업 구역을 규정한 '해빈'의 범주를 확실히 정할 필요가 있었기 때문이다. 1888년 말 부산항감리 이용식(李容植)은 부산주재 일본영사 무로타[室田義文]에게 그 피해 상황을 알려주면서 일본 어민의 어업 제한구역을 설정한 어기한계 3조를 제시하였다.

이용식은 장정 41조에 규정된 '해빈'의 '빈'이 항내를 제외한 해변이며, 만국공법에서 각국 어선이 왕래하는 포어지역은 해빈에서 3리(조선 30리) 밖이라고 주장하였다. 그 반면 무로타는 장정에는 해빈에 관해 항만의 내외 규정이 없으므로 해빈이 항만 내외를 모두 포함하며, 일본 어민이 연해 3해리에서 어업할 수 없다는 주장은 장정에도 어긋난다고 반박하면서 일본 어민의 행위가 조약에 위반된다면 범죄조규에 의거해 처리해달라고 강짜를 부렸다. 이 문제는 일부 지역에만 해당되는 것이 아니었기 때문에 양국 정부 차원에서 해결책을 모색하지 않을 수 없었다. 그 결과 외아문독판 민종묵(閔種默)과 일본대리공사 곤도[近藤眞鋤] 사이에 조일통어장정이 체결되었던 것이다.

이 장정의 제1조에는 일본의 요구가 관철되어 해빈 3리 이내에서 일본인이 어업할 수 있다는 내용이 명문화되었다. 또 일본인은 조선 정부에 어업세를 내면 전라도 등 4도에서 마음대로 어업을 할 수 있고, 잡은 어류도 매매할 수 있다는 조항도 들어 있었다. 비록 조선은 종전과 달리 어업면허세를 징수할 수 있게 되었지만, 조선인의 이익을 보호하거나 일본인의 횡포를 막을 수 있는 조치를 전혀 취할 수 없게 된 셈이다. 아울러 조선은 제주도를 일본인의 어업구역에서 제외시키려고 협상을 벌였으나 역시 아무런 성과를 거두지 못하였다.

여기서 되새겨봐야 할 점은 조일통어장정에 들어간 '통어(通漁)'라는 용어에 숨겨진 의미이다. 일본은 조선 어장을 근거지로 삼아 일본 본토를 왕래하는 어업을 통어라고 불렀다. 조일통상장정에는 '포어'라고 적혀 있지만, 일본은 굳이 통어라고 사용하면서 결국 조일통어장정의 명칭에도 집어넣었다. 통상장정이나 통어장정에서 조·일 양국이 서로 자국의 어장을 개방하기로 약속한다는 의미에서 통어라는 것이다. 그러나 현실적으로 조선인은 일본 어장으로 출어할 수 없었던 반면, 일본인은 조선 어장을 마음껏 이용하거나 침탈할 수 있었던 사실로 미루어, 통어는 상호적이라기보다 일방적으로 전개되는 일본인의 조선 어업활동을 은폐·왜곡시키려는 의도가 내포되어 있음을 알 수 있다.

실제로 1899년 7월 일본의 한국 어업 침탈을 지원·지도했던 농상무성 수산국장 마키는 대일본수산협회 집회에서 한일통어조약의 의미는 일본인이 '조선해'에 가더라도 일본인은 '일본해'라고 간주하고, 조선인이 일본해에 와서 어업을 하더라도 조선인은 조선해라고 간주하는 것이라고 연설하였다. 조약에 의거해 양국 어민이 합법적으로 상대국의 어장에서 어업할 수 있다는 점을 통어의 의미라고 부각시키면서, 실직적으로는 한국 어장을 일본 어장에 통합시켜야 한다는 의도로 통어를 강조했던 것이다. 이처럼 '조선해'와 '일본해'를 하나로 간주해서 통합해야 한다는 제국주의적 냄새가 물씬 풍기는 발언을 서슴치 않았던 마키는 바로 1905년 독도를 일본 영토로 불법 편입시키는 데 앞장선 장본인 중의 한 명이었다.

마키의 발언에서도 나타나듯이 조선해 장악 의도는 일본제국주의의 정책 차원에서 적극적으로 추진되었다. 이는 일본 수산국의 창설자인 세키자와[關澤明淸]가 경제적 이익뿐 아니라 군사적 측면에서 일본인의 조선 어업 진출을 장려했던 사실에서도 명확히 드러난다. 일본인이 조선의 수로를 익히면 유사시 해군 수병으로 이용할 수 있으므로 조선 어장은 일본 해군의 예비군을 육성하는 훈련장이라는 것이다. 나아가 그는 일본 어선을 끊임없이 조선 어장으로 진출시켜 영원히 해상의 주권을 장악해야 한다는 전제 아래 국가 장래의 커다란 계획상으로도 조선해 어업을 보호하고 장

오이타(大分)현의 『한해어업시찰복명서』(1900)
1899년부터 일본 부현은 한해통어조합을 조직함과
동시에 한국 해안(한해)의 어업 상황을 지속적으로 조
사하고 이를 토대로 적극적·체계적으로 한해에 침투
하였다.

『조선해통어조합연합회회보』 제4호(1903)
조선해통어조합연합회는 한국 해안의 '순라(巡邏)'와
어업·수산물·어선 상황 등에 대한 각종 조사 보고서,
방역, 회원 정보 등을 담은 회보를 간행하였다.

려하는 데 소홀해서는 안 된다고 주장하였다.

　이러한 경제적·군사적 목표에 입각해서 일본은 정부 혹은 민간 차원
에서 일본 어민의 조선 근해 진출을 지원·장려하는 데 심혈을 기울였다.
1895년 초 일본이 청일전쟁의 승리로 조선 정계를 장악한 상황에서 일본
의 17개 부현을 대표한 조선근해어업연합회는 조선주재 일본공사 이노우
에에게 미개방지역인 충청도·경기도·황해도·평안도에도 출어한다면 어
업 이익의 증진뿐 아니라 일본의 국리민복과 부국강병의 원동력을 배양하
는 데에도 크게 기여할 것이라면서 어업 구역의 확장을 요청하였다. 이노
우에 공사는 조선 정부와 교섭하는 과정에서 한 걸음 더 나아가 일본인을
위해 연해 어장을 항구적으로 대여해달라고 압력을 가하였다. 다행히 이
교섭은 삼국간섭·명성왕후 살해 사건 등으로 더 이상 추진되지 않았다.

　1897년 일본 정부는 원양어업장려법을 공포하고 일본 어민을 보호·육

성하기 위해 장려금을 지불하고 조직을 장려하였다. 또 이해에 부산주재 일본영사의 주도 아래 부산거주 일본인들이 조선어업협회를 만들었다. 이는 일본 정부가 민간 단체를 지원해 일본 어민의 조선 진출과 세력 확장을 효과적으로 추진하려는 정책에서 비롯된 것이었다. 1899년에는 수산국장 마키가 한국을 시찰하고 귀국한 뒤 각 부현마다 한해통어조합(韓海通漁組合)을 조직해 일본어민의 조선 진출을 체계적으로 지원해주었다. 1900년 일본 정부의 보조금을 받아 부산에 설립된 조선해통어조합연합회는 일본 어민과 조선 정부 간의 행정상 문제 해결, 필요한 어업 부분 알선, 어획물의 판매 중개 등의 업무를 처리하였다. 1903년에 일본 정부는 새로 발포된 외국영해수산조합법에 의거해 종전의 연합회를 조선해수산조합으로 개편하고 해마다 보조금을 지불했으며, 일본 어민을 보호하고 한국에 어업근거지 건설계획을 추진하기도 하였다.

1904년 러일전쟁을 도발해 한국을 손아귀에 넣은 일본은 한국에서 농업 다음으로 어업을 가장 유리한 사업으로 판단하고 종전의 전라도 등 4도 외에 충청도·황해도·평안도까지 어업구역을 확대해야 한다는 대한방침(對韓方針)및 대한시설강령(對韓施設綱領)을 내놓았다. 이 계획은 곧 실행에 옮겨져 일본 어민은 동해안과 남해안뿐 아니라 서해안 등 한국의 전 해안에서 어업할 수 있게 되었다. 이어 을사늑약의 강요로 한국을 실질적으로 지배하기 시작한 통감부는 1908년 어업에 관한 협정을 통해 일본인도 한국인과 동일하게 어업권을 소유할 수 있도록 법적인 근거를 마련했으며, 어업법을 제정해 어업면허권과 허가권을 장악해버렸다.

이렇듯 일본 정부의 적극적인 지원 방침과 일방적으로 유리한 조약·법령 등을 바탕으로 삼아 일본인들은 온갖 수단과 방법을 가리지 않고 조선의 바다에서 어업활동을 펼쳐나갔다. 특히 1889년 조일통어장정이 체결되고 조선해가 잡아도 끝이 없을 만큼 고기가 풍부한데도 조선인의 어업이 졸렬하므로 엄청난 수익을 올릴 수 있는 일본의 '보고(寶庫)'나 다름없다는 소식이 전해지면서 일본 어민의 수는 급격하게 늘어갔다. 조선에 진출한 일본 어선수는 1890년에 2천 척이나 되었고, 1901년에는 3천 척 이상으로 증가하였다. 그나마 이들 어선 중 3분의 2가 조선 정부에 어세를 내지 않고 적어도 과반수가 규칙 위반자라고 부산주재 일본영사가 고백할 정도로 일본 어민들의 불법적인 밀어가 판을 치고 있었다.

그에 상응해서 일본 어민의 횡포도 이루 말로 표현할 수 없을 만큼 날로 늘어갔다. 그들은 조선인의 어장 구역을 마구잡이로 침범하고 어장을 훼손했으며, 각종 근대식 어법과 어구로 전복 등 해산물을 채취해 종자를 멸종시키기도 하였다. 더군다나 그들은 연안 지방에 상륙해서 나체로 마을에 들어가 물품을 구입하고, 부녀자를 희롱·겁탈하고 풍속을 헤치는 일을 서슴치 않았다. 주민들에게 총·칼 등 무기를 휘둘러 위협을 가하거나 폭행을 일삼으면서 살인까지 저질렀으며 재산을 약탈하는 일도 일상적으로 벌어졌다. 그럼에도 일본 어민들은 범죄조규에 규정된 영사재판권에 의거해 별다른 처벌을 받지 않았기 때문에 범죄행위는 더욱 기승을 부리게 되었다. 이로 말미암아 조선인들은 생계를 잃을 처지에 놓이게 되었고, 일본인에 대한 불만도 고조되면서 곳곳에서 무력 충돌을 벌이기도 하였다.

일본영사관도 일본 어민의 무례하고 난폭한 행동에 심각한 우려를 표하면서 자제와 단속을 요구하였다. 예컨대, 1894년 원산주재 일본영사는 강원도와 원산에서 벌어진 일본인과 조선인 분쟁의 책임이 일본인에게 있다고 보고하였다. 이에 일본영사는 연안의 어장들을 돌면서 일본 어민에게 연안에 상륙할 때 옷을 입도록 조치했고, 조선인에게는 이러한 주의사항을 기재한 어업자수칙[심득(心得)]을 나누어주면서 일본 어선이 입항할 때 반드시 이를 보여주라고 부탁하기도 하였다.

그럼에도 일본 어민의 횡포가 줄어들지 않자, 일본영사는 본국 정부에 조선인과 분쟁이 더 확대되기 전에 어민감독법을 제정해 일본 어민의 행농을 제한·단속하자는 건의를 올렸다. 일본 어민의 대다수가 천해서 본래 예의를 알지 못하고 각종 악행을 저질러 조선인의 미움과 경멸을 받고 있는데, 이는 일본 국민의 치욕이므로 적당한 법을 만들어 감독하는 것이 급무라는 내용이었다.

그 후 명성황후 살해 사건과 아관파천으로 반일감정이 극에 달하면서 전국 각처에서 일본 어민을 응징하였다. 심지어 강원도 죽변에서는 의병들이 일본 어민을 살해하는 일도 벌어졌다. 일본영사관마저 우려했던 일이 현실로 나타났던 것이다. 이에 일본 정부는 군함 등 무력을 동원해 일본 어민들을 보호함과 아울러 민간 단체들로 하여금 그들을 통제하려는 정책을 펼쳤다. 그 대표적인 사례가 바로 앞에서 언급했던 1897년 부산의 조선 어업협회 설립이었다.

부산영사관은 영사관고시를 통해 일본 어민에게 이 협회의 규칙을 지키고 조선 어업을 방해하는 자는 엄중히 처벌하겠다는 의사를 밝혔다. 이는 일본 정부가 일본 어민의 조선 어업활동을 국가 정책의 차원에서 인식하고 대처하고 있음을 잘 보여준다. 하지만 이러한 조치는 어디까지나 조선의 어업을 효과적이고 체계적으로 침탈하는 데 근본적인 목적이 있었지 일본 어민의 활동을 위축시키거나 불이익을 초래하는 수준으로 엄격하게 시행되지 않았기 때문에, 여전히 일본 어민의 불법적이고 폭력적인 행위는 지속될 수밖에 없었다.

오히려 일본 정부는 한국인과의 갈등과 분쟁을 무마시킴과 동시에 안정적으로 한국의 어업을 장악하기 위해 어업근거지를 건설하는 정책을 펼쳐 나갔다. 일본 어민을 가족과 함께 한국에 이주시켜 어촌을 만들어야 한다는 어업근거지 건설의 필요성은 이미 1899년 개항된 마산포에 러시아가 군함을 파견하는 등 눈독을 들이자 이에 대응책으로 제시된 적이 있었다. 흑룡회(黑龍會) 간부 구즈[葛生修亮]는 한국에 일본 세력을 부식시킴과 동시에 매년 늘어나는 인구를 배출하는 수단으로 한국 연안에 근거지를 만들어 이주를 장려하는 길밖에 없다고 제안하였다. 한국 어민과 일본 어민의 갈등·충돌을 막고 친분과 소통을 이루기 위해서, 또 일본 어민이 어획물을 효율적으로 처리하거나 안정적으로 통어에 전념할 수 있는 여건을 만들기 위해서 한국에 어업근거지를 설치할 필요가 있다는 논리였다. 이러한 구즈의 제안은 한국과 대륙침략의 첨병 역할을 담당했던 흑룡회뿐 아니라 일본 정부의 입장을 대변한 것이었다.

때마침 1903년 러일전쟁의 위기가 고조되는 상황에서 일본재정고문단은 일본 정부에게 한국 전 지역에 걸쳐 총 80개 어장에 일본 어업근거지를 설치하라고 권고하였다. 이에 1903년에 일본 정부의 지원을 받아 새롭게 개편된 조선해수산조합은 창립기념회에서 충청남도 어청도에 어업근거지를 건설할 계획을 발표했으며, 곧 "한해(韓海) 어업발전을 도모하고 조합원의 복리증진을 목적으로 각 요소에 근거지를 경영해 조합원을 이주시킨다"는 내용이 담긴 어업근거지이주규칙·어업경영에 관한 규정 등 세부사항도 확정지었다. 그 결과 어청도에 처음으로 일본 어업근거지가 건설되었다.

1904년 러일전쟁이 발발하자 조선해수산조합은 군용 식량을 원활하게 공급하기 위해 경상남도 거제도 장승포에 토지를 매입해 통조림 제조공장을 갖춘 어업근거지를 설치하였다. 이어 조합은 경제적·군사적으로 중요한 전략기지라고 판단한 용암포·울산·죽변·장전·웅기 등 총 61개 지역을 어업근거지로 지정하고 건설하는 데 박차를 가하였다. 러일전쟁 후에는 중국의 산둥반도와 마주하면서 중국 어선이 어업활동을 활발하게 펼치고 있던 황해도 몽금포에도 어업근거지 건설을 계획하기도 하였다.

1905년 을사늑약 체결 후에는 일본 정부를 대신해서 통감부가 조선해수산조합과 손잡고 어업근거지를 더욱 적극적으로 건설해나갔다. 특히 1908년 통감부가 어업면허권·허가권을 통제하는 어업법을 공포할 것이라는 소식이 전해지면서 일본 각 지방에서는 앞을 다투어 어업근거지를 건설해 어업권을 얻으려고 서둘렀다. 어업법이 공포될 경우 예전과 달리

어장을 자유롭게 이용할 수 없고, 근거지에 다른 지방의 어민도 거주할 수 없었기 때문이었다. 그 결과 한국 어장에 어업근거지로 건설된 일본인 어촌은 1909년과 1910년에 각각 43개와 45개에 달하였다. 이렇게 형성된 일본인 어촌은 단순히 경제적 이익을 증진하는 근거지에 머물지 않고, 일본 자본주의의 발달 과정에서 몰락하거나 소외된 일본 어민을 방출하는 '배설 장소'가 되었으며, 한국인을 효율적으로 동화시키고 치안을 유지하기 위한 식민지배 구축의 발판이 되었다.

〈참고문헌〉

[Ⅰ. 해안 측량과 등대 건설]

주강현, 『등대 – 제국의 불빛에서 근대의 풍경으로 – 』, 생각의나무, 2007.

남영우, 『일제의 한반도 측량침략사 – 조선말~일제강점기 – 』, 법문사, 2011.

송휘영, 「근대 일본의 수로지에 나타난 울릉도·독도 인식」, 『대구사학』 106, 2012.

김종헌, 「팔미도 등대는 현존하는 우리나라 최초의 등대인가?」, 『Asia Pacific 해양문화』 1, 2014.

한철호, 「일본 수로부의 「조선전안」 간행·개정 및 활용과 독도 인식」, 『한국사연구』 169, 2015.

한철호, 「일본 수로국 아마기함(天城艦)의 울릉도 최초 측량과 독도 인식」, 『동북아역사논총』 50, 2015.

[Ⅱ. 항로 개척과 해운 장악]

한국해사문제연구소, 『현대한국해운발전40년사』, 한국해사문제연구소, 1984.

나애자, 『한국근대해운업사연구』, 국학자료원, 1998.

정진술 외 공편, 『다시 보는 한국해양사』, 신서원, 2007.

손태현, 『한국해운사』, 위드스토리, 2011.

[Ⅲ. 어업·수산업 침탈]

이영학, 「개항 이후 일제의 어업 침투와 조선 어민의 대응」, 『역사와 현실』 18, 1995.

김수관·김민영, 『근대 서해안 지역 수산업 연구』, 선인, 2006.

장수호, 『조선시대말 일본의 어업 침탈사 – 개항에서 1910년까지 일본의 어업 침탈에 관한 연구 – 』, 수산경제연구원BOOKS·블루앤노트,

2011.

김수희, 『근대 일본어민의 한국진출과 어업경영』, 경인문화사, 2010.

김수희, 『근대의 멸치, 제국의 멸치 – 멸치를 통해 본 조선의 어업 문화와 어
　　장 약탈사』, 아카넷, 2015.

4장

해양 수호정책 :
바다를 지키다

Ⅰ. 울릉도·독도 개척정책

조선은 건국 이래 섬의 주민들을 왜구의 침략으로부터 보호하기 위해 섬을 비워두고 주민을 육지로 데려오는 정책을 펼쳐왔다. 이는 고려 말기부터 섬이 왜구 침략의 전초기지로 활용될지도 모른다는 우려에서 비롯되었으며, 조세나 역역 부담을 피하기 위해 섬으로 들어간 어민들 혹은 왕조에 저항하기 위해 섬을 근거지로 삼으려는 세력을 단속·차단하려는 정책이기도 하였다. 1417년 정부는 최초로 울릉도[무릉도] 사정에 밝은 전 만호(萬戶) 김인우(金麟雨)를 무릉등처안무사(武陵等處按撫使)로 파견하였다. 특히 안용복 사건 혹은 이른바 울릉도쟁계(爭界) 사건이 벌어졌던 1694년 삼척영장 장한상(張漢相)은 울릉도를 조사한 다음 보고서인 「울릉도사적(鬱陵島事績)」을 상세하게 작성해 올렸으며, 이를 계기로 정부는 울릉도를 관할하는 수토정책을 추진해나갔다. 수토관(搜討官)은 울릉도를 왕래하면서 그곳의 지리와 동·식물을 비롯한 토산물도 자세히 조사하고, 수토활동의 증거로 울릉도의 토산물과 지도를 중앙에 바쳤다. 그러나 수토정책은 울릉도 거주민을 찾아내서 데려오는 데 역점을 두고 있었다. 그 결과 19세기 중엽 메이지유신을 전후한 시기부터 일본 서북 연해지역 어민들이 울릉도로 건너와 불법적으로 어업하거나 벌목하기 시작되었다.

이러한 상황에서 1881년 초 울릉도에 파견된 수토관은 일본인 7명이 무단으로 나무를 베어 원산이나 부산으로 가져가려는 것을 적발하고 그 사실을 강원도관찰사 임한수(林翰洙)에게 보고하였다. 곧바로 임한수는 일본 선박의 왕래가 근래 많아지면서 일본인들이 울릉도에 눈독을 들이며 일으키는 폐단을 막아달라고 통리기무아문에 요청하였다. 이에 1881년 6월 18일(5/22) 통리기무아문은 일본인의 불법적인 벌목을 변경왕래금지에 대한 위반행위로 단정하고 동래부 왜관을 통해 일본 외무성에 문서를 보내 항의할 것, 망망한 바다 가운데 있는 울릉도에 대한 공도 정책이 매우 허술한 일이므로 그 형세가 요충지로 삼을 만한지 혹은 빈틈없이 방어하고 있는지 여부를 살펴 처리하기 위해 부호군 이규원(李奎遠)을 울릉도 검찰사(檢察使)로 임명·파견할 것 등의 의견을 올렸다. 그 결과 바로 다음날 이규원의 임명이 이뤄졌다. 이는 울릉도에 대한 기존의 수토·공도정책을 폐기하고 적극적인 개척정책으로 전환했음을 의미하는 것이었다.

아울러 예조판서 심순택(沈舜澤)은 일본 외무경 이노우에[井上馨]에게 일본인의 울릉도 왕래와 어업활동에 대해 항의하는 문서를 보냈다. 1693년에 일본인이 울릉도의 이름을 착각해 문제가 생겼지만 마침내 바로잡혀 울릉도에서 일본 어민들의 고기잡이를 영구히 불허하기로 약속했음에도 현재 벌목하고 있으므로 일본 정부가 변경 왕래 금지를 엄격하게 타일러 선박들을 철수시키고 재발을 방지해달라는 것이었다. 이에 1881년 12월 15일(10/24) 조선주재 일본공사관 사무서리 소에다[副田節]는 외무경의 훈령에 의거해 일본인이 울릉도에서 벌목한 사실을 인정하면서 이제 모두 철수했다고 알려주었다. 그러나 실제로 일본인들은 울릉도에서 철수하지 않은 채 여전히 불법 행위를 저질렀다. 일본 외무성은 별다른 조치를 취하지 않고 조선의 의구심을 해소시키기 위해 허위로 공문을 보냈던 것이다.

한편 검찰사 이규원은 임명 즉시 울릉도로 출발하지 못하였다. 아무래도 울릉도에 갈 준비를 하는 데 적지 않은 시간이 걸리는 만큼, 현장에서 불법으로 벌목하는 일본인을 포착하기 어려웠기 때문이라고 여겨진다. 따라서 이규원은 임명된 지 약 1년 뒤인 1882년 5월 중순에야 비로소 울릉도로 떠났다. 출발하기 직전인 5월 23일(4/7) 이규원은 고종을 알현하였다. 이 자리에서 고종은 이규원에게 울릉도에 불법으로 왕래하면서 폐단을 일으키는 일본인들을 철저히 검찰할 것, 울릉도 옆에 있는 송죽도(松竹島) · 우산도(宇山島)의 거리와 그 산물을 자세히 알아볼 것, 울릉도와 우산도 혹은 송도(松島) · 죽도(竹島)라 부르는 세 섬을 울릉도로 통칭하므로 그 형세를 조사할 것, 울릉도에 읍을 설치할 계획이므로 농사지을 수 있는 곳과 물산을 자세히 조사해서 지도와 보고서인 별단(別單)을 작성해 올릴 것 등을 지시하였다. 이러한 고종의 각별한 당부는 검찰사 파견 목적이 단순하게 일본인의 불법 실태를 파악 · 단속하는 데 머물지 않고 우산도 등 부속된 섬들을 조사함과 동시에 울릉도를 본격적으로 개척하는 데 있었던 것이다.

이규원은 국왕을 알현한 뒤 5월 26일 서울을 출발했고, 순흥 · 풍기 · 봉화 · 안동 · 영양 등을 지나 그 다음날 강원도 평해군 구산포에 도착하였다. 그러나 배와 선원들이 준비되지 않은데다가 바람도 불지 않았기 때문에 울릉도로 곧바로 갈 수 없었다. 이규원은 울릉도로 가는 데 필요한 바람을 기다리는 곳인 대풍헌(待風軒)에서 머물면서 만반의 준비를 독촉하고, 성황제와 동해신제를 지냈다. 검찰사의 규모는 기존의 수토사보다 훨씬 많은 총 107명이었다. 검찰사 이규원을 비롯해 중추도사 심의완(沈宜琬), 군관 출신 서상학(徐相鶴), 전 수문장 고종팔(高宗八), 화원(畵員) 유연호(劉淵祜) 등 5명, 하급 관리 · 선원을 합쳐 82명, 포수가 20명이었고, 큰 배인 상선(上船) 1척과 작은 배인 종선(從船) 2척 등 3척의 선박이 동원되었다. 상선에는 이규원 등 39명이 승선하였다.

드디어 6월 14일(4/29) 오전 10시경 이규원 일행은 순풍을 타고 구산포

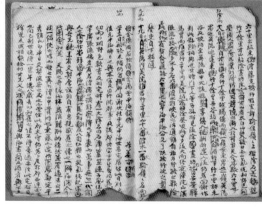

이규원의 『울릉도검찰일기』(1882)

를 출발해 울릉도로 향했지만 순탄하지는 않았다. 배가 해류로 말미암아 동쪽으로 잘 나아가지 못했고, 밤에 회오리바람마저 불어서 배가 낙엽처럼 떠돌아다니거나 안개로 방향을 잃고 파도가 솟구쳐서 돛이 흔들리는 등 울릉도에 도착하기 전에 사라질 수도 있다는 위험한 상황에 처하기도 하였다. 다행히 아침에 서풍이 불어서 배가 동쪽으로 나아갈 수 있었고, 32시간만인 15일 오후 6시경 울릉도 서쪽 해변의 소황토구미[학포]에 도착하였다. 그곳에서도 때마침 배를 만들고 해초를 따기 위해 머물고 있던 전라도 거문도 사람들의 도움을 받아 쉽게 상륙할 수 있었다.

이규원 등은 도착한 다음날인 16일에 산신과 서당에 제사를 지낸 뒤 17일부터 25까지 9일 동안 울릉도 구석구석을 샅샅이 조사하였다. 처음 7일간은 도보로 소황토구미를 떠나 대황토구미[태하] · 흑작지[현포] · 왜선창[천부] · 나리동을 거쳐 성인봉을 넘고, 저포[저동] · 도방청[도동] · 장작지포[사동] · 통구미포 · 곡포[남양]을 지나 다시 소황토구미로 돌아왔다. 울릉도 동쪽을 제외하고 중요 지역을 조사했던 것이다. 나중 2일간은 배편으로 울릉도 전 해안을 한 바퀴 돌았다. 이러한 조사 내용은 이규원이 남긴 『울릉도검찰일기』에 고스란히 기록되어 있다.

먼저, 이규원은 정부가 수토 혹은 공도정책을 폈음에도 울릉도에 약 140명의 조선인이 거주한다는 사실을 밝혔다. 이들은 대부분 소황토구미·대황토구미·왜선창 등 포구 가까이에 막을 치고 살고 있었다. 출신 도별로 보면 전라도의 고흥군 흥양 94명과 순천군 낙안 21명 등 115명, 강원도 평해 14명, 경상도 10명, 경기도 파주 1명이었다. 절대 다수를 차지했던 전라도 출신자들은 주로 봄에 울릉도로 들어와서 나무를 베어 배를 만들었으며, 미역을 따거나 고기를 잡았다. 강원도 출신자들은 배를 만들었으며, 경상도와 경기도 출신자들은 약초를 캤고, 경상도 출신자들은 연죽(煙竹)을 베고 있었다.

특히 전라도 출신자들 중에는 거문도 사람들이 61명으로 가장 많았다. 지금도 거문도 사람들이 부르는 뱃노래인 '술비소리'에는 "간다 간다 나는 간다 울릉도로 나는 간다……돛을 달고 노 저으며 울릉도로 향해 보면 고향생각 간절하네"라는 가사가 있다. 또 거문도 죽촌마을에는 울릉도 나무로 만든 집이 몇 채 있고, 독도['독섬']에서 강치[가지, 가제]를 잡고 '애우지름'이라는 강치 기름으로 호롱불을 밝혔다는 이야기가 전해진다. 뿐만 아니라 해변의 자갈밭을 뜻하는 짝지 혹은 작지라는 거문도의 명칭이 울릉도의 지명에도 붙어 있다. 이러한 사실들로 미루어, 거문도를 비롯한 전라도 사람들은 꽤 오랫동안 지속적이고 정기적으로 울릉도 일대를 찾아와 거주했음을 알 수 있다.

실제로 거문도 주민들은 1900년 전후까지 매년 곡식을 배에 싣고 동해를 거슬러 원산까지 가서 명태 등 해산물과 바꿔 돌아오는 물물교환을 하였다. 왕실에 바치는 진상품인 미역과 전복에 대한 관리들의 침탈이 심해져 생계가 어려울 경우 혹은 경제적 이익을 취하기 위해 거문도 주민은 원산에서 돌아오는 길에 울릉도와 독도로 건너갔던 것이다. 또 이규원이 목격했듯이, 그들은 울릉도의 아름드리 거목들로 배와 뗏목을 만들었다. 심지어 그들은 뗏목을 타고 독도로 가서 쇠만큼 단단한 '독도'나무로 쇠못

대용품인 나무못을 만들어 배를 조립하였다. 이때 독도에서 미역과 전복을 채취했을 뿐 아니라 강치를 잡아와 기름을 짰던 것으로 파악된다. 이러한 거문도 주민들에 어로활동은 그와 유사한 조건에 처했던 강원도·경상도 연안의 주민들에 의해서도 행해졌을 것이다.

뿐만 아니라 이규원은 울릉도에 자주 드나들던 사람들도 직접 만났다. 경상도 함양의 사족(士族) 출신으로 약초를 캐고 있었던 전석규(全錫奎)는 울릉도에 들어온 지 10년이 되었던 인물이었다. 따라서 그는 울릉도의 지리에 매우 익숙해서 사람이 살만한 곳과 각종 토산물에 대해 샅샅이 알고 있었다. 이러한 이유로 그는 나중에 이규원의 천거를 받아 도장(島長)으로 발탁되기도 하였다. 또 대구 출신의 박기수(朴基秀)는 중봉에 있는 산신당의 주인이었다. 산신당을 만들어 성황(城隍)의 화상(畵像)을 극히 정결하게 운영하고 있는 점으로 미루어, 그 역시 일시적인 거주자는 아니었을 것이다.

다음으로 이규원은 도방청에서 무단으로 나무를 베고 있던 일본인들을 직접 목격하였다. 이규원이 글로 문답해서 파악한 내용에 의하면, 당시 울릉도에 있던 일본인 수는 78명이며, 2년 전인 1880년부터 울릉도로 와서 나무를 베었는데 4월경에 도착해서 벌목하는 중이었다. 이규원은 1881년 조선 정부가 일본 외무성으로 벌목 금지를 촉구하는 공문을 보냈던 사실을 알고 있는지 여부를 물은 뒤 그들의 불법 행위를 꾸짖었다. 일본인들은 자국의 정부로부터 울릉도 벌목 금지령을 받은 적이 없었으며, 오히려 일본지도에 울릉도를 '마쓰시마[松島]'로 칭할 뿐 아니라 남포 규곡(槻谷)에 마쓰시마가 일본 영토라고 써넣은 푯말이 있다고 변명하였다.

이에 이규원은 조선에 울릉이라는 이름이 수천 년간 전해 내려왔고 조선 정부에서 관리를 파견해 이곳을 수토해왔는데, 조선의 법을 모르고 함부로 나무를 베고 있느냐고 추궁하면서 빨리 되돌아가라고 타일렀다. 아울러 그는 일본인들의 성명과 주소, 푯말을 세운 일본인의 신상과 그 근거를 알아냈다. 이어 이규원은 일본인이 모두 합장하고 머리를 조아리자 이를 울릉도에서 퇴거하는 뜻으로 받아들였으며, 푯말을 확인하기 위해 장작지포로 나아갔다. 그 바닷가 돌길 위에는 1869년[메이지 2]에 일본인 이와자키[岩崎忠照]가 세운 길이 6척, 너비 1척의 푯말이 서있다. 푯말 오른쪽에는 "대일본국송도규곡(大日本國松島槻谷)"이라고 적혀 있었다. 약 13년이나 방치되고 있었던 불법적인 푯말을 발견했던 것이다.

또한 이규원은 울릉도에 읍을 설치할 경우 그 전제조건이 되는 농사지을 수 있는 땅을 상세하게 조사하였다. 나리동은 시냇물이 땅 속으로 스며들어가 밑으로 흐르는 점이 흠이지만 땅이 평탄하고 드넓어서 천 호를 수용할 수 있는 곳이며, 대황토구미·흑작지·도방청 등 7~8곳은 100~200호를 수용할 수 있다고 파악했던 것이다. 그는 울릉도에는 약재가 많고 해산물이 풍부하며, 뽕나무·닥나무 등이 무성하게 자라나고 있는 상황을 확인하였다. 대황토구미와 나리동 등에서 널찍한 돌로 덮개를 하고 사방을 작은 돌로 받친 석물, 즉 지석묘가 많이 있다는 사실을 처음으로 확인하는 성과도 거두었다.

한편 주목할 만한 사실은 이규원이 울릉도에 살고 있는 강치의 서식처, 포획방법, 포획자의 어로활동에 대한 기록을 남겨두었다는 점이다. 그는 향목구미·대황토구미·흑작지·왜선창·와달웅통구미 등의 포구 해안가에 있는 9개의 굴에서 강치가 새끼를 낳아 기르는 모습을 직접 보았다. 울릉도 남쪽에 위치한 현포[흑포]에서 남포로 가는 도중에 조그마한 바위 위에 누워 있는 강치를 목격하기도 하였다. 따라서 강치는 울릉도 북쪽을 중심으로 동·서쪽 윗 지역에 주로 서식했으며, 남쪽 바다 바위에서도 나타났음을 알 수 있다. 또 그는 배 만드는 사람들이 그물이나 총으로 강치를 잡아서 먹는 모습을 보았다. 대체로 커다란 강치는 잡기도 힘들 뿐 아니라 살도 단단해서 먹기 힘들므로, 아마 부족한 식량을 때우기 위해 강치 새끼를 잡아먹었을 가능성이 높다. 관례상 수토관들은 울릉도를 갔다 왔다는 증표의 하나로 울릉도 특산물인 강치 가죽을 중앙에 바쳤기 때문에, 그 역시 강치의 상황을 기록해두었던 것이다.

이러한 수토관들의 관례는 적어도 1895년 1월 수토제도가 폐지되고 전임 도장제가 실시되기 이전까지 지속되었다. 그러나 울릉도가 개척되고 주민들이 늘어나면서 점차 강치는 사라졌으며, 독도가 강치의 최대 서식처로 남게 되었다. 뒤에서 살펴보겠지만, 1904년 러일전쟁을 전후해서 일본인들은 강치잡이에 대한 독점허가권을 획득한다는 빌미로 독도를 불법적으로 일본 영토로 편입하였다.

이처럼 이규원은 울릉도에 대해 상세하게 조사한 뒤 6월 26일(5/11) 산신에게 제사를 올리고 오전 9시경 울릉도를 떠났다. 구산포를 향하는 바닷길 역시 바람이 불고 물이 거꾸로 흘러서 많은 고초를 겪었다. 이로 말미암아 울릉도로 갈 때보다 5시간이 더 걸려 그 다음날 밤 10시쯤에야 비로소 구산포로 돌아왔고, 그나마 3척의 배들 가운데 종선 한 척은 하루 뒤에 도착하였다. 이규원은 중앙에 무사히 귀국했다고 보고한 다음 30일 평해를 출발했는데, 울릉도 갈 때와 달리 울진·삼척·강릉·대관령을 넘어 횡계·원주·광주를 거쳐 7월 12일 서울에 도착하였다.

이규원은 검찰 보고서인 서계와 별단, 그리고 「울릉도외도」와 「울릉도내도」 등의 지도를 미리 올렸고, 7월 19일(6/5) 국왕을 알현하였다. 이 자리에서 그는 진(鎭)이나 읍을 설치할 수 있는 가장 적합한 장소로 나리동을 꼽았으며, 골짜기에 100~200호를 수용할 만한 6~7곳이 있다고 보고하였다. 울릉도를 개척하면 백성이 따르겠느냐는 고종의 물음에 뱃사람이나 약초 캐는 사람들이 기꺼이 따르겠다는 의사를 갖고 있다고 답하면서도, 너무 서두르지 말고 먼저 백성들에게 허락하고 마을을 이루는 상황을 살펴본 뒤에 조처해야 한다는 의견을 내놓았다. 일본인들이 푯말을 세우고 '송도'로 부르는 등 울릉도를 자국의 영토로 여기고 불법 행위를 저지르는 일에 대해서는 일본공사 하나부사뿐 아니라 일본 외무성에도 항의 문서를 보내야 한다고 건의하였다.

또 국왕이 이러한 뜻을 총리대신과 현임 대신들에게 말하면서 "비록 작은 땅이라도 버릴 수 없다"고 단호하게 영토 수호의 의지를 내비추자, 이규원 역시 "비록 한 자 한 치의 땅이라도 조종(祖宗)의 강토이니 어찌 버려지는 것을 보고만 있겠습니까"라고 동의하는 태도를 취하였다. 즉, 국왕은 이규원의 보고를 통해 검찰사 파견 당시 이미 결정했던 울릉도 개척을 강력하게 추진하기로 결심했던 것이다.

그러나 국왕의 적극적인 의지가 있었음에도 울릉도 개척은 곧바로 이뤄지지 못하였다. 아마 국왕은 통리기무아문에 개척방안을 강구하라는 지시를 내렸을 것이지만, 이규원이 국왕에게 보고한 지 나흘만인 7월 23일(6/9) 임오군란이 일어나면서 통리기무아문이 폐지되는 등 커다란 정치적 변동이 있었기 때문이다. 따라서 임오군란이 수습되고 한 달이 지난 1882년 10월 1일(8/20)에야 비로소 영의정 홍순목(洪淳穆)은 울릉도 개척방안을 제시하였다. 통리기무아문이 폐지된 상황에서 영의정이 직접 개척방안을 건의했던 것으로 여겨진다. 이는 정치적 혼란의 와중에서도 울릉도 개척이 매우 시급하고 중대한 과제로 인식되고 있었음을 잘 보여준다.

홍순목은 먼저 주민을 모집해 개간하고 5년 후부터 세를 정해 걷는다면 스스로 점차 마을이 형성될 것이며, 호남·영남의 조운선이 울릉도에서 목재를 취해 배를 만들도록 하면 사람이 많이 모이게 될 것을 현실적인 방안으로 내놓았다. 아울러 관리인이 없으면 폐단을 막기 어려우므로 근실하고 능력 있는 사람을 검찰사에게 문의해 일단 도장으로 임명·파견하고, 규칙과 규모를 만들어 시행함으로써 훗날 진을 설치할 기반을 마련해야 한다고 건의하였다.

홍순목의 건의는 국왕의 허락을 받아 울릉도 개척 방침으로 확정되었다. 이에 따라 곧 검찰사 이규원의 천거로 전석규가 초대 울릉도 도장에 임명되었다. 앞에서 서술했듯이, 이규원이 울릉도에서 만났던 전석규는 10

년간 머무르면서 울릉도의 각종 사정에 정통하다는 평가를 받았던 인물이었다. 이어 지방관제상 울릉도는 울진현에서 평해현으로 이속되었고, 평해군수가 울릉도 개척 사업을 주관하도록 하는 조치가 이루어졌다. 즉, 울릉도 개척사업은 강원도관찰사의 지휘 아래 평해군수가 현지 사정에 밝은 도장 전석규와 협의하면서 추진되는 체계가 형성되었던 것이다.

울릉도 개척정책과 관련해서 빠뜨려서는 안 될 사실은 1883년 4월 22일 (3/16) 변법개화파의 영수였던 외아문의 참의 김옥균이 '동남제도개척사(東南諸島開拓使)'라는 직책에 임명되었다는 점이다. 이는 외세의 영토 혹은 이권 침탈에 대응해서 조선 동남쪽의 여러 섬들, 울릉도와 독도를 비롯한 섬을 개척·관리함과 동시에 동해의 고래잡이를 관장하는 직책이었다. 당시 임오군란으로 중국의 영향력이 강화되는 상황에서 반중(청) 자주의식을 강하게 지녔던 김옥균 등의 변법개화파는 재정확보 문제를 둘러싸고 당오전 발행을 주장하는 민씨 척족과 날카롭게 대립하고 있었다. 따라서 김옥균은 자신의 직책을 활용해서 일본 정부로부터 차관을 얻고 개척사업 등을 추진하려고 노력했지만, 일본의 비협조로 실패하고 말았다. 이에 김옥균은 일본의 민간회사와 계약을 체결해 울릉도 산물의 채취·운송·판매권을 담보로 울릉도 주민에게 식량을 공급해주고 개척자금을 마련하였다. 아울러 울릉도에서 불법으로 나무를 운반해 오는 배를 단속해 압류했으며, 울릉도 목재를 판매해 자본을 모아 주일 조선공사관을 건립하고 산업자본으로 활용하려는 계획을 세우기도 하였다.

울릉도와 그 주변의 섬들도 모두 포괄하는 '동남제도'라는 김옥균의 직책명에는 근대적인 영토의식이 담겨져 있다. 이는 김옥균이 1894년 상하이로 가기 직전까지 갖고 있던 「조선여지도(朝鮮輿地圖)」에서도 잘 나타난다. 이 지도에는 조선과 중국·러시아의 국경선 경계가 선명하게 그어져 있고 일본은 색깔을 달리해 구분했으며, 비록 울릉도와 독도가 '죽도'·'송도'로 표기되었지만 강원도 구역으로 확실하게 표시되었을 뿐 아니라 '송

도'를 의도적으로 조선의 영토
에 포함시키기 위해 지도 동
쪽 끝 부분에 공간을 마련해서
넣으려고 애쓴 흔적이 보인다.
즉, '동남제도'에는 개항 후 일
본 등 열강의 침략에 대비해서
울릉도와 독도의 영해권을 확
립해두려는 의도가 반영된 것
이었다. 이와 짝해서 「조선여
지도」 왼쪽 윗부분에 박영효가
쓴 '소융삼보(紹隆三寶)', 즉 '왕
권·국토·국민' 등 삼보를 보
전해서 융성케 하자는 제자(題

김옥균의 「조선여지도」(1894)

字)도 개화파의 의식과 지향점을 표명했다는 점에서 눈여겨 볼만하다.

한편 김옥균이 동남제도개척사에 임명된 후 곧바로 강원도관찰사는 울
릉도에 주민을 이주시키고 선박·사공을 비롯해 곡식 종자와 종자소, 식량
과 개간 장비, 생활용품, 그리고 주민을 보호하기 위한 무기 등을 마련해
주었다. 여기에 어업에 관계된 물자가 포함되지 않은 점으로 미루어, 개척
민들은 어업이 아니라 농업 이민의 성격을 띠고 있었다고 판단된다. 두 차
례에 걸쳐 울릉도로 이주한 16호 54명을 출신별로 보면, 강원도 7호, 경상
도 6호, 충청도 2호, 경기도 1호 등이었다. 그들은 대황토구미·현포 등지
에서 터전을 잡고 개간과 영농에 종사하였다. 정부에서 공적으로 이주시
킨 이들 외에 이미 울릉도에 거주하고 있었던 사람들도 개척에 참여했을
것이다.

이와 동시에 정부는 전석규를 도장으로 파견해 울릉도 개척을 관할하고
일본인의 불법 행위를 단속하도록 조치하였다. 그러나 도장은 강원도관찰

사로부터 발령을 받는데다가 관원의 권한을 가지고 있지 않은 탓에 사무를 담당할 하급 관원이나 경비조차 지원받지 못하였다. 이에 1884년 4월 10일(3/15) 정부는 삼척영장에게 현지를 답사해 관수(管守)가 입주할 수 있는 방법을 마련하되, 그 직명을 울릉도첨사 겸 삼척영장으로 결정한 첨사제를 실시하였다. 현지인 도장제를 폐지하고 정부 관원을 제도적으로 배치한 것이었다. 그해 1884년 8월 20일(6/30)에는 삼척영장 대신에 평해군수로 하여금 겸직하도록 바뀌었다.

1888년 3월 18일(2/6)에는 울릉도가 바닷길의 요충이라는 점을 감안해서 평해군 월송진의 만호(萬戶)직을 신설해 울릉도 도장을 겸임토록 하였다. 이로써 첨사제는 다시 도장제로 변경되었지만, 종래의 첨사제나 도장제와는 달리 종4품의 정부 관원으로 임명함으로써 개척과 행정 업무를 강화했던 것이다. 도장제 역시 겸임이기 때문에 상주하지 않고 음력 3월에 울릉도로 들어가 7~8월에 돌아왔으므로, 현지인을 도수(島守)로 삼아 도장이 자리를 비울 때에 그 업무를 대행토록 하였다. 겸임 도장은 해마다 울릉도를 수토·관리했는데, 종래와 마찬가지로 지도와 토산물을 바치고 호수(戶數)·남녀인구·개간면적을 중앙에 보고하는 등 개척사업을 적극적으로 추진해나갔다.

또한 정부는 1892년에 선전관 윤시병(尹始炳)을 울릉도검찰관으로, 1893~1894년에 평해군수 조종성(趙種成)을 수토관으로 임명·파견하는 등 중앙과 지방의 관원으로 하여금 울릉도 개척사업을 점검하였다. 울릉도에 흉년이 들거나 새와 쥐떼에 의한 농작물의 피해가 많을 때에는 양식을 지원하고, 이주와 개간을 장려하기 위해 부세·요역도 감면해주었다. 또 평해군에서 관아의 하급 관리와 장교들이 파견·배치되어 행정업무를 맡았다. 하지만 도장이나 관리들이 비용을 충당하기 위해 주민들에게 세금을 거두면서 점차 부정과 부패를 저질러 커다란 민폐를 끼치기도 하였다.

이처럼 울릉도 개척은 우여곡절을 겪었지만, 1893년에 울릉도의 호수는 200여 호로 늘어났다. 그러나 일본인의 불법행위가 여전히 줄어들지 않았고, 겸임 도장제로 행정도 원활하게 시행되지 않았다. 따라서 종래의 수토제도를 폐지하고 전임 도장제를 실시해야 한다는 의견이 정부와 울릉도 내에서도 제기되었다. 그 결과 1895년 1월 정부는 경상도위무사 이중하(李重夏)의 건의를 받아들여 강원도·경상도의 울릉도 수토선원과 세간살이를 폐지하기로 결정하였다. 이로써 조선 후기부터 이어져 내려왔던 울릉도 수토제도는 막을 내리게 되었다.

수토제도의 후속 조치로 내부대신 박영효는 월송포 만호의 울릉도장 겸임을 해제하고 전임 도장으로 하여금 울릉도 업무를 관장함과 동시에 매년 수차례 배를 보내 울릉도의 형편과 도민의 상황을 살피라는 조치를 취하였다. 그해 10월에는 내부대신 박정양의 건의로 도장제는 도감(島監)제로 바뀌었고, 도감에 인천 영종도 출신으로 개척 초기부터 울릉도에 들어갔던 배계주(裵季周)가 판임관 대우로 임명되었다. 이러한 정책은 조선에 대한 일본의 영향력을 무시할 수 없었던 상황에서 펼쳐졌다는 점에서 당시 정부가 얼마나 울릉도 개척에 관심을 갖고 있었는가를 잘 보여준다.

그러나 아관파천 등 정치적 격변으로 배계주는 1896년 9월 20일이 되어서야 발령을 받았고, 그마저도 배편 사정이 좋지 않아서 그 다음해 5월에 울릉도에 도감으로 부임하였다. 더군다나 판임관 대우를 받는 도감은 울릉도민 중에서 임명되었지만, 아직 지방관제에 편입되지 않았기 때문에 정부로부터 급여도 지급받지 못했고 행정관원은 배정되지도 않았다. 따라서 1898년 5월 의정부참정 겸 내부대신 박정양은 울릉도에 277호, 남녀인구 1,137명과 4,774두락의 개간한 토지가 있다는 배계주의 보고에 근거해서 울릉도를 지방제도 안에 편입하는 것이 타당하다는 건의안을 올렸다. 이로써 울릉도는 지방관제에 편입되었으나 여전히 자치적 성격을 크게 벗어나지는 못하였다.

이러한 상황에서 울릉도에서 일본인의 불법적인 어업과 벌목행위는 크게 늘어났으며, 주민들에게 횡포를 부리는 등의 작폐도 잦아졌다. 이를 막기 위해 도감 배계주는 일본까지 건너가 위법행위를 저지른 일본인을 찾아내 재판을 걸기도 했지만, 예심에서 증거불충분으로 면소판결이 내려졌다. 이에 그는 주일공사 이하영(李夏榮)을 면담하면서 울릉도의 형편을 상세히 토로하고 일본인들의 작폐를 방치할 경우 조만간 도민과 수목을 지키기 힘들다고 호소했으며, 울릉도에 학교를 세워 양잠과 제염사업을 일으키고, 울릉도와 본토 사이에 운행할 항해선을 개량할 것 등의 문제를 상의하였다. 울릉도에는 내륙을 왕래할 수 있는 선박이 없었기 때문에 일본인의 불법행위를 신속하게 정부에 알릴 방법이 없었던 사정을 토로했던 것이다. 아울러 귀국 후 그는 정부에도 자신의 활동을 보고하고 지원을 요청하였다.

정부 역시 여러 차례 일본 정부에 항의했지만 일본인의 불법행위는 여전히 단절되지 않았다. 따라서 1899년 5월 정부는 배계주를 도감으로 재임명하고, 그와 함께 부산 해관세무사서리 프랑스인 라포테(E. Laporte)를 울릉도로 보내 진상을 파악하도록 조치하였다. 라포테 등은 200여 명의 일본인들이 울릉도에 살면서 나무를 몰래 반출하고 상품을 밀매하며, 거래할 때 창과 칼을 휘두르는 등 횡포를 부려 주민들이 불안하고 두려움을 느끼고 있다는 보고를 올렸다. 이에 정부는 라포테의 보고서 등에 근거해 일본 정부에 울릉도 거주 일본인을 철수해달라고 요청하였다. 그해 9월 이전과 달리 주한 일본공사 하야시[林權助]는 한국 정부의 요구를 받아들였다. 이는 그 직전에 1896년 러시아인 브린너(Y. L. Brynner)가 울릉도 삼림채벌권을 부여받은 사실을 일본 정부에게 통고하면서 일본인의 벌목 금지를 강력하게 항의한 데 따른 것이었다.

한편 1899년 9월 정부는 울릉도의 현황을 자세히 조사하기로 결정하고, 12월에 내부시찰관 우용정(禹用鼎)을 울릉도시찰위원에 임명하였다. 이러한 상황에서 도감 배계주는 일본인들이 울릉도에서 퇴거할 기미가 없는

데다가 불법행위를 고소하기 위해 상경하려는 자신을 방해한다고 보고하였다. 이를 근거로 정부가 일본공사 하야시에게 항의하자, 그는 일본인들이 체류할 수 있는 명분을 확보할 의도로 양의 관리를 파견해 실상을 공동으로 조사하자는 안을 내놓았다. 그 결과 1900년 5월 29일 한국 측의 우용정을 비롯한 동래감리서주사 김면수(金冕秀), 부산 해관세무사서리 라포테 등과 일본 측의 부산주재 일본영사관보 아카쓰카[赤塚正補], 통역담당의 경부 와타나베[渡邊鷹治郎] 등은 부산을 출발해 그 다음날 울릉도에 도착한 뒤 6월 5일까지 일본인들의 불법행위에 대해 공동조사를 벌였다. 이외에도 우용정은 주민들이 내륙으로 왕래할 선박을 구입할 수 있도록 자금을 변통해주었고, 울릉도의 호구와 경작면적 등의 실태를 조사하였다.

우용정은 서울로 돌아온 뒤 직접 혹은 공동 조사사항과 직접 조치한 내용, 그리고 정부의 향후 대책을 담은 보고서를 내부대신 이건하(李乾夏)에게 제출하였다. 그의 향후 대책은 일본인들의 체류는 갈수록 폐해가 클 뿐만 아니라 그 자체가 조약에 위배되므로 일본 측과 빨리 담판해 그들을 철수시켜 주민과 삼림을 보호할 것, 도감 아래에 관원이 없어 행정을 펼치기 곤란한 상황이므로 울릉도 관제를 개편해 관원을 배정하고 그에 따른 비용은 세금을 거두어들이거나 미역 채취세의 증세를 통해 충당할 것 등이었다.

이에 정부는 일본공사관에 공동조사 사항을 논의하자고 여러 차례 요청했지만, 일본 측은 거듭 연기하다가 그나마 열린 회의에서도 시종일관 한국의 일본인 즉각 퇴거 요청을 온갖 핑계로 거부했기 때문에 타협이 이뤄질 수가 없었다. 오히려 일본 측은 일본인들이 퇴거할 경우 주민들의 생활이 곤란해지고 한국 정부도 세금 징수상의 결손을 초래할 수 있으며, 조약 규정 이외의 지역인 비개항장 혹은 개시장에 거주하는 많은 외국인들을 그대로 둔 채 울릉도 거주 일본인만의 퇴거를 요구하는 데 동의할 수 없고, 일본인의 울릉도 체류가 조약 규정 외의 일이지만 이미 관습화된 책임을 한국 정부가 져야한다는 등의 궤변을 늘어놓았다.

그럼에도 정부는 일본인들을 울릉도에서 퇴거시켜 일본영사관으로 인도할 힘도 없었고, 또 도감이 여전히 자행되고 있던 일본인의 무단 벌목을 저지할 수 있는 행정력을 갖추고 있지 못했기 때문에, 문제가 해결될 기미는 보이지 않게 되었다. 그렇다고 이를 마냥 방치할 수도 없다고 판단한 정부는 울릉도의 관제 개편을 본격적으로 추진하였다. 관제 개편의 필요성은 이미 정부 내에서 널리 인식되었기 때문에, 우용정이 파견되기 이전부터 개정 준비가 이루어졌던 것이다. 1900년 2월 말경 내부가 의정부에 제출했다고 알려진 울릉도 관제 개정건을 살펴보면, 도감은 감무(監務)라 개칭하고 주임관으로서 내부 지방국장의 지휘를 받으며, 5년 임기의 감무 아래 도장 1인·서기 2인·통인(通引) 2명·사명(使命) 2명 등을 두고, 임기가 차거나 중도에 바꿀 경우 섬 안 각 동의 집강(執綱)이 연서로 서명해 도장 중 명망 있는 사람을 뽑아 내부에 보고하며, 도장은 울릉도민 중 평소 명망이 뛰어난 자를 투표해 다수결로 뽑되 임기는 3년이고, 관리의 봉급은 호구와 전결(田結)을 조사·계산한 뒤 도민의 공의(公議)를 따라 결정·지급한다는 내용이 담겨 있다.

그러나 이 관제는 우용정의 파견이 이미 결정된 상황에서도 곧바로 시행되지 않은 듯하다. 이로부터 8개월 정도 지난 10월 22일 내부가 우용정의 보고서 등을 참작해서 정식으로 의정부에 '울릉도를 울도로 개칭하고 도감을 군수로 개정하는 것에 관한 청의서', 즉 설군청의서(設郡請議書)를 제출했기 때문이다. 그 청의서에 의하면, 울릉도는 호수 400여 호, 개간된 토지가 1만여 마지기, 1년 농산이 감자 2만여 포·보리 2만여 포·콩 1만여 포·밀 5,000여 포 등으로 내륙의 산군(山郡)과 비교해 큰 차이가 없으며, 외국인들이 왕래 교역하고 있으므로 현행의 도감 체제로는 행정을 펼치는 데 장애가 된다는 점 등을 이유로 울릉도에 군을 두자는 것이었다.

마침내 1900년 10월 25일에 의정부는 설군청의서를 의결하고 칙령 제

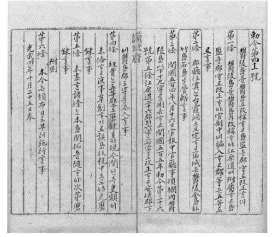

대한제국 칙령 41호와 이것이 게재된 『관보』(1900.10.27)

41호로 황제의 재가를 받았다. 이 칙령의 제1조는 울릉도를 울도라 개칭해 강원도에 부속하고 도감을 군수로 개정해 관제 중에 편입하며 군등은 5등으로 한다는 내용이다. 종래 판임관 대우로 울릉도민 중에서 임명되었던 울릉도 도감과 달리 울도 도감은 중앙으로부터 주임관(奏任官)인 군수가 파견되었으며, 최하급인 5등급의 군(郡)이지만 군수 외에 총 19명의 직원을 둠으로써 행정다운 행정을 펼칠 수 있게 되었다. 제2조는 군청의 위치는 태하동(台霞洞)으로 정하고 구역은 울릉전도(全島)와 죽도(竹島)·석도(石島)를 관할한다는 것이다. 종전의 이름인 울릉도가 아니라 '전도'라고 규정한 것은 울릉본도와 이에 부속된 죽도·석도를 제외한 작은 섬과 바위들까지 망라한다는 근대적인 영토인식이 담겨져 있다. 죽도는 오늘의 죽(서)도[댓섬]이며, 석도는 현재의 독도를 가리킨다. 칙령 41호는 무릇 법률 명령은 관보로써 반포한다는 공문식(公文式)에 따라 10월 27일에 『관보』에 게재됨으로써 대내외에 널리 반포되어 효력을 발휘하게 되었다.

이처럼 대한제국 칙령 41호에 의해 울릉도가 울도군으로 승격된 지 2년이 안 된 1902년 4월 내부는 내부대신과 총리대신 윤용선(尹容善)의 재가

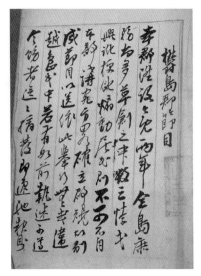

울도군절목(1902)

를 받아 일종의 행정지침인 '울도군 절목(節目)'을 울도군수 배계주에게 하달하고, 절목의 뜻을 한글로 번역해 각 마을에 게시해 모두 알 수 있도록 함으로써 각별히 유념해 거행하라고 지시하였다. 이 절목에는 울도군민의 기강을 바로잡고 일본인의 무단 벌목을 특별히 금지할 것, 울도군민이 가옥과 전토를 외국인에게 몰래 매매하는 일을 엄격히 다스릴 것, 개척을 장려하기 위해 세금을 면제하고 경작지를 매매하지 말 것을 비롯해 관청의 민폐 금지, 군수와 수하의 관리에 대한 규정 및 급료 규정, 상선 및 화물에 대한 징세, 관선 마련을 위한 대책 등이 상세하게 규정되어 있다. 따라서 울도군절목은 대한제국이 칙령 41호를 선포한 후 울릉전도와 죽도·석도를 실효적으로 경영하고 있었다는 사실을 잘 보여준다.

Ⅱ. 해안 방어정책과 해군사관학교 설립

19세기 중반 전후 서구 열강이 바다를 통해 동아시아에 본격적으로 진출하는 상황에서 중국을 비롯한 동아시아 3국에서는 해방론(海防論)이 제기되었다. 중국에서는 전통적으로 육지를 통해 침략해 온 북방 이민족을 방비하려는 육방론(陸防論)·새방론(塞防論)과 짝해서 왜구나 서구 해상세력에 대비해 해안 방어를 강화하자는 해방론이 등장하였다. 그러나 당시의 해방론은 동아시아 국가들보다 훨씬 월등한 군사력을 갖춘 서구 제국주의 국가의 침략을 막아내야 한다는 점에서 종전과 차원을 달리하는 것이었다.

조선에서도 이양선이 빈번하게 출몰하고 천주교가 확산되면서 중국에서 유입된 『해국도지』·『영환지략』 등의 영향으로 해방론이 대두되었고, 병인양요·신미양요 등을 겪으면서 연안 방어의 필요성이 관심으로 떠올랐다. 이에 대외위기 의식이 고조되었던 흥선대원군 집권 기간에는 도성을 방어하는 외에 경기 연해의 방어를 위해 그 전초기지인 강화도의 진무영(鎭撫營) 병력을 증강했을 뿐 아니라 지방포군을 강화하는 데 힘을 쏟았다.

그러나 친정을 시작한 고종은 궁궐 수비에 역점을 두어 무위소(武衛所)를 설치하면서 흥선대원군의 군사적 기반이었던 기존의 군영을 약화시켜 나갔다. 이로 말미암아 진무영 등의 지위는 격하되고 운영비도 감소되어 경비를 충당하기는커녕 병사들의 봉급마저 지급하지 못할 정도였다. 1882년에는 병력 규모마저 절반으로 줄어들고 말았다. 그 결과 진무영 병사들은 훈련도 제대로 이뤄지지 않아 오합지졸로 전락했고, 포를 비롯한 무기들도 불량인 채 방치되어 도저히 해양을 방위할 수 없는 형편이 되었다.

한편 중국은 임오군란을 진압한 후 3,000명의 군대를 조선에 주둔시키고 고문관을 파견함으로써 조선의 내외정을 간섭하기 시작했고, 심지어 조선을 자국의 속국으로 규정한 조청상민수륙무역장정을 강제로 맺었다. 그런데 이 장정의 제7조에는 중국의 병선(兵船)이 조선 해안에서 순행하는 동시에 각 지방의 항구에 정박할 수 있다는 중국 군함의 연해순찰권과 정박권이 들어 있었다. 이는 중국이 자기나라를 지키기 위한 전방기지로 삼으려는 의도가 반영된 것으로 조선의 해방을 담당하겠다는 선언이었다. 실제로 위안스카이는 강화도에서 500명의 병사를 모집·훈련시키기도 하였다.

이처럼 조선의 해방권이 중국으로 넘어가는 상황에서 중국은 프랑스와
교전할 때 조선군이 조선의 항구에 정박할지도 모를 프랑스 군함을 공격
하지 않을 경우 중국군을 조선 연해에 주둔시킬 것이라는 위협도 서슴치
않았다. 이에 1884년 1월 통리군국사무아문은 약화된 해방체계를 정비하
는 조치를 취하지 않을 수 없었다. 경기도 연안지방의 해방 병포(兵砲) 훈
련을 통합시키기 위해 기연해방영(畿沿海防營)을 설치하고, 동래와 덕원 등
지의 군비를 강화하는 등 수도권 및 연안지역의 방어체제를 강화했던 것
이다. 당시 고종은 경기도 부평에 기연해방영을 설치하고 연해의 사병을
인천항에 집결시켜 미국 군함에 근무하는 교관을 초빙해 훈련시키려고 계
획했다고 전해진다.

기연해방영은 육군과 수군으로 편성되었고, 경기뿐 아니라 충청·황해
지역의 수군에 대한 작전통제권도 갖고 있었다. 종전에 이 지역을 통할했
던 통어영의 권한도 부여받은 것이다. 또 기연해방영은 다른 중앙군영과
달리 1품아문의 높은 위상을 지녔으며, 그 총관에 임명된 민씨 척족의 실
력자인 민영목(閔泳穆)은 병조판서·외아문독판·강화유수 등을 겸임하기
도 하였다. 비록 때늦은 감은 있지만, 이는 국왕과 정부가 해안 방어를 위
해 얼마나 관심을 쏟았는가를 잘 보여준다.

그러나 이러한 노력은 갑신정변으로 조선에 대한 중국의 영향력이 막강
해지면서 곧 수포로 돌아가고 말았다. 고종은 중국의 간섭에 대응해 통리
군국사무아문의 후신으로 내무부(內務府)를 설치하고 친군별영을 창설했
지만, 자신의 신변안전을 도모하기 위해 기연해방영을 부평에서 용산 만
리창 터로 옮기고 해방경아문(海防京衙門)으로 이름을 바꾸었기 때문이다.
이후 친군별영에서 모집했던 병정들을 해방영으로 이속시키는 조치가 취
해졌지만, 경기 연안 방비의 공백을 메우기에는 역부족인 실정이었다.

1885년 말 주차조선총리교섭통상사의라는 막강한 직함을 갖고 조선에

부임한 위안스카이는 중국 병선이 해관장정을 지키지 않아도 좋다는 등의 병선장정을 체결하였다. 이에 정부는 해방경아문을 용산에서 남별영으로 옮기고 개성에서 새로 선발·훈련시키던 병사들도 해방영으로 이속시켰으며, 친군기연해방영으로 개칭하였다. 그 후 고종은 위안스카이의 폐위음모 등으로 신변에 불안을 느낀 나머지, 자신이 이동할 때 친군기연해방영의 군사들로 하여금 시위하도록 한 데 이어 입직의 임무마저 담당하도록 조치하였다. 당시 중앙군의 핵심세력인 친군이 모두 중국의 영향 아래에 있었기 때문이다.

1888년 고종은 미국인 군사 교관 다이(William Mc. Dye) 등의 부임을 계기로 기존의 친군영을 3개 영으로 통폐합하는 군제개혁을 단행함으로써 중국군의 영향력을 약화시키려고 시도하였다. 하지만 친군기연해방영도 친군전영·우영과 함께 통위영으로 통합되었기 때문에, 외세에 침입에 대비해 경기 연해의 해방을 담당한다는 원래의 목적과 달리 도성방위와 궁궐 수비에 투입되어 해방을 위한 군사력은 실제로 사라지고 말았다.

한동안 무방비 상태에 놓여 있었던 연안 방어는 1893년에 다시 재정비되기 시작하였다. 고종이 각도에 육군은 설치되었지만 연해의 요충지에는 방비가 소홀한 사정을 새삼 깨닫고 통어영을 남양부로 옮겨서 해연총제영(海沿總制營)을 설치하라고 지시했던 것이다. 이로써 해연총제영은 진무영과 강화유수를 포괄하게 되면서 종전에 연해 방어를 담당했던 기연해방영의 면모를 되찾게 되었다. 특히 정부가 총제영을 해군아문(海軍衙門)이라고 부르면서 그 업무와 기능을 강화했던 사실은 독자적으로 해군을 육성·총괄하기 위한 사전 작업이었다는 점에서 주목할 만하다.

이와 짝해서 정부는 해연총제영을 설치하기 직전인 1892년 12월 경기 연해지역에서 수군을 훈련시킨다는 계획 아래 영국총영사 힐리어(Walter. C. Hillier)에게 교관 파견을 요청하였다. 그러자 힐리어는 계약기간 2년, 연봉 5,000원, 왕복여비 부담, 총세무사에 의한 봉급 지급, 사전 계약서 작성 등

의 조건을 내놓았다. 이에 1893년 2월 외아문독판 조병직(趙秉稷)은 해군장
교의 초빙조건을 수락하면서 공식적으로 수군교사(水軍敎師)의 고용을 의
뢰하는 문서를 보냈다.

힐리어로부터 조선 정부의 제안을 전달받은 베이징주재 영국공사 오코
너(Nicholas R. O'Conor)는 한달 뒤 본국 정부에 이 사실을 보고하였다. 그런
데 힐리어가 오코너에게 보낸 문서에 의하면, 조선 정부는 중국 해관 하트
(Robert Hart)가 중국 해관 소속 경비함 한 척을 조선 정부에 대여하고 해군
사관과 수병을 교육시키자는 조선 해관 총세무사 모건(F. A. Morgan)의 제의
를 받아들였으며, 해군 교관의 파견은 즉각 응할 필요가 없다는 의견이 덧
붙여져 있었다. 조선은 돈도 없고 해군을 만들려는 뜻도 없는데, 막대한 자
금을 필요로 하는 국왕의 구상 중 하나인 이 일은 다른 일과 마찬가지로
곧 포기하게 될 것이라는 부정적인 판단을 내렸기 때문이다. 이로 말미암
아 영국 정부는 중국·일본과의 이해관계를 고려해 해군장교의 파견을 수
락하지 않은 채 답변 자체를 미루게 되었다.

이러한 실정을 감지했는지 정부는 힐리어에게 이미 해연총제영을 설립
했으며 해방학당(海防學堂) 혹은 해군학당을 세워 학도를 선발한 후 대포와
수뢰에 관한 기술을 가르치려 한다는 것, 기선 1척을 구입할 예정이라는
것, 영어교사를 고빙해 해군 교관이 도착하기 전까지 학도들에게 영어를
가르쳐 교육을 받는 데 편리하도록 한다는 것 등의 구체적인 계획을 제시
하였다. 영국인 해군 교관을 초빙해 해연총제영의 수병을 훈련시키는 데
머물지 않고 해군 사관을 양성하고 군함을 구입해 근대적인 해군을 육성
하겠다는 입장을 밝혔던 것이다.

이에 영국도 조선의 공식 제의를 마냥 방치할 수 없었기 때문에 1893년
5월 조선의 해안 경비함을 지도할 예비역 해군장교 한 명을 선발하겠다는
방침을 결정하고, 오코너로 하여금 조선의 상황을 타진하도록 조치하였다.
곧 오코너는 직접 고종을 알현했고, 이 자리에서 고종의 해군창설 의지를

확인하고 조선이 이미 해군을 훈련을 시키려고 준비하고 있다는 사실도 알게 되었다. 그는 고종이 영국의 해관사관을 지원받지 못할 경우 미국 혹은 독일, 어쩌면 러시아에게도 요청할 것이며, 러시아에 요청할 경우 그 결과는 매우 위험해질지도 모른다는 보고서를 올렸다. 만약 미국과 독일이나 러시아가 조선의 해군창설을 지원해 조선해역에 대한 영향력을 행사할 경우, 조선에서 영국의 불이익이 심화될 수 있다는 것이다.

이러한 정부의 노력이 효과를 거둔 듯 영국의 입장도 점차 달라졌다. 오코너가 서울을 떠난 후 힐리어는 외아문독판 남정철(南廷哲)과 군사 교관 고용계약서를 준비하였다. 이 고용계약서의 초안에는 조선 정부가 지금 해군영을 창설하고 학당을 설립해 항해학, 군사교련과 해안방위를 위한 제반 사항을 교육시킬 학도들을 입교시키고자, 영국 수사(水師) 한 명의 초청을 제의하고, 수사해방학당(水師海防學堂)의 교습을 맡기고자 한다고 쓰여 있다.

여기에서 주목할 점은 정부가 총제영학당의 명칭을 '수사해방학당'으로 명기했다는 점이다. '수사'는 '수군교사'의 줄임말로 근대적 해군 장교 혹은 군사 교관을 의미한다. 이처럼 총제영학당과 수사해방학당의 명칭이 혼용되고 있는 것은 근대식 해군의 창설을 준비하면서 통일된 용어가 없었던 탓이라고 생각된다. 이 초안의 영문에는 '해군학교(Naval School),' 다른 영국 문서에는 '해군사관후보생학교(School of Naval Cadets) 등으로 기록되어 있다. 비록 명칭은 서로 달랐지만, 이들 모두 오늘날의 해군사관학교와 동일한 개념으로 사용되었던 것이다. 이로 미루어 정부가 총제영학당을 설립한 기본목적은 근대식 해군을 편제하고 군함에 승무할 사관을 양성하기 위해 군사교육을 실시하는 데 있었음을 알 수 있다.

오코너는 조선 정부가 작성한 초안을 본국 외무부에 보고하면서 여러 가지 이유로 30~35세 사이의 대위급이 중령 혹은 그 이상의 사관급보다 좋겠다는 의견을 덧붙였다. 이는 영국이 일본·중국에 파견한 해군장교의 직급과 규모 면에서 훨씬 낮은 것으로, 조선에 고급장교를 파견할 필요가 없다고 판단했음을 보여준다. 이에 따라 외무부로부터 사무를 전달받은 해군부는 위관급 장교로 퇴역한 후보자를 물색하고 그 외에 조교관 1명을 추가하는 고빙조건을 제시하였다. 그해 7월 정부는 힐리어를 통해 이 제의를 받아들였다.

그럼에도 영국 정부는 조선 정부가 수차례 독촉한 다음인 1894년 2월에야 비로소 예비역 해군 대위 콜웰(William H. Callwell)과 하사관 커티스(James Curtis)를 교관으로 선정·파송했다고 통보하였다. 계약기간은 조선 도착일로부터 2년간, 연봉은 멕시코 금화 5000불, 부임과 귀국 여비 각각 금화 700불, 관사 제공 등이었다. 1894년 3월 콜웰 등은 영국을 출발해 4월 초 조선에 도착해 강화도에 머물다가 5월에 외아문독판대리 김학진(金鶴鎭)에게 부임을 신고한 뒤 곧이어 고종을 알현하였다. 정부가 힐리어에게 요청한지 1년이 훨씬 지나서 마침내 영국인 군사 교관이 조선에 도착·고용되었던 것이다.

군사 교관 교섭과 별도로 정부는 힐리어의 추천을 받아 총제영학당에서 영어를 가르칠 교관으로 영국인 허치슨(W. F. Hutchison)을 고빙하였다. 그 시기는 확실치 않지만, 군사 교관에 대한 교섭이 이뤄지던 1893년 10월경으로 추정된다. 정부는 힐리어에게 제시했던 해군 육성 계획안을 실행에 옮긴 것이었다. 허치슨은 영국 교장자격증을 보유한 전문교육가로 우정국 고문으로 취임하기 위해 조선에 왔으나 1884년 12월 갑신정변으로 우정국이 혁파되면서 조선 해관 촉탁으로 근무하는 등 다년간 조선에 체류하고 있었던 인물이다. 1894년 10월 외무대신 김윤식이 공식적으로 허치슨에게 총제영학당을 떠나 학무아문으로 오라고 요청했던 사실로 미루어, 그는 1893년 10월부터 이듬해 1894년 10월 7일까지 영어를 가르쳤던 것으로 보인다.

또한 정부는 계획안에 따라 1893년 9월 강화도 갑곶에 있는 진해루(鎭

海樓)에 해군학교인 총제영학당을 설립하였다. 총제영학당은 본관 건물 1동과 기숙사 1동으로 이루어졌고, 관사는 강화읍내에 건립되었다. 한식 기와건물로 건립된 교사(校舍)는 바닥에는 마루가 깔려 있고 좌우로 작은 방이 배치되었다.

총제영학당

생도들이 거주하는 숙소는 긴 병영식 건물이었으며, 낮은 언덕을 잘라 조성한 약 200평을 훈련장으로 사용하였다. 영국인 교관들을 위한 관사는 두 채가 'ㄱ'자형으로 배치되어 있다. 훗날 기와집에는 교관 콜웰 부부가 기거하고 초가 사랑채에는 커티스 부부가 살았다.

정부는 원래 15세 이상 20세 이하의 생도 50명과 수병 500명을 모집·훈련시킬 계획이었지만, 응모한 학도는 38명에 지나지 않았다. 이에 총제영은 지방 중등관리의 자제를 중심으로 14~20세의 학도를 무시험으로 모집하고, 매월 급식비와 수당을 지급하며, 통학 가능한 자에게는 통학을 허용하고, 군복이 아닌 한복을 착용하도록 하는 등의 조치를 취한 끝에 간신히 50명을 모집할 수 있었다. 학도들에게는 급식비와 피복비 외에 매달 6냥의 용돈이 지급되었다.

수병 역시 각 도에서 17~23세의 신체 건강한 청년을 선발하려 했지만 애초 계획에 미치지 못하는 300명만 모집하게 되었다. 더군다나 그들은 1894년 3월 초까지 강화도에 집합하지 않았기 때문에, 신체검사 방법이나 훈련방침 등도 정하지 못한 실정이었다. 이로 인해 영국인 교관들이 도착했을 때에는 생도와 수병을 합쳐 160명 정도만 강화도에 남아있었다. 이들은 군사훈련, 항해, 포 및 수뢰에 관한 사용법 등 해안 방위에 관해 교육받

총제영학당 해군훈련 모습

았으며, 이에 필요한 영어 회화와 영문작성을 배웠다.

이러한 상황에서 강화읍의 관사에 여장을 푼 콜웰 등은 생도들의 상황을 점검하고 군사교육을 실시하는 데 정성을 쏟았다. 당시의 정국은 동학농민전쟁의 발발로 매우 어수선하게 돌아가고 있었던 탓에 생도들에게 무기가 지급되지 않아서 길이 2미터의 나무봉을 사용하는 실정이었다. 그럼에도 콜웰이 영어로 지휘하는 구령은 즉시 하사관에 의해 전달되었고, 생도들은 이 명령에 민첩하게 따르면서 훈련을 잘 소화해냈다. 콜웰 역시 생도들이 매우 총명하고 우수하다는 칭찬을 아끼지 않았으며, 교련도 아주 빠르게 향상되었다고 평가를 내릴 정도였다. 하지만 엎친 데 덮친 격으로 중·일 양국군이 동학농민군을 진압한다는 명분으로 출병해 청일전쟁이 일어나자 정부는 총제영학당에 신경 쓸 겨를도 없었고, 교관들의 봉급도 제대로 지불하지 못하면서 파행을 겪게 되었다.

청일전쟁 발발 직전 일본은 전쟁의 빌미를 잡기 위해 조선에 내정개혁에 관한 강령 20개조를 요구하였다. 강령 제8조에는 군비의 기초를 확립하는 것은 무엇보다 사관의 양성에서 시작하므로 군사학의 지식과 경험을 가진 자를 장교로 임명해야 하지만, 국가의 세입을 고려하지 않고 군비를 확장하는 것은 오히려 재정을 악화시킨다는 점을 감안해야 한다는 내용이 들어 있었다. 나아가 일본은 조선이 아직 육군제도도 제대로 확립되지 못한 상황에서 해군 양성에 착수해서는 안 된다고 경고하였다. 육군의 기초가 탄탄해진 후 세입에 여유가 있을 때 해군 양성을 서서히 진행하라는 것이었다. 그러나 여기에는 조선 정부가 영국인 해군 교관을 초빙해 해군을 양성하려는 움직임을 간파하고 이를 저지시키려는 의도가 깔려 있었다.

실제로 일본군은 경복궁을 점령한 다음날인 1894년 7월 24일 해군학교인 총제영학당을 실질적으로 운영하고 있던 총제영을 혁파하고 해군에 대한 지휘를 강화영에 이관시켜 버렸다. 또 7월 30일에는 관제개혁의 단행으로 신설된 해군국이 해군에 관한 업무를 맡게 되었고, 이후 총제영이 관할하던 대부도와 화도진 등이 모두 원상 복구되면서 자연스럽게 총제영학당은 유명무실해져 갔다. 그 후 강화영에 남아 있던 학도와 수병들 중 일부는 동학농민군을 진압하는 데 투입되기 위해 일본군으로 전출되었다. 그해 10월 영어교사 허치슨은 나머지 교육생들의 대부분을 서울 박동 소재 한성영어학교로 데리고 가버렸다. 이로써 조선 역사상 처음으로 자주적 해방과 근대적 해군 창설을 위해 설립된 해군사관학교인 총제영학당은 사실상 폐지되고 말았다.

한편 청일전쟁 개전 후 일본은 조선주재 일본영사를 통해 강화도 총제영학당에 대한 동정을 파악하는 데 심혈을 기울였다. 인천주재 일본영사 노세[能勢辰伍郎]는 영국인 해군 교관 콜웰과 허치슨 등이 중국인과 결탁해 인천지역 일본군의 정황을 정찰했을 뿐 아니라 평안도의 일본군을 자세히 살펴보러 다니는 등 염탐 활동을 벌이고 있다고 보고한 다음, 이러한 영국인의 행위는 결국 일본군에게 큰 해악을 끼칠 것이므로 조선 정부로 하여금 이들 외국인들을 해고시키도록 조치해야 한다는 의견을 덧붙였다. 일본은 조선 정부에게 해군학교의 설치가 시기상조임을 강조하고 폐쇄를 종용함과 동시에 영국인들을 해고하라고 압박할 정도로 조선의 해군창설을 탐탁하지 않게 여기고 있었던 것이다.

이러한 일본의 의도는 9월 5일 군국기무처가 각부를 개편하는 과정에서 외국인 고문의 고용 여부를 외부에 보고하라는 의안을 공포함으로써 확실하게 드러났다. 이에 힐리어는 외국인 고문의 범주에 해군 교관도 포함된다는 판단 아래 그 다음날 즉시 외국인 고문 지명에 항의하는 공문을 보냈다. 실제로 정부는 고용하고 있는 '외국인 고문'이 아니라 '교사'를 조사해 특정 국가에 편중되지 않도록 고용 여부를 결정하겠다는 답변을 내놓았다. 그러나 이러한 답변은 영국의 반발을 무마하기 위한 임시방편책에 지나지 않았다. 그 후 정부는 해방영 예산을 경리청으로 이관시켜 총제영학당에 대한 지원을 중단시킴으로써 실질적으로 해군 교관의 봉급 지급을 봉쇄시켰기 때문이다.

그럼에도 정부는 영국의 항의를 고려한 탓인지 콜웰 등에게 고용 여부에 대해 별다른 결정을 내리지 않은 채 방치해두었다. 따라서 콜웰 등은 월급도 제대로 받지 못해 곤궁하게 살면서 커다란 고통과 좌절을 겪지 않을 수 없었다. 그들은 당분간 강화도에 머물다가 가재도구와 휴대품을 내버려 둔 채 서울로 나와 영국성공회 등 주변을 도움을 받아 생활을 지탱해나갔다. 그 사이 콜웰은 자신을 초청한 외부대신에게 면담을 요청했지만 한 번도 받아들여지지 않았다. 오히려 1895년 11월경에 정부는 콜웰 등과 맺은 계약을 일방적으로 파기한 것으로 알려져 있다.

심지어 아관파천으로 일본의 영향력이 급속히 줄어드는 등 상황이 돌변했음에도, 고종과 정부는 콜웰이나 해군사관학교에 별다른 관심을 쏟지 않았다. 이에 해군 사관 교육이 재개될 것을 기대하고 있었던 콜웰 등은 더 이상 버티지 못하고 귀국을 결심하게 되었다. 결국 원래 계약했던 2년을 채운 1896년 5월 영국인 해군 교관은 봉급과 귀국여비도 제대로 받지 못한 채 귀국길에 올랐다. 총제영학당은 애초에 치밀한 계획과 예산 확보를 토대로 추진된 근대적 해군 창설 사업이 아니라 옛 제도를 전용해 설립된 한계를 지녔을 뿐 아니라 그 후에도 정부의 체계적인 지원과 의지가 부족했으며, 청일전쟁으로 일본의 견제와 압박도 가중되면서 용두사미꼴로 폐교의 운명을 맞이했던 것이다.

Ⅲ. 최초의 군함 양무호의 도입과 그 비극

아관파천으로 일본의 인질상태에서 벗어난 고종은 1896년 10월 군사력 증강의 필요성을 절감하고 러시아 교관을 초빙해 800명 규모를 양성하였다. 이어 1897년 10월 대한제국 성립 후 고종은 황제의 절대적 권력을 확보하기 위해 강력한 군대를 육성하는 데 전력을 기울였다. 1898년 4월 러시아 군사 교관 철수 이후, 특히 1899년 6월 황제 직속으로 원수부가 설치된 후 고종은 이를 통해 군사권을 장악해나갔다. 원수부가 중앙군과 지방군의 군사조직을 총괄함으로써 군대도 한결 정돈되어 갔다. 또한 군사력을 강화하기 위한 군비의 예산 역시 점차 늘어나서 1903년 전체 예산 1,080여 만 원 가운데 군부예산이 40%정도인 410여 만 원에 달할 정도였다. 아울러 고종은 프랑스·러시아·독일·영국·일본 등으로부터 각종 총포와 탄약을 구입하는 등 군비를 확충하는 데에도 힘썼다.

그러나 대한제국 군대는 국가와 국민을 수호하는 자주 국방의 차원이 아니라 황권을 보위하고 중앙과 지방의 민중운동을 막고 치안을 담당하는 경찰 수준의 기구에 머물렀다. 또한 육군의 증강에만 편중된 나머지 종전에 설립된 적이 있었던 해군사관학교를 복설하거나 해군을 창설하는 데에는 전혀 신경을 쓰지 않았다. 따라서 대한제국은 막대한 예산과 노력을 군사력을 강화하는 데 투여했음에도, 제국주의 열강의 침략을 방어하는 데에는 전혀 성과를 거두지 못하였다.

이러한 상황에서도 1902년 고종은 즉위 40주년을 맞이해서 대규모 기념행사를 기획하고 있었다. 이 행사는 대내외적으로 대한제국의 위상을 드높이고 자주독립국가임을 과시하려는 목적도 있었지만, 황제권 강화를 염두에 둔 것이었다. 그 당시 세운 '대한제국이황제보령망육순어극사십년

칭경기념비(大韓帝國李皇帝寶齡望六旬御極四十年稱慶紀念碑)', 즉 황제가 등극한 지 40년이자 보령이 망육순(51세)이 된 것을 기념하는 '어극사십년칭경기념비'가 지금도 광화문에 자리잡고 있다.

정부 내에서는 기념행사를 준비하던 중 각국의 외교사절이 자국의 군함을 이끌고 인천항에 입항해 축포를 쏠 때 이들을 맞이하는 답례축포를 쏘아야 하는데, 월미도 포대에 있는 대포는 8cm의 야포뿐이므로 이번 기회에 군함을 구입해 답례축포에 활용하자는 의견이 제기되었다. 해군창설이나 국방력강화 차원이 아니라 황제를 위한 기념식용으로 군함 구입이 거론되었던 것이다. 그런데 이러한 의견은 일본의 미쓰이물산[三井物産]합명회사가 주한 일본공사관과 결탁해 한국 정부를 압박하거나 혹은 로비해서 이뤄졌을 가능성이 큰 것으로 알려져 있다. 그 배경에는 러시아가 조선 정부에 군함을 기증하고 이를 계기로 조선 연안의 해상이권을 점유하게 될 것이라는 소문이 떠돌자, 일본 정부가 이를 저지하려는 계략이 깔려 있다는 것이다.

결국 정부는 이러한 계략에 말려들어 일본에 군함구매를 의뢰했고, 미쓰이물산이 화물선인 가쓰다테마루[勝立丸]를 판매하려고 나섰다. 미쓰이물산은 경제성이 떨어진 카쓰다테마루를 쓰루가[敦賀]에 있는 조선소에서 개장공사를 하고, 청일전쟁 이후 용도 폐기된 일본 해군 군함 아카기[赤城]호에서 뜯어낸 80mm 대포 4문과 47mm 기관포 2문 등 고물 대포 6문을 장착함으로써 화물선을 전투용 군함으로 탈바꿈시켰다. 미쓰이물산은 일본공사관의 협조 아래 한국 정부의 외부를 통해 군부와 1903년 1월 25일 매매계약을 성사시켰다. 정부는 이 배의 이름을 양무호(揚武號)로 붙였다.

한국 최초의 근대식 군함인 양무호는 애초의 구입 동기와 달리 고종이 직접 그 이름까지 하사할 정도로 군함 확보와 이를 통한 한국식 해군창설의 염원을 담고 있었다. 양무호는 1888년 영국 중동부 해안의 항구도시 미들즈브러(Middlesbrough)에 있는 딕슨사(Sir Raylton Dixon & Co)에서 건조했으며,

양무호

광제호

원래의 이름은 팔래스(Pallas)였다. 최대용적 4,087톤의 화물을 실을 수 있고 1,750마력을 내는 삼연성기(三連成汽)의 추진기관을 장착해 대양을 오갈 수 있는 화물선으로 제작되었다.

미쓰이물산은 1894년 석탄을 운반하기 위해 이 배를 25만 엔에 샀으며, 자사가 운영하던 미이케[三池]탄광의 가쓰다테갱(坑)의 이름을 따서 가쓰다테마루로 명명하였다. 미쓰이물산은 이 기선을 영국에서 구입해 귀국하던 중 해난사고를 당해 싱가폴에서 수리하고 있었는데, 때마침 청일전쟁이 일어나자 정부의 군용 징발을 피하기 위해 영국 국적을 유지한 채 석탄수송용으로 사용하였다. 가쓰다테마루는 나가사키의 구치노쓰[口之津]와 홍콩 사이를 오가는 석탄운송선으로 이용되다가 1897년 9월부터 일본 육군 통신부에 임대되었다.

이 배는 4천 톤에 달하는 화물 용적율에 비해 석탄의 소비량이 하루 43톤이나 될 정도로 매우 비효율적인 화물선이었다. 이 배가 건조된 1888년 당시 35% 수준에 불과한 강철선 건조 기술이 그리 높지 않았기 때문이다. 더군다나 이 배는 성능도 부실했고 기관 고장도 자주 일으켜 수리비가 과다하게 나오는 등 운항 실적이 불량하였다. 따라서 미쓰이물산은 이 배로 골머리를 앓으면서 어떻게 해서라도 처분하려고 애썼는데, 때마침 한국 정부가 유력한 구매자로 떠오른 것이다. 미쓰이물산은 배가 워낙 커서 유지비가 많이 들기 때문에 석탄선으로 쓰기에는 채산성이 맞지 않았는데, 대한제국 정부에 팔아버리게 되었다고 쾌재를 불렀다.

군함계약서는 군부 포공국장(砲工局長) 이기종(李璣鍾)과 미쓰이물산 대표 오다가키[小田柿捨次郎] 사이에 맺어졌다. 그 주요 내용을 살펴보면, 배 값은 일화로 55만 엔이고, 배는 4월 20일까지 인천항에서 받되 도착 후 1개월 내에 배 값 중 일부인 20만 엔을 일화로 내고, 나머지 35만 엔 중 절반인 17만 5천엔은 1904년 3월 15일까지 내며, 잔금은 1905년 3월 15일까지 지불한다는 것 등이다. 또 한국 군부는 배를 인도받은 후 명세서에 기재한 대로 선박이 이뤄져 있는지 확인하고 차이가 있는 경우 담당자와 처리하며, 선박 대금의 미납금에 대해서는 1개월에 1엔 20전의 이자를 부과한다는 조항도 들어 있다.

그런데 1902년 11월 조선 해관 총세무사 영국인 브라운이 총톤수 1,065톤급 기선 광제호(光濟號)를 일본 가와사키[川崎]조선소에서 발주할 당시 조선가가 35만 엔이었다. 또 이 배가 건조된 후 20년 가까이 사용한데다가 미쓰이물산이 이 배를 25만 엔에 구입했다는 사실을 감안하면, 배값 55만엔은 명백히 국가 간의 '사기' 행위라고 볼 수 있다. 미쓰이물산 역시 이 점에 거리낌이 있었는지, 매매계약에 관해 선가 20만 엔, 선체수리비 20만 엔, 무장설치비 4만 엔, 화약고 신설비 1만 엔, 테리크 장치비 2만 엔, 구조 수리비 7만 엔, 인천까지 운항비 1만 엔 등 총 55만 엔이라고 배값 산정 내역을 제시하였다. 25만 엔에 구입한 배값에서 9년간 사용한 감가삼각비 5만원 제하긴 했지만, 얼핏 보아도 추가 비용이 35만 엔이나 된 점은 그야말로 황당하기 그지없는 일이었다. 계약 당시 한국 정부가 얼마나 무지하고 엉터리였는가를 잘 보여준다.

뒤늦게 '사기' 계약의 실체를 깨달았는지 그로부터 두 달 뒤에 정부는 외부를 통해 일본 외무성에 계약을 파기해달라고 요청하였다. 이 점만 보더라도 정부 내에서도 각 부처 간에 배값이나 군함의 운용에 대해 협의가 제대로 이뤄지지 않았음을 알 수 있다. 이처럼 정부가 뒷북을 쳤지만, 미쓰이물산이 굴러들어온 횡재를 걷어찰 리가 없었다. 어쨌든 군함구입 계약은 정상적으로 이뤄졌고, 미쓰이물산은 계약대로 양무호를 4월 20일까지 인천항에 도착시키면 아무런 하자가 없었기 때문이다.

엉터리 계약을 체결한 한국 정부에게 더욱 큰 문제는 배값의 결제였다. 1903년 정부의 유일한 대외지불수단인 해관수입 총액이 143만 2천 원이었던 점을 고려하면, 첫 번째 지불대금인 20만 엔은 결코 적은 액수가 아니었다. 1903년 탁지부가 요청한 상반기 국비지출 총액이 17만 4천 원 정도였던 사실과 비교하더라도 그 액수가 얼마나 컸는가를 알 수 있다. 이러한 상황에서 막대한 대금지불이 순조롭게 이뤄졌을 리 없었다. 4월 16일 양무호가 인천항에 도착했으므로 계약서에 따라 첫 번째 대금을 1개월 이내인 5월 15일까지 지불해야 했다. 그러나 대금을 제 날짜에 지불하지 못하자 일본공사관은 한국 정부에 강압적인 수단을 쓸 것을 본국 외무성에 건의하는 한편 고종에게 알현을 요청하였다. 이에 고종이 응하지 않자, 6월 3일 일본 정부는 한국 정부에게 5일 이내에 20만 엔을 지불해달라고 강력하게 요청하였다.

정부가 군함 대금을 제때 납부하지 못하고 일본 무역상사의 낡은 수송선을 비싼 비용으로 구입했다는 소문이 나돌자 국내외적으로 이에 대한 비난이 비등해졌다. 독일의 한 신문은 한국 황제가 일본 무역상사의 낡은 수송선을 50만 원에 사들였다고 보도했고, 『황성신문』은 한 명의 수병도 없는 실정에서 군함을 구입하는 것은 재정 낭비라는 논설을 게재함으로써 정부의 무능과 실정을 비판하였다. 그러나 군함 계약은 이미 돌이킬 수 없는 상황이었기 때문에, 정부가 국내외의 비난여론을 잠재우는 유일한 방법은 대금을 지불하는 수밖에 없었다. 결국 정부는 6월 29일 우선 1회분 20만 엔을 지불하겠다는 의사를 일본공사관에 통고하고, 7월 19일 탁지부가 이를 지불함으로써 대금지불 문제는 일단락되었다.

이처럼 간신히 대금이 지불되어서야 비로소 양무호는 정식으로 한국으로 이양되었다. 군부 포공국장 상직현(尙稷鉉)은 양무호를 인수할 준비를 했고, 8월 22일 포공구 기사 김정우(金鼎禹)와 미쓰이물산 대표 오다가키 등의 입회 아래 시운전을 한 다음 양무호는 최초의 군함으로 한국 국적을 취득하게 되었다. 군함을 필요로 한 동기에서부터 문제가 있었을 뿐 아니라 계약 체결에 이르기까지 시종일관 정부의 무능과 실책으로 얼룩진 양무호의 운명은 이미 이때 정해졌는지도 모르겠다.

실제로 당시에는 10년 전 강화도의 총제영과 해군사관학교인 총제영학당이 폐쇄되면서 근대식 해군편제도 없었고 인재 양성도 이뤄지지 않아 정부기관에서 해군과 군함에 관련된 지식을 가진 인물마저 거의 없었던 실정이었다. 겨우 관선기선회사인 이운사와 민간 기선회사인 대한협동우선회사의 소속 기선에서 하급선원으로 선원생활을 시작해 사관으로 승진한 사람들이 있을 정도였다. 그나마 근대식 기선 교육을 제대로 받은 인물은 신순성(愼順晟)과 박완서(朴完緖)뿐이었다. 그 중 신순성은 1895년 서울의 한성외국어학교 일어과에 재학 중에 제2차 국비유학생으로 선발되어 일본 도쿄상선학교(東京商船學校)에서 4년간 교육을 받은 뒤 1901년 8월 귀국하였다.

다소 늦어지긴 했지만 정부는 양무호가 한국으로 이양되는 과정에서 신순성을 함장으로 임명하고 추후 72명의 승무원을 선발·양성해서 양무호를 군함으로 활용할 계획을 세웠다. 하지만 이후 그 계획을 어떻게 추진해 나갔는지에 대해서는 알려진 바가 거의 없다. 아마 양무호는 장기간 인천항에 계류되어 있었을 것으로 짐작된다. 그런데 러일전쟁이 발발한 직후인 1904년 2월 10일 양무호 승무원의 교육과 훈련을 담당하기로 한 일본 해군 감독 쓰지야마[土山哲三] 해군 중좌가 한국 정부와는 한마디 상의도 하지 않은 채 독단으로 양무호를 일본으로 끌고 가버린 어처구니없는 사태가 벌어졌다. 이에 정부가 강력하게 항의하자, 일본은 양무호를 일본 해군이 빌려 쓰는 형식으로 사태를 무마하고 미쓰이물산이 군함의 대여금을 지불하는 방식으로 사후 승낙을 받았다.

그 후 가장순양함(假裝巡洋艦)으로 개조된 양무호는 3월 7일 일본 해군기를 게양하고 4월 25일 요코스카 군항을 출발해 해주에 도착하면서 본격적으로 러일전쟁에 동원되었다. 6월 6일 양무호는 전쟁 수행을 마치고 사세보에 도착하였다. 이 당시 일본공사 하야시[林權助]는 한국 정부에 대해 양무호의 사용 여부에 대해 두 가지를 제시하였다. 하나는 한국 정부가 양무호를 다시 군함으로 사용하는 것이고, 다른 하나는 양무호를 일본에 위임하는 것이었다. 아울러 하야시는 두 번째 방식으로 양무호를 처리하라고 한국 외부에 압박을 가했으며, 한국 정부는 별다른 대책도 마련하지 않은 데다가 일본이 실질적으로 한국의 내외정을 장악했던 상황에서 이를 따를 수밖에 없었다. 그 결과 하야시는 한국 군부의 위탁을 받아 보관한 양무호를 화물선으로 재개조해 취항하고, 그 보관과 사용을 미쓰이물산에 일임하는 각서를 한국 정부로부터 받아냈다.

러일전쟁이 일본의 승리로 마무리된 1905년 7월 27일 양무호는 군함이 아니라 원래의 화물선이 되어 인천으로 돌아왔다. 양무호는 이제 더 이상 해군을 양성하거나 군함으로 사용할 수 없게 되었던 것이다. 그렇다고 화물선으로 이용하기에는 크기가 너무 컸고 당시의 경제사정을 감안해 볼 때 이용할 만한 화물조차 없었다. 게다가 한국에서는 애초부터 성능불량과 잦은 기관고장 등의 결함을 지녔던 양무호를 수리할 능력마저 갖추지 못했기 때문에, 골칫거리로 전락한 양무호는 한동안 방치되고 말았다.

이러한 상황에서 1907년 7월 정부는 양무호를 부산항으로 옮겨 선원을 양성하는 해원(海員)양성소로 활용하기로 결정하고, 연수교육생인 수기생(修技生)을 모집하였다. 그 대상 조건은 연령 18세에서 25세의 남자로 시력이 완전해야 하며 신체 강건하고 발육이 완전한 자, 그리고 보통의 독서력을 가진 자였다. 아울러 연수 시간은 물론이고 연수가 끝난 이후에도 학과 연수와 이에 대해 종사할 수 있는 자를 선발하고자 하였다. 그러나 이마저도 별다른 성과를 내지 못한 채 양무호는 역사에서 사라져버리고 말았다.

한편 양무호가 한국에 인도되고 군함 대금 1회분이 지불된 후인 1903년 6월 군부대신 윤웅렬(尹雄烈)은 양무호의 운영책과 해군창설을 고종에게 진언하였다. 1893년 강화와 부평 등지 설치되었던 해군영 등의 사례를 거론하면서, 현재 존재하는 강화와 진남지역의 진남대를 해군영으로 바꾸고 각 포구의 영업세를 해군영으로 환속시켜 그 경비를 삼으면 충분히 해군영을 유지할 수 있다는 것이다. 그러나 윤웅렬의 제의는 즉각 받아들여지지 않다가 이듬해 가서야 군부에서 해군편제를 법제화시킴으로써 현실화되었다.

러일전쟁이 한창 벌어지고 있던 1904년 9월 12일 정부는 군부관제를 개정하면서 해방국(海防局)을 두었다. 이 관제를 살펴보면, 군부 내에 해방국을 두고 해군사무를 겸하며(제1조), 해방국의 국장은 해군참장(海軍參將)으로 명명한다(제33조)고 규정되었다. 또 해방국에는 군무과와 회계과를 두었는데, 군무과의 사무 중에 함대의 건제(建制), 함대와 군대의 편제 및 업무에 관한 사항, 함선·병기 등에 관한 사항을 집어넣음으로써 해군의 업무와 유사한 편제를 마련하였다. 하지만 그 후 관제에 입각해서 후속 조치가 전혀 취해지지 않았기 때문에 정부의 해군 재창설은 좌절되고 말았다.

이처럼 한국 최초의 군함 양무호의 도입과 이를 토대로 삼은 해군관제는 시종일관 고종과 위정자들의 무능과 무책임으로 제대로 실행되지 못하고 결국 종말을 고하였다. 특히 양무호는 단 한 번도 군함다운 군함으로서 한국의 해안을 방어하거나 해군 사관을 양성하는 데 활용되지 못하였다. 그러기는커녕 양무호는 일본의 농락에 의해 폐기처분 직전의 화물선이 고물 대포를 장착해 군함으로 둔갑했다가 완전히 무장해제를 당한 채 화물선으로 재개조되어 애물단지로 전락되는 비극을 맞이하였다. 양무호의 비참한 말로는 바로 당시 한국의 운명을 상징적으로 보여준다는 점에서 우리에게 시사해주는 바가 매우 크다.

〈참고문헌〉

[Ⅰ. 울릉도·독도 개척정책]

나이토우 세이쭈우, 권오엽·권정 역, 『독도와 죽도』, 제이엔씨, 2005.

신용하, 『한국의 독도영유권 연구』, 경인문화사, 2006.

김호동, 『독도·울릉도의 역사』, 경인문화사, 2007.

송병기, 『울릉도와 독도』, 역사공간, 2010.

박은숙, 「동남제도개척사 김옥균의 활동과 영토·영해 인식 - 울릉도·독도 인식을 중심으로 - 」, 『동북아역사논총』 36, 2012.

유미림, 『우리 사료 속의 독도와 울릉도』, 지식산업사, 2014.

정영미, 『일본은 어떻게 독도를 인식해 왔는가』, 한국학술정보, 2015.

[Ⅱ. 해안 방어정책과 해군사관학교 설립]

김재승, 『한국근대해군창설사 - 구한말 고종시대의 근대식 해군과 군함 - 』, 혜안, 2000.

서인한, 『대한제국의 군사제도』, 혜안, 2000.

최병옥, 『개화기의 군사정책연구』, 경인문화사, 2000.

배항섭, 『19세기 조선의 군사제도 연구』, 국학자료원, 2002.

육군군사연구소 기획, 『한국군사사 9 - 근·현대 Ⅰ - 』, 육군본부, 2012.

[Ⅲ. 최초의 군함 양무호의 도입과 그 비극]

장학근, 『해양제국의 침략과 근대 조선의 해양정책 - 해양정책사의 교훈 - 』, 한국해양전략연구소, 2000.

김재승, 『한국근대해군창설사 - 구한말 고종시대의 근대식 해군과 군함 - 』, 혜안, 2000.

오진근·임성채, 『손원일 제독 - 가슴 넓은 사나이의 해군사랑 이야기 - 』, 한국해양전략연구소, 2006.

5장

디아스포라 :
바다를 건너 이국땅으로

Ⅰ. 하와이 이민

　우리나라 이민사에서 하와이와 멕시코 이민은 매우 특별한 의미를 지닌
다. 조선 후기 이래 압록강과 두만강을 건너 중국과 러시아로 이주하는 사
람들이 점차 늘어났으며, 개항 이후 이웃 중국·일본으로 무역 등 경제활
동을 하기 위해 바다를 건너간 경우도 있었다. 그러나 하와이와 멕시코 이
민은 본격적·집단적으로 한국인이 아시아의 범주를 벗어나 서구세계로
정착하는 출발점이었다.

　한국인의 하와이 이민은 당시 주한 미국공사 알렌이 한국 정부와 하와
이농장주협회 사이에서 이민을 적극적으로 주선하면서 시작되었다. 1884
년부터 선교사·의사로서 정계 내외에서 폭넓은 인맥을 형성해왔던 알렌
은 고향인 미국 오하이오주에서 휴가를 보내는 중 1902년 2월에 샌프란시
스코에서 하와이 사탕농장 협회의 어윈(William Irwin)과 만나 한국노동자의
하와이 이민 문제를 거론하였다. 그 자리에서 알렌은 한국인을 미국 원주
민이나 흑인과 같이 좋게 평가하고, 다른 동양 이민자들보다 우수하다고
말하였다. 이 회담 결과 알렌은 호놀룰루에서 1902년 3월 하와이 사탕농
장주협회 회장과 하와이 총독을 만나 한국 이민에 협조할 것을 부탁하였

다. 이후 알렌은 한국에서 이민사업을 자신의 절친한 친구이자 선박무역업자인 데쉴러(David W, Deshler)가 맡도록 주선하였다.

데쉴러는 이민자를 모집하기 위해 인천[제물포]에 동서개발회사(East-West Development Co,)를 설립하고, 사탕농장주협회의 비숍(Charles R. Bishop)이 지참한 25,000달러를 예치한 데쉴러은행(Deshler Bank)을 설립하였다. 이처럼 형식을 갖춘 뒤 1902년 11월말부터 실질적인 이민 업무를 개시하기 위해 데쉴러는 『황성신문』 등에 광고를 내서 자신의 업무를 도와줄 보좌인과 통역을 모집하였다. 운산금광에 근무했던 정인수가 미국에 가서 영어에 능통해지겠다는 목적으로 응했으며, 영어를 할 줄 아는 현순(玄楯)이 지원하는 등 총 8명이 동서개발회사의 직원으로 채용되었다.

데쉴러는 이민을 원하는 사람을 모집하기 시작하였다. 그는 신문광고에 이민의 목적이 교육·통상·공업·농업 등을 시찰하고 종사하는 것이라고 선전하였다. 또한 직원들을 항구 도시로 보내 게시판에 하와이에서 노동자가 필요하며 일의 형태를 소개하고 미화로 임금을 지불한다는 사실을 공고하였다. 그러나 한국사람들은 풍문으로 내용의 일부만을 전해들었고 모집에 응하는 사람은 매우 적었다. 이민을 주저했던 가장 큰 이유는 고향에서 멀리 떠나본 적이 별로 없는 사람들이 미지의 나라로 이민을 간다는 낯설음과 두려움 때문이었다.

이처럼 이민자 모집이 순조롭지 않은 상황은 인천 용동의 내리감리교회 존스(George Heber Jones) 목사가 나서면서 해결책을 찾게 되었다. 한국어에 유창한 존스 목사는 자기 교회 교인들에게 하와이의 기후풍토가 온화하고 상쾌하며 기독교인으로서 교회를 설립하고 선교할 수도 있다고 선전하면서 하와이로 이민갈 것을 권하였다. 구변이 좋고 조직력까지 갖춘 존스 목사의 설득으로 50명 이상의 남녀 교인들과 20명의 인천항 노동자가 하와이 이민에 응하였다. 이민을 떠나는 몇몇 교우들에게 존스 목사는 하와이 주재 감리교 감독 앞으로 소개장을 써주기도 하였다.

이민 제1진은 총 121명이며, 주로 인천·수원·부평 등 경기 지역에서 응모한 자가 많았다. 데쉴러는 그들이 하와이까지 가는 운임을 이미 지불했고, 각자에

겐카이마루

게 미화 50달러를 주어 이민 검열관에게 보여 주도록 했다. 제일 중요한 것은 그들로 하여금 농장에서 3년간 노동한다는 합의서에 서명토록 한 것이다. 1902년 12월 22일에 이들은 겐카이마루[玄海丸]를 타고

갤릭호

제물포를 떠났으며, 데쉴러도 그들과 함께 이틀간 일본까지 배를 타고 건너갔다. 일행 중에 포함된 2명의 통역관은 하와이에 도착한 후에도 각기 농장에서 통역으로 일했다. 그들은 크리스마스 이브에 일본 나가사키에 도착해 제2차 신체검사를 하고 예방주사를 맞았다. 이를 통과한 102명의 이민자[56명의 남자, 21명의 여자, 13명의 어린이, 12명의 유아]는 갤릭(Gaelic)호에 승선해 하와이까지 항해를 시작하였다.

이민자들은 10일간 항해를 무사히 마치고 1902년 1월 12일 한밤중에 호놀룰루에 도착해 그 다음날 오전 3시 30분까지 머물다가, 마침내 검역 부두에 닿을 수 있었다. 부두에는 픽슨(George Peakson) 목사가 이민자들을 맞이하러 나와 있었다. 그는 검역관을 설득해 이민자들을 일반인들과 격리해서 섬 대신 선상에서 검역하도록 조치를 취했다. 검사 결과 8명의 이민자와 5명의 부인 그리고 3명의 어린이가 눈 질환의 일종인 트라코마로

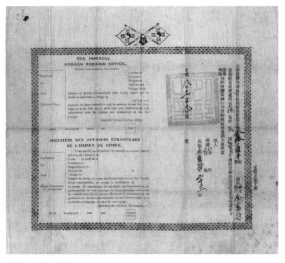

하와이 이민 여권

상륙을 거부당하고 나머지 남자 45명, 여자 16명, 어린이 22명 등 모두 83명이 상륙허가를 받아 하와이에 첫발을 내딛었다.

이민자들은 협궤철도를 타고 오아후섬 북해변에 소재한 아와일루아(Awailua)농장에 도착한 뒤 모쿨레이아(Mokuleia)캠프에 배당되었다. 농장지배인 굿데일(William Goodale)은 자진해서 한국 이민자를 담당하겠다고 했다. 한국 이민자에 대한 첫 인상은 좋은 편이었고, 이민자나 농장주 측이나 모두 만족하였다. 농장주들의 주선으로 한국 이민자들이 무사히 이민국 검사를 통과하였다. 이민자와 동행한 2명의 통역은 이민자의 지참금이나 배삯이 자신들의 돈이며 하와이에서 노동에 대한 아무런 합의도 없는 것으로 하였다.

제1진의 무사 상륙과 농장에서 성공적인 노동으로 안도한 농장주 측은 데쉴러에게 이민모집을 계속해달라고 통지하였다. 그 결과 제2진 90명이 한국을 출발, 3월 2일 하와이에 도착해 오아후섬의 북쪽 해안에 있는 카우키(Kauky)농장에 배치되었다. 제2진의 경우, 농장 관리자인 아담스(Andrew Adams)는 야외에서 일하는 노동자에게는 미화 16달러, 통역에게는 30달러의 월급을 약속하였다. 이 농장에서는 20개의 작은 집에 한국인들을 배당하고 부부는 방 하나, 독신자는 한 방에 수 명씩 수용하였다.

그 뒤 데쉴러는 더욱 큰 이득을 취하기 위해 미국인과 일본인들을 일선에 배치하고, 모집사무실을 서울·평양·원산·부산·군산, 그리고 진남포

등지에 설치해 모집을
확대시켜 나갔다. 그 결
과 1903년 전반기 6개월
간에 570명의 한국인이
하와이 사탕수수 농장에
정착하였다. 언론은 한
국인 노동자들의 일솜씨
와 태도에 대한 좋은 인

하와이 이민 환영(1904)

상을 보도했고, 6개월간의 시험기간을 거친 후 본격적인 이민 유입이 시도
되었다.

　그러나 '계약 이민' 건이 문제가 되어 하와이 이민국의 조사와 판단이 나
올 때까지 약 5개월 동안 한국인의 이민이 중단되었다. 이 기간에 데쉴러
는 국내에서 이민 반대에 부딪혔다. 즉 하와이에 도착한 이민자들의 농장
노동조건이 알려지기 시작했기 때문이다 이에 대해 알렌 공사는 전력을
다해 항변했고, 한국 정부는 하와이에 영사를 파견할 것을 제의하였다. 고
종의 유력한 측근인 이용익(李容翊) 등은 이민 정지를 주장했고, 1903년 10
월에는 이민을 담당했던 수민원(綏民院)이 폐지되어 그 기능이 외부로 이
전되었다.

　이어 1904년에는 한국에 대한 지배권을 둘러싸고 러일전쟁마저 일어났
다. 이 전쟁에서 승리한 일본은 마침내 1905년 11월 한국의 외교권을 박탈
하는 을사늑약을 강제로 체결함으로써 한국을 보호국으로 삼았다. 이 과
정에서 전쟁터가 된 평안도지역에서 많은 난민이 발생해 남쪽으로 피난했
고, 이들 중에는 하와이 이민에 지원한 자가 적지 않았다. 그 결과 1905년
4월 말까지 약 7,226명이 하와이로 들어갔다. 당시 하와이에는 65개의 농
장이 있었는데, 한인 노동자들은 각 농장에 분산 배치되었다.

　사탕수수농장의 최고층은 백인 엘리트로 농장의 이민 노동자는 만날 수

하와이 농장의 한인

조차 없는 존재였고 농장의 일상적 노동생활은 농장주의 대리인인 지배인과 십장[루나(Luna)]이 직접 통제하였다. 농장의 지배인은 백인이었고, 십장은 외국 출신 백인이었으나 일본인이나 중국인도 있었다. 농장에서 십장들은 한인을 이름대신 번호로 불렀다. 민족별로 작업 현장과 주거지[캠프(Camp)]를 구분한 것도 일종의 인종차별이며 소수민족이 주류사회에 쉽게 적응할 수 없게 하는 수단이었다.

한인 노동자는 보통 오전 5시에 기상해 6시까지 현장에 도착한 뒤 10시간을 노동하고 오후 4시 30분에 주거지로 돌아왔다. 그러나 실제로는 하루 16시간 이상의 노동을 한 적도 있었다. 일요일과 공휴일은 쉬는 날이었는데, 도박과 음주하는 자도 있고 교회에 가거나 아는 사람을 찾아가는 자도 있었다. 이렇게 격리되고 고립된 생활로 주거지 밖의 백인들과는 전혀 접촉할 수가 없었다. 더욱이 노동자들 대부분은 영어도 몰랐고 하와이의 습관도 몰랐기 때문에 의사소통에서도 많은 곤란을 겪었으며, 사탕농장의 생산 수단으로 십장으로부터 혹독한 대우를 받았다.

초기에 하와이로 이민을 온 한인들은 처음에 농장에서 일을 했지만, 도시출신이거나 지식인들이 많았기 때문에 미국사회에서 계층을 상승하려는 욕구가 강하였다. 그래서 한인 노동자들은 사탕수수농장에서 벗어나

미국 본토로 이주하려고 애
썼다. 그들은 농장보다 훨씬
많은 일급을 주었던 미대륙
횡단 철도건설에 취업했으
며, 캘리포니아 등 미국 서부
의 쌀 농장 등에서 일하였다.
한인들의 본토 이주는 1903
년과 1904년 사이에 100여
명, 1905년에는 400명, 1906

한인합성협회 와일루아지방(1908)

년에는 450명 등 미일 사이에 '신사협정'(1908)이 맺어져 백인 이외 인종이
미국 본토와 다른 지역으로 전입하는 것이 금지되기 전 해인 1907년까지
1,100여 명에 달하였다.

또한 한인 이민자 중에서 한국으로 귀환한 사람들의 숫자도 많았다.
1903년에 벌써 62명을 시작으로 1905년에는 219명, 1906년에는 336명,
1907년에는 349명, 1908년에는 105명, 1909년에는 134명, 1910년에 55명
등 이민자 전체의 1/6에 해당하는 약 1,300명이 귀국했던 것이다. 이처럼
한인들은 이민 직후부터 정착 혹은 일시체류의 기로에 섰지만, 한국의 정
세불안과 일본의 한국 지배로 돌아갈 자유가 없어 부득이 정착을 택한 경
우도 적지 않았다.

한인은 1903년경부터 10명 이상이 같은 농장에 있을 경우 동회(同會)를
조직해 동회장·사찰 등을 두고 자치와 친목, 부인 보조, 음주·도박 등의
방지, 2세 교육을 진행하였다. 이 동회는 하와이 전체를 통해 급속히 조직
이 확산되었고, 자치에서 진일보해 상조회의 성격으로 발전하였다. 이민
초기에 조직된 단체들 중 동회와 공존한 혈성단(血誠團)의 경우 강한 내부
조직으로 서로 보호하고 외부의 침입 위협을 방어하기도 하였다.

하와이의 한인들은 꾸준하게 조직을 결성하는 데 힘썼다. 1903년 8월

현순·홍성하(洪性夏)·윤병구(尹炳求) 등은 신민회를 조직해 각 농장 별로 구성하였다. 이외에도 예와친목회·와이파우공동회·공지회·노소동맹회·이성회·군민공동회·실지회 등 상호친목, 단결과 항일을 목적으로 삼은 단체가 설립되었다. 이어 1907년에는 수많은 단체들을 하나로 통합해 하와이 한인의 통일적 정치운동기관인 한인합성협회(韓人合成協會)를 창립하였다. 그 목적은 국권광복, 동포의 안녕보장, 교육사업증진 등을 위한 협력이었으며, 호놀룰루에 총회, 지방에 지방회를 각각 조직하고 『한인합성신보』를 발행하기도 했다. 한인합성협회는 다시 1908년 경부터 미주 대륙의 공립협회(共立協會)와 해외 한인단체를 총괄할 통일연합기관의 설립을 추진한 결과, 1909년 4,000여 명의 회원을 거느린 하와이국민회 지방총회가 설립되었다.

한편 한인들은 조국이 국권을 잃어가고 있는 상황 속에서 그 원인이 국민들의 무지에서 비롯되었다는 판단 아래 자녀교육에 전념하였다. 하와이 교육국 통계에 의하면, 한인 학생수가 처음 기록되는 1906년에는 161명의 한인 학생이 공립학교에 다니고 있었다. 1908년에는 145명의 공립학교 학생과 80명의 사립학교 학생이, 1910년에는 164명의 공립학교 학생과 106명의 사립학교 학생이 각각 있었다. 한인 인구에 대한 한인 학생들의 비율은 중국인 학생과 일본인 학생 비율과 비교할 때 현저히 높았다고 전해진다.

특히 중국인이나 일본인은 자체의 정규학교를 설립하지 않았던 반면, 한인들은 하와이 감리교 선교부와 교섭해 학교를 설립하도록 2,000달러를 모금해주었고, 감리교 선교부는 이 돈을 포함해 18,000달러를 조성해 1906년 한인소년기숙학교를 설립하였다. 이 학교는 하와이 정부의 공인을 받은 초등학교 6년제 학교로 초등학생들과 함께 영어를 모르는 만학도들도 기초교육을 받을 수 있게 했다. 하와이 감리교 선교부의 도움을 받기는 했지만, 한인들의 의지와 협조로 해외에 최초로 설립된 이 학교는 1918년까지 운영되었다.

정규 초등학교와 더불어 한인들은 한글 교육을 강조하였다. 1907년 4월 힐로에 세워진 한글학교를 비롯해 하와이 여러 섬에 24개의 한글학교가 세워져 방과후에는 자녀들에게 한글을 가르쳤다. 당연히 한글교육의 중요성은 국권회복에 있었고, 자녀들에게 두고 온 조국의 얼을 심어주려 한 것이다. 그래서 일제 총독부에서 만든 교과서를 사용할 수 없다며, 1911년과 1920년도에는 호놀룰루에서 직접 교과서를 만들어 쓰는 독자성과 열성을 보이기도 했다. 한글학교는 또 어른들의 야간학교 역할을 담당하였다.

사진신부

초기 이민자들 중에 독신 남성이 많았는데, 현지에서 외국인과 결혼하기도 어려웠던 탓에 고국으로 사진을 보내 신부감을 구하였다. 그 사진을 보고 하와이로 건너와 결혼한 신부들을 사진신부라고 부른다.

특별히 주시해야 할 점은 이민 여성들의 활동이다. 1909년에는 부인교육회가 결성되어 국가의 운명이 국민의 교육에 달렸고, 또 국민의 교육은 부인과 어머니의 몫이라며 부인 자신들의 교육을 장려하기도 했다. 하와이 한인 여성들은 여성교육운동을 단순히 여성 개화운동의 차원으로 인식하지 않고 구국운동의 측면에서 강조했던 것이다. 잃어버린 나라를 다시 찾기 위해서는 자녀들의 교육과 자신들의 교육이 가장 중요한 것이었다. 1910년 소위 사진신부[picture bride]들이 오기 이전에 벌써 여성들은 여성조직체들을 만들어 여성교육운동 등 사회활동을 활발하게 펼치고 있었다.

또 한인들의 활동은 정치단체와 교육, 여성들의 활동에만 국한되지 않고 종교단체와 교회에서 더욱 활발히 이루어졌다. 이민자를 태운 첫 배에는 인천 내리감리교회 교인 28명이 배에서 예배를 보았고, 호놀룰루항에 내릴 때에는 신자가 58명으로 늘어나 있었다. 이때 시작된 예배는 사탕수수농장에 정착하면서 정규적인 예배와 교회 설립으로 이어졌다. 사탕수수

농장에서는 1903년 3월부터 정규예배를 보기 시작했으며, 그 해 11월에는 호놀룰루 시내에서 예배를 시작하였다. 이들 예배는 감리교 예배였다. 이는 하와이에 미국의 감리교단이 들어와 있었고, 한국의 감리교 선교사가 하와이 선교사와 연락이 닿았기 때문이다.

한인감리교회로 제일 처음 세워진 교회 건물은 에바농장 교회였다. 1905년 300달러를 모아 교회를 지어달라고 부탁하는 135명의 한인교인에 감명받은 농장주가 1,000달러를 들여 교회를 짓고 한인들의 300달러로는 내부공사를 마감하였다. 당시 한인들의 월급 15달러 중에서 한 신도가 평균 2달러 이상을 헌금했다는 사실에 감동받지 않을 농장주는 아마도 없었을 것이다. 불행히도 이 건물은 현재 그 흔적조차 찾을 수 없다. 세 번이나 셋방으로 이사 다니며 1903년에 시작된 호놀룰루시내 교회는 현 그리스도 연합 감리교회이며, 해외에서 제일 오래된 한인 교회로 한인 이민역사를 고스란히 간직하고 있다.

초기 이민 당시 한국에는 장로교인들이 더 많았고, 이민자 가운데에도 장로교인이 많이 있었다. 그러나 하와이에는 장로교단이 아직 없었고, 한국에 있던 미국 장로교 선교사들이 하와이에 한인 장로교회를 세우려고 답사도 했으나 곧 포기하는 바람에 장로교인도 감리교에 합류했던 것이다. 한인들의 성공회 예배는 1904년 5월에 하와이 섬에서, 또 1905년에는 호놀룰루에서 시작되었다. 이민 당시 경기도 강화도가 영국성공회의 근거지였기에 강화도에서 온 이들 가운데는 성공회교인들이 꽤 있었으며, 하와이에도 성공회교단이 있었기 때문에 한인 성공회교회가 가능했던 것이다.

이와 같이 미주 한인사회는 노동 이민에서 시작되었던 만큼 쉽게 상상할 수 없는 많은 어려움이 있었다. 그러나 이들은 조국이 일제의 식민지로 전락하는 시기에 두 가지 측면에서 발전적인 역할을 담당했던 것으로 평가되고 있다. 첫째는 언어장벽, 문화차이, 인종차별 등의 어려움을 극복하고 경제적으로 자립할 수 있는 터전을 일궈 한인사회의 기반을 이룩했다는 사실이다. 둘째는 나라 없는 한을 씻으려는 노력이 한인교회와 학교 건설, 나아가 정치적 성격의 단체조직으로 연결되면서 근대적인 민족주의 이념을 성장·발전시킴으로써 미주에 또 하나의 굳건한 독립운동기지를 마련했다는 점이다.

특히 1914년 6월에는 박용만(朴容萬)을 중심으로 대조선국민군단과 대조선국민군단사관학교['산넘어병학교']를 설립해서 국민회 연무부에서 실시하던 군인양성운동의 맥을 계승했으며, 1919년 3월에 대조선독립단 하와이 지부를 설립하였다. 이어 1921년 7월에는 이승만(李承晩)이 미주동포의 단결과 생활안정 및 독립운동 전개 등을 내세워 동지회를 조직하였다. 이와 같은 한인기관을 결성하는 과정에서 때때로 한인사회의 분쟁이 일어나기도 했지만, 1941년 4월 하와이 호놀룰루에서 해외한족대회가 개최되어 재미한족연합위원회라는 미국 내 최대의 독립운동 연합단체가 설립되었다. 이처럼 하와이는 최초의 이민이 시작된 후 독립을 맞이할 때까지 줄곧 미주독립운동의 핵심 역할을 담당했던 것이다. 이외에도 미주의 초기 이민사회는 공식적인 국가 이민의 시작이었으며, 영토 개념의 확장, 전통적 계급사회관의 타파, 해방 후 대한민국의 수립 및 발전에 크게 기여하였다.

Ⅱ. 멕시코 이민

멕시코 이민은 하와이 이민과 달리 단 한 차례만 이뤄졌다. 1,033명이 부채 노예(peon)라는 특이한 농노 이민으로 팔려간 멕시코 이민은 한국과 국교나 인적 왕래가 전혀 없던 낯선 라틴 문화권인데다 가장 덥고 먼 지역으로 떠남으로써 민족동질성으로부터 고립된 기민(棄民)이 되고 말았다는 점 등 한국근현대 해외 이민사에서 몇 가지 특징을 가진다.

　멕시코 이민 모집은 러일전쟁에서 일본의 승세가 굳어지는 상황에서 시작되었다. 1904년 8월 네덜란드-독일계 영국인이면서 멕시코 국적을 소유한 마이어스(John G. Myers)가 한국에 도착하였다. 그는 유카탄(Yucatan)의 에네켄(henequen) 농장주협회 대리인 자격으로 일본과 중국에서 노동자를 모집하려다가 실패한 다음 마지막 희망을 품고 한국행을 시도했던 것이다. 당시 서울에는 도쿄에 본부를 둔 대륙식민합자회사의 지사가 진출해 한인을 대상으로 하와이 이민을 알선하고 있었다. 이 회사는 일본인을 하와이로 송출하는 이민 전문회사였는데, 러일전쟁으로 일본 내 노동력이 부족해져 이민자 모집의 어려움에 봉착했기 때문이다.

　마이어스는 한인들을 멕시코로 데려가려는 계획을 이 회사와 공모한 뒤, 서울에 총대리점을 두고 인천·평양·개성·수원·진남포 등지에 지방사무소를 개설해 10월 15일부터 본격적인 작업에 들어갔다. 뒤이어 부산·광주·목포·군산·원산 등지에도 사무소가 개설되었다. 한인 통역으로는 이준혁과 권병숙이 고용되었다. 마이어스 일행은 공개적으로 이민자를 모집하였다. 우선 『황성신문』에 1904년 12월 17일부터 다음해 1월 13일까지 7회에 걸쳐 허위광고를 게재하는 동시에 전국에 광고 전단을 뿌리고 방을 붙이는 등의 행위도 병행하였다. 또 일본인 직원들은 직접 지방순회에 나서 부산·목포·군산 등지에서 모집책들을 동원하였다. 따라서 멕시코 이민 모집은 처음부터 사기성이 짙었고, 한국주재 일본공사관이 깊이 개입되었다.

　그 결과 4개월 동안 전국 18개 지방에서 1,033명을 모집할 수 있었다. 영등포를 포함한 경인지방이 전체의 69%인 705명으로 압도적으로 많고, 부산(73)·목포(55)·평양(37)·마산(33)·원산(26)·개성(25) 순으로 거의 전국적인 양상을 나타내고 있다. 인적 구성은 남자 702명, 여자 135명, 아동 196명인데 이들 중 독신 196명, 가족동반 257가구로 분류되고 있다. 하와

이 이민이 독신 남성 중심
이었던 반면 멕시코의 경
우는 가족동반 이민이 주
류를 이루었다. 그러나 성
인 여자수에 비해 가구수
가 너무 많고 또 남녀 성
비의 엄청난 불균형을 고

일포드호

려할 때, 상당수의 독신 소년[부랑아] 집단이 이민선에 강제로 태워졌을 것
으로 추정된다. 그밖에 무당과 신부, 그리고 내시 3~4명 등 특별한 신분도
포함되었다. 개화사상에 피가 뜨거웠던 김익주(金益周)의 경우는 일본 경
찰을 살해한 후 피신하던 중에 이민선을 탔으며, 황실 시위대인 김윤원은
일본 경찰을 따돌리며 배 안에 숨어드는 등 숨가쁜 망명 성격의 애국지사
들도 적잖이 있었다.

멕시코 이민선이 인천을 출항한 날은 1905년 4월 4일이었다. 마이어스
는 일본 모지[門司]에서 영국 선박 일포드(Ilford)호를 전세내 3월 14일에 부
산에서 약 400명을 태우고 인천으로 와서 그곳에 집결한 남은 이민자들을
승선시켰다. 그런데 마침 배 안에서 한 어린아이가 수두병에 걸려 불가피
하게 정박하는 신세가 되었다. 따라서 자국의 선박에 대해 영국공사 고든
(John Gordon)은 2주간의 정박명령을 내렸고 한인들을 격리 수용시켰다. 이
렇게 격리되어 있는 동안 노예로 팔려간다는 소문이 퍼져나가면서 동요가
일어나기도 했지만, 4월 2일에는 일시에 여권을 발급받았다.

4월 4일 1,033명을 태운 일포드호는 태평양을 건너 멕시코 최남단인 살
리나 끄루스(Salina Cruz) 항구에 도착하였다. 거기에서 화물기차에 실려 멕
시코만에 붙은 꼬앗사꼬알꼬스에 이르렀다. 거기서 다시 화물선으로 멕시
코만을 거슬러 올라가 유카탄반도 동북단에 위치한 쁘로그레소 항구에 도
착한 날짜가 5월 13일경이었다. 무려 한 달 넘게 해로와 육로를 거쳐 도착

한 유카탄은 바로 에네켄의 땅으로 희망을 품고 떠났던 그들이 4년 동안 부채 노예로 신음해야 했던 불볕 지옥의 땅이었다.

일포드호가 인천을 떠나기 직전인 4월 1일 외부대신 이하영은 인천·부산·옥구·무안·평양 등지의 관리들에게 하와이와 멕시코 등 해외 이민 금지령을 내렸다. 『황성신문』도 4월 5일자에서 멕시코 이민이 떼를 지어 떠났으나 기후도 맞지 않고 노역도 감당키 어려워 귀국하고 싶어도 배삯이 없어 오지 못하는 실정이기 때문에 이민을 금지시킨다는 사유를 게재하였다. 여기에는 당시 미국 본토에서 일고 있는 일본에 대한 증오, 즉 황화론(黃禍論)이 짙게 깔려 있다. 1905년 3월 캘리포니아주 의회가 일본인 배척법안을 의결해 미 의회에 제출함으로써 이민자들에 대한 축출법이 제정될 위기에 처해 있었다. 백인 노동자들에 의한 황인종 배척이나 배일감정은 일본인들이 백인들의 노동시장을 잠입하는 데 따른 위기의식에서 비롯되었다.

이러한 상황에서 일본 외무대신 고무라[小村壽太郎]는 하와이로 계속 들어오는 한인 이민을 일본인들의 미국 본토 이주를 부추기는 요인으로 파악하였다. 실제로 한인들의 근면성과 수적인 경쟁력이 하와이 거주 일본인들의 임금과 작업조건을 계속 떨어뜨림으로써 그들로 하여금 본토행을 선택할 수밖에 없는 궁지로 몰아넣는 요인으로 작용하기도 하였다. 따라서 일본인에 대한 황화를 가라앉히려면 한인 노동자들의 하와이 유입을 막아야 된다고 판단했던 것이다. 그러나 한인들이 하와이에 도착하기 전인 1902년 한 해 동안 일본인들의 미국 본토행은 1천 명을 넘었을 정도였다. 즉, 황화는 한인 이민과 그다지 관련이 없었던 것이다.

한편 멕시코 이민선이 인천을 떠난 지 4개월이 채 못된 1905년 7월 29일자 『황성신문』에 실린 메리다(Merida) 거주 중국인 허훼이의 편지와 상동교회의 만엘루청년회 서기 정순만(鄭淳萬)의 기고를 통해 말로만 듣던 노예 이민의 실상이 폭로되면서 멕시코 동포들에 대한 국내의 관심은 뜨거

워졌다. 이어 2일 후 역시 『황성신문』에 정부의 무책임한 이민정책을 탄핵하는 사설이 게재되자 드디어 다음날 그들을 빨리 송환시킬 방책을 강구하라는 고종의 칙유가 내려졌다. 『대한매일신보』도 사설을 통해 정부의 이민실책을 비판하는 동시에 현지조사를 위한 특별기구를 설치할 것을 강경한 어조로 촉구하였다.

이에 외부대신 이하영은 8월 11일 맥시코 정부에 양국 간에 일찍이 수교조약을 맺은 바 없지만 일시동인(一視同仁)의 정신으로 한국 정부가 관원을 파견할 때까지 우리 동포를 보호해 달라는 내용의 전문을 발송했으나 한인 노동자를 노예 취급하고 있다는 설은 와전된 것이라는 답변을 받았다. 그래서 이하영은 같은 달 18일 주미 한국공사관에 "멕시코와 교섭해 우리동포를 구호하라"는 긴급훈령을 내림과 동시에 주한 일본공사 하야시에게도 일본인들이 우리 백성을 유인해 멕시코로 이송한 경위와 이유를 밝히라고 추궁하면서 일본 정부도 멕시코 정부에 한인 보호를 요청해달라고 부탁하였다.

당시는 일본이 을사늑약을 강요하기 전이었지만 이미 러일전쟁 발발 직후부터 실질적인 외교·재정·군사권은 일본의 수중에 들어가 있었다. 따라서 하와이 한인들이 영사 파견을 요청하기 6개월 전인 1904년 7월 이하영이 정부에 하와이 이민자들의 생명과 재산을 보호하기 위한 영사파견을 청원한 것은 기각될 수밖에 없었다. 1905년 5월에 정부가 호놀룰루주재 일본총영사를 하와이의 한국명예영사로 임명하려 했던 것도 일본의 강제적인 권고에 따른 것이었다. 이에 하와이 한인들이 불복하고 여러 차례에 걸쳐 영사 파견을 호소했지만, 정부는 아무런 힘도 되어줄 수가 없었다.

8월 27일 윤치호(尹致昊)는 하와이와 멕시코를 방문해 한인들의 생활 정형을 시찰하라는 정부의 훈령을 받았다. 당시 그는 탁지부대신 민영기(閔泳綺), 표훈원총재 민병석(閔丙奭), 그리고 민상호(閔商鎬) 등 11명으로 구성된 제2차 일본관제시찰단으로 일본을 방문하고 있었다. 그러나 일본 정부

에네켄 농장

에네켄 제조 공장 따멕(Tamek)

의 조직적인 방해공작으로 윤치호는 하와이의 한인사회만 시찰하고 일본으로 되돌아갔다. 또한 상동교회의 만엘루청년회의 박장현(朴章鉉)과 이범수(李範壽)가 멕시코로 파견되었다. 박장현은 박용만의 삼촌으로 그에게 많은 영향을 끼친 선각자였다. 그들은 둘 다 유학파 엘리트로 이범수는 워싱턴 D.C.의 하워드대학에서, 박장현은 버지니아주 로아노크대학에서 수학한 바 있다. 그들은 1905년 8월 24일 한국을 떠났으나 이범수는 상하이에서 병을 얻어 귀국해 버렸고, 박장현은 우여곡절을 겪으며 1906년 1월 유일한(柳一韓)과 함께 멕시코시티에 도착했으나 유카탄 현지방문은 실행에 옮기지 못한 채 미국으로 되돌아가고 말았다.

한편 한인들이 유카탄에 첫 발을 내디딘 1905년 당시는 유카탄이 에네켄산업의 세계시장을 독점하고 있던 때로 많은 노동력이 필요한 시기였다. 유카탄은 에네켄 재배에 가장 적합한 토양과 기후조건을 갖추고 있어서 스페인 식민시절 말기부터 에네켄 생산의 잠재력과 해외시장 개척의 필요성이 뜨겁게 거론되어왔다. 그러다가 독립국가가 된 이후 1825년 제도적으로 마야 인디언을 부채 노예로 묶는 유카탄주의 새로운 토지법이 제정되면서 본격적으로 활기를 띠기 시작하였다. 새 토지법에 반발한 원주민의 저항 또한 만만치 않았다. 백인 지주들은 원주민들의 공유지와 노동력을 강탈하기 위해 토지세 등 각종 세금을 지불할 능력이 없는 원주민들에게 노동력으로 대신 갚게 한 특전을 베풀었던 것인데, 이것이 부채 노예제를 강화시킨 계기가 되었다.

에네켄은 우리말로 어저귀 또는 잎의 모양이 용의 혀를 닮았다고 하여 용설란이라고도 부른다. 식물과로는 수선화과에 속하며, 잎은 크고 타원형인데, 껍질을 벗겨내면 강하고 탄력 있는 쏘스킬이라는 섬유가 들어 차 있는 선인장의 일종이다. 당시는 해양시대였으므로 에네켄 섬유는 선박의 밧줄을 만드는 원료로 각광을 받았다. 에네켄은 마야와 잉카, 그리고 아즈텍 생활과도 밀접한 관계가 있는 것으로 두레박 및 신전 건축용 밧줄뿐만 아니라 샌달·활줄·낚시줄·그물침대[아마까] 등 다목적 용품으로 쓰여졌다.

유카탄의 쁘로그레소 항구에 한인들이 입항한 날에는 악대가 동원되는 등 환영식이 거행되었다. 그러나 5월의 날씨는 건기로 한인들에겐 처음 경험하는 살인적인 더위였다. 그들은 기차로 30분 떨어진 주도(州都) 메리다의 벌판에 부려져 한동안 노천 생활을 하다가, 어느 날 마차를 타고 모여든 농장주들에게 흡사 노예경매 되듯 팔려 가는 신세가 되었다. 돈을 많이 지불한 농장주 순으로 젊고 건장한 남자부터 팔려가 가족동반자들 가운데 서로 다른 농장으로 헤어지는 이산가족의 비극도 벌어졌다. 사실 그들은 유카탄에 와서야 노예로 팔려온 사실을 깨달았다.

한인들은 25개 정도의 농장으로 분산되었는데, 일부는 시멘트 광산이나 철로공사에 투입되기도 했다. 농장에 처음 배치되자 마야 원주민의 전통적 가옥형태인 움막같은 초가집[파하(paja)]이 가구당 한 채씩 배당되었다. 독신자들은 여러 명이 한 집에서 기거하도록 했다. 출입구만 있고 창문은 없는데, 바닥은 그대로 흙바닥이며 지붕은 야자수 잎을 엮어 놓았다. 전갈·진드기·방울뱀 등 해충 또한 많았다.

농장의 작업시간은 새벽 3시 반 또는 4시부터 시작되었다. 농장에 따라

달랐지만, 이 시간만 되면 벨소리가 울렸다 한다. 새벽부터 밤늦도록 에네켄 잎을 하루에 수천 잎 씩 잘라내면 온 몸은 가시에 찔린 상처로 온전한 구석이 없었다. 말을 타고 다니며 물에 적신 가죽채찍을 휘둘러대는 감독과 감시병들은 공포의 대상이었다. 그보다 더 고통스러운 건 입에 맞지 않는 음식이었다. 따라서 각 농장마다 탈출사고가 빈번하게 발생하였다. 그러나 금방 잡혀와 그 대가를 톡톡히 치뤄야 했다. 탈출자 한 명을 잡는 데 필요한 경비 50센타보[50전]도 잡힌 사람의 몫이었고, 죽도록 맞은 다음 농장 감옥에 갇혀 굶주리든지 우물 속에 거꾸로 매달리든지 각종 악랄한 수법으로 고문을 당하였다. 탈출에 실패하는 원인은 한인들이 스페인어와 지리를 모르는데다 얼굴생김도 다르고, 또 감시병이 부가수입을 올릴 수 있다는 이점도 작용했을 것으로 보인다. 하지만 탈출에 성공한 경우도 더러 있었다고 한다.

더구나 농장 측에 사주를 받은 한인 통역들은 상부에 허위사실을 날조해서 보고해 더 매를 맞도록 했다. 그렇게 매맞아 죽은 사람, 홧병으로 죽은 사람, 병에 걸려 인적 없는 황량한 벌판에 내다버려진 사람, 그리고 자살자도 10여 명에 달했다. 그들은 "이것이 국가의 죄냐, 사회의 죄냐, 또 나의 죄냐, 그렇지 않으면 운명이냐"라며 땅을 치며 통곡했다고 전해진다. 또한 일부 농장주들은 농장 출생의 한인 자녀들을 농장 재산에 귀속시켜 억류하는 사례도 많았고, 유부녀층을 15페소[멕시코 은화 화폐단위]씩 받고 다른 농장에 팔아넘기기도 했다.

한인들이 끌려간 농장 가운데 가장 한인이 많았던 곳은 첸체농장으로 그 수가 133명이나 되었다. 여기서 일어난 집단파업 사건은 '첸체농장의 혁명'으로 불릴 정도로 부채 노예로 신음하던 초기 이민사의 통쾌한 집단 거사였다. 탈출에 실패한 한 청년이 농장 감옥에 갇힌 데 대한 분노로 일어난 이 사건의 주동 인물들은 광무군인 출신들일 가능성이 높다. 어쨌든 결과적으로 농장에서 주는 임금만으론 도저히 식량을 구입할 수 없던 그들은 쌀·콩·설탕을 무료로 배급받고 임금인상까지 얻어내는 쾌거를 거두었다.

마이어스가 『황성신문』 광고에 낸 5년 계약과는 달리 인천주재 일본영사 가토[加藤本四郎]가 고무라 외무대신에게 보낸 계약서 내용에는 "계약기간은 농장에 도착한 날부터 4년간이며, 노동자가 원할 경우 계약을 연장할 수 있다"고 4년을 명시하고 있다. 계약대로 만료일은 1909년 5월 12일인데, 이 날에 악몽 같은 농장에서 해방된다는 보장은 없었다. 더구나 농장에서 마야 여인과 결혼해 자녀를 낳은 사람들은 농장내에서의 부가소득물이라고 처자식과 생이별을 해야 할 처지에 놓이기도 하였다.

이러한 여건 속에서도 속전(贖錢) 80~100페소를 내고 10개월 먼저 자유의 몸이 된 8명의 젊은이들이 있었다. 그들은 이근영(李根永)·김제선·조병하·방경일·신광희·김윤원·황명수·정춘식 등의 광무군인들로 대개 평양출신이었다. 1908년 7월에 나오자마자 그들은 공병하사 출신인 이근영의 지도 아래 문귀무천(文貴武賤)의 유습을 타파하고 숭무주의(崇武主義)를 내세워 무력으로 일본에 항거하고 조국을 되찾자면서 군사훈련을 시작하였다. 또 그들은 기독교 교인들로서 김제선의 집에서 1908년 10월 5일부터 감리교 속회를 시작하면서 신앙과 형제애로 뭉쳤다. 그리고 샌프란시스코의 국민회로 연락해 동포들의 참상을 보고하고, 계약 만료일에 앞서 한인들의 문제를 도와줄 특사를 파견해달라고 요청하였다.

대한인국민회 북미총회는 1909년 4월 3일, 방화중(方和中)과 황사용(黃思容)을 견묵위원(遣墨委員)으로 현지로 파견하였다. 그들은 로스엔젤레스에서 엘파소를 경유해 국경을 넘어 치와와·멕시코시티·베라끄루스를 거쳐 4월 18일경 유카탄의 쁘로그레소 항구에 도착하였다. 실로 4년만에 외부에서 동족이 찾아오는 감격적인 날이었다. 항구에는 각 농장에서 대표로 나온 10여 명의 총대(總代)들이 환영을 나왔는데, 그들의 모습은 처참하였다.

견묵위원들의 당면과제는 계약상의 상여금 지급요청과 경무청에 억울

대한인국민회 북미총회 메리다 지방회 건물들
왼쪽의 건물에서 군인을 양성하기 위한 숭무학교가 만들어지기도 하였다.

하게 갇혀 있는 13명의 구출작업이었다. 국민회에서 송금한 돈으로 변호
사를 고용해 법적 투쟁을 벌였지만, 재판장도 경찰청장도 주관찰사도 입
법 관계자들도 에네켄 농장주가 아니면 농장주의 사주를 받고 있는 유카
탄에서는 결코 쉬운 일이 아니었다. 다행히 재판 결과 갇힌 동포들은 풀려
났지만, 농장주들의 횡포 사례는 산적해 있었고, 상여금을 지급한 농장은
고작 3곳에 불과하였다.

계약 만료일을 3일 앞둔 1909년 5월 9일, 이 날은 유카탄 메리다의 하늘
을 감격으로 수놓은 날이었다. 노예로 신음하던 이국의 하늘 밑에서 대한
인국민회 북미총회 산하의 메리다 지방회를 설립하는 날이었기 때문이다.
비록 16개 농장에서 총대 70명만 파견되었지만, 창립회원은 314명이나 되
었다. 이를 축하하기 위해 샌프란시스코에 있는 국민회 기관지『신한민보』
는 멕시코 동포들에게 2개월 분을 무료로 배포하겠다고 전했다. 그날 선출
된 임원진은 회장 이근영, 부회장 방경일, 총무 김윤원, 서기 신광희, 재무
김윤선, 학무원 황면주, 법무원 조병하, 구제원 김제선이었다. 모름지기 젊
고 패기에 찬 광무군인 출신들이 초기 한인사회의 지도자로 나선 것이다.

이제 국민회는 한인사회의 구심점이 되어 해외 망명 정부와 같은 전폭
적인 신뢰를 주었을 뿐만 아니라 정신적인 안식처가 되었다. 같은 해 11

월 17일, 그들은 을사국치 4주년 행사로 대대적인 시가행진과 무예시위를 벌이면서 치욕적인 을사늑약을 규탄하였다. 하지만 상여금마저 받지 못해 생활은 노예생활을 할 때보다 한층 빈곤해졌다. 배운 것이라곤 에네켄 잎 따는 일밖에 없는 그들은 이번에는 자유노동자의 자격으로 다시 에네켄 농장일을 찾아 나섰다. 하지만 과거의 농노였던 한인들에게 임금을 올려 주어야 하는 농장주로부터 배척당하기도 했고, 에네켄 산업이 점점 사양 길로 접어들고 있어서 취업에 어려움이 많았다. 그나마 농장에서 스페인 어를 익힌 1.5세와 스페인어를 쉽게 깨우친 젊은이들이 노동주무원[계약청 부업자]으로 나서 취업을 도왔다.

어쨌든 자유는 값진 것이었다. 이제 그들은 귀국할 배삯을 벌기 위해 허리띠를 동여매고 저축하였다. 그렇게 이 농장 저 농장으로 옮겨 다니며 철새노동을 하는 그들에게 들려온 일제의 한국병탄 소식은 모든 꿈을 산산조각으로 날려버리고 말았다. 돌아갈 조국이 없어지자 그들은 각 농장에서 국민회 지방회가 있는 메리다로 몰려들어 대성통곡하였다. 그로부터 한인들의 유랑생활, 즉 멕시코 한인들의 대이동이 시작되었다. 멕시코시티·베라끄루스·푸론메라·따바스꼬·몬떼레이·소노라·땀삐꼬·와하까·꼬앗사꼬알꼬스 등지로 정처없이 떠나갔다. 1910년대 초의 베라끄루스주 와하께뇨 사탕수수농장에는 300명 정도가 집단적으로 몰려들어 자치제로 커뮤니티를 형성하기도 하였다. 한때 이 농장 내의 오학기나 지방회는 메리다 지방회 다음으로 규모가 컸다. 꼬앗사꼬알꼬스는 1910년대 중반부터 부산출신의 고래잡이 어부들을 중심으로 한인 어부촌이 형성된 곳이었다. 한인들은 가는 곳마다 한국학교를 세워 2세들에게 한글·역사·지리 등을 가르쳤으며, 관할 경찰서의 인허를 받아 지방회에는 법무원을, 농장에는 경찰과 사찰을 두고 동포를 대상으로 법적 권한을 행사하는 자치제를 운영하였다.

한국 정부의 조사단 파견 실적이 전무했던 것과는 달리 국민회는 1909

년 견묵위원을 유카탄 현지에 파송함과 동시에 실질적인 구제방안을 검토하였다. 이보다 앞서 샌프란시스코의 공립협회 창립회원인 인삼장수 박영순(朴永淳)이 1905년 메리다에 인삼을 팔러갔다가 노예생활을 하고 있는 동포들을 발견하고 띄운 편지로 말미암아, 미주 동포들은 큰 충격에 사로잡혔으나 대책을 강구하기에는 경제적 능력이 따르지 못했던 것이다. 1909년 6월 국민회는 멕시코 동포 전원을 하와이 사탕수수농장으로 이주시키려는 방안을 본격적으로 논의하기 시작했고, 황사용이 귀환한 이듬해 1월부터 구체적인 단계에 들어갔다.

하와이 총회는 농장주협회의 협조 아래 1911년 초 이민국에 집단이주 입국허가를 청원하였다. 입국허가가 나오는 대로 1백 명씩 이주시킨다는 청사진도 나왔고, 경비를 위한 모금도 하와이 5,441달러, 본토 536달러가 걷힌 상태였다. 그런데 멕시코 동포에 대한 엑소더스 작전은 불발탄으로 끝나고 말았다. 이근영 등 4명이 먼저 샌프란시스코에 도착해 이민국에 억류·추방되는 돌이킬 수 없는 불상사가 발생했기 때문이다. 그 후 1차 세계 대전 중 노동력이 부족한 캘리포니아주의 농장에 이주시키려는 움직임이 여러 번 있었으나 개인 이주를 제외한 집단 이주는 한 번도 없었다. 소련 블라디보스토크도 이주대상지로 거론되었으나 실행되지 못하다가, 1921년에 3백 명 가량이 쿠바로 떠나감으로써 인구분산 및 재이민 성격의 디아스포라 이민사를 연출하였다. 이렇게 멕시코 동포들은 국민회의 특별한 배려로 민족적 소속감을 굳게 가질 수 있게 되면서 그들 역시 회비 납부 등 국민회 회원으로서 의무를 다했고, 『신한민보』의 식자기계 비용 및 국민회 가옥매입에 대한 은행채 부담도 함께 지는 충실한 자세를 보였다.

한편 일제의 한국병탄 소식은 하와이와 미국 본토는 물론 멕시코의 한인사회까지 무력배양을 통한 항일운동의 중요성을 제고시킨 계기가 되었다. 1910년 10월 캘리포니아의 클레어몬트 한인군사반과 중가주의 롬폭 의용훈련대, 그리고 11월 10일 캔자스시 소년병학원 및 하와이 농장의 교련실시 등과 함께 11월 17일 메리다에도 숭무학교(崇武學校)가 설립되었던 것이다. 사실 광무군인 출신들을 중심으로 청년들을 규합한 메리다의 숭무운동은 을사국치 4주년 시위부터 본격화 된 것으로, 박용만이 해외동포 개병제를 선포한 것보다 1년이 앞섰다.

실제로 그들은 농장에서 해방되면서부터 체력훈련을 쌓다가 한인들이 농장에서 풀려난 후에는 메리다 인근의 띄티·작골·쏘실 등 3개 지역의 젊은이들을 모아 매일 한두 시간씩 소규모 군사훈련을 실시하였다. 이근영은 『보병요조초선(步兵要操抄選)』이란 무예훈련 원칙을 글과 그림책으로 꾸며 구령방법과 담총체조 및 사격 연습의 습본을 보급하였다. 그러나 애국청년들의 뜨거운 피가 포효하던 숭무학교는 3년만에 폐교되는 운명을 맞았다. 멕시코 혁명의 혼란기를 맞아 모든 결사단체가 해체되었기 때문이다. 숭무학교가 해체되자 그들 가운데 일부는 멕시코 혁명에 가담해서 활약하기도 하였다.

이렇게 한인 중 젊은이들은 조국을 잃고 타국에서 받은 소외감과 상실감을 펼쳐버리기 위해 혁명이라는 소용돌이 속에 투신했지만, 정착하지 못한 대부분의 한인들은 멕시코 혁명으로 엄청난 혼란과 생계 위협을 겪었다. 일본영사들의 끈질긴 유혹을 뿌리치고 거의 무국적자였던 그들은 소수 중의 소수로 살아남기 위해 몸부림쳤다. 특히 1916년 이근영 등 광무 출신 지도자 몇몇이 과테말라 지하 혁명군과 결탁해 일종의 망명 정부인 '신조선'을 세우려는 야망을 꿈꾸다가 참담하게 실패한 사건은 한인사회에 큰 충격을 안겨주었다. 이른바 과테말라 용병 사건이다. 과테말라의 포악한 장기 독재자 카브레라(Manuel Estrada Cabrera)를 축출하려는 지하 혁명세력이 이근영 등에게 군사적 협조를 요청하면서 혁명에 성공하면 그 대가로 '신조선'을 세울 부지와 자금을 지원하겠다는 조건을 제시해왔던 것이다. 그러나 이 사건은 결국 동포들을 사지에서 총알받이로 팔아먹었다는 오명을 남긴 채 일단락되었다.

해방 이전 중국이나 러시아 그리고 일본으로 간 이주민에 비하면, 하와이와 미주 본토[멕시코와 쿠바 포함]의 한인은 모두 1만 명에 지나지 않을 정도로 적은 규모였다. 그럼에도 그들은 '동양의 아일랜드인'으로 불릴 만큼 독립운동에 헌신적이었다. 그들은 교회와 학교 및 일반단체를 통해 다른 어느 지역의 한인사회보다도 잘 조직화되어 있었다. 독립운동의 측면에서만 본다면, 미주 한인사회는 해방 이전 국외 한인사회 중에서 가장 모범적인 사례로서 제시될 수 있다.

〈참고문헌〉

[Ⅰ. 하와이 이민]

국제역사학회의 한국위원회, 『한미수교 100년사』, 국제역사학회의 한국위원회, 1982.

민병용, 『성공 이민 시대』, 화산문화, 1998.

웨인 패터슨, 정대화 역, 『아메리카로 가는 길 - 한인 하와이 이민사, 1896~1910 - 』, 들녘, 2002.

김영목·방손주 외, 『미주지역 한인이민사』, 국사편찬위원회, 2003.

이덕희, 『하와이 이민 100년 - 그들은 어떻게 살았나? - 』, 중앙M&B, 2003.

김원용 지음, 손보기 엮음, 『재미한인 50년사』, 혜안, 2004.

은희경 외, 『100년을 울린 겔릭호의 고동소리 - 미주 한인 이민사 100년의 사진 기록 - 』, 현실문화연구, 2007.

[Ⅱ. 멕시코 이민]

이영숙, 『유까딴의 첫 코리언 - 한국~멕시코 이민80년사 - 』, 인문당, 1988.

이자경, 『한국인 멕시코 이민사』, 지식산업사, 1998.

김원용 지음, 손보기 엮음, 『재미한인 50년사』, 혜안, 2004.

정경원 외 편, 『멕시코 쿠바 한인 이민사』, 한국외국어대학교 출판부, 2005.

이자경, 『멕시코 한인 이민 100년사』, 한맥문학출판부, 2006.

6장

점령과 전쟁 :
바다와 섬을 빼앗기다

Ⅰ. 거문도 점령 사건 : 영국의 러시아 견제

1845년 영국 군함 사마랑호가 당시 영국 해군부 차관의 이름을 딴 포트 해밀턴, 즉 거문도는 서도·동도·고도의 세 섬으로 이루어져 있다. 세 개의 섬이 병풍처럼 둘러쳐서 큰 배들이 자유롭게 드나들 수 있는 항구 구실을 하는 천연의 입지 여건, 또 대한해협의 문호로서 한·일 양국 간의 해상 통로로 이용되었던 거문도는 러시아 동양 함대의 길목에 위치함으로써 '동양의 지브랄타(Gibralta)'로 불릴 만큼 전략적 요충지였다. 따라서 거문도는 일찍부터 열강의 주목을 받아왔다. 영국에 이어 1854년엔 러시아 해군, 1867년엔 미국 해군도 각각 해군기지로 적합한지 여부를 살펴보기 위해 거문도에 기항한 적이 있을 정도였다.

거문도의 전략적 중요성을 가장 먼저 파악했던 영국은 당연히 이 섬에 눈독을 들이고 있었다. 거문도를 점령하기 10년 전, 개항 문제를 둘러싸고 조선과 일본의 관계가 악화되었던 1875년 후반 주일 영국공사 파크스(Harry S. Parkes)는 두 차례에 걸쳐 거문도를 점령하자고 주장하였다. 그해 7월 그는 러·일 양국이 조선을 공동으로 공격할 것 등을 비공식적으로 합의했다는 첩보를 입수한 뒤, 조선에서 러시아의 영향력이 확대되는 것을 우려하면서 본국에 영국 해군이 곧바로 거문도를 점령해야 한다고 건의하였다.

이어 그해 12월에도 만약 일본이 조선과 전쟁을 벌일 경우 일본이 요청하면 러시아가 원조해주기로 러·일 양국 간에 약속했다는 사실이 전해졌을 때에도, 파크스는 이 합의가 현실화되면 러시아가 일본으로부터 조선 영토 중 일부를 보장받을 것으로 판단하고 재차 자국 정부에 거문도 점령을 주장하였다. 비록 두 번 모두 그의 건의는 근거가 없다는 이유로 받아들여지지 않았지만, 영국 정부 내에 거문도의 전략적 가치를 널리 확산시키는 데 기여했을 것으로 여겨진다.

또한 1882년 4월 조선이 영국과 수호통상조약을 체결하기 위해 교섭하는 자리에서도, 영국대표 윌리스(G. Q. Willes)는 조미수호조약의 내용을 바꾸지 않겠다는 애초의 약속을 깨트리고 "거문도를 구해 군함의 정박지로 삼고자 한다"는 의견을 내놓았다가 반박을 당한 채 철회한 적도 있었다. 또한 1884년 봄 영국 정부가 해군의 주장에 따라 거문도를 점거지로 확정했다는 설도 전해진다. 따라서 영국은 자국의 이익을 확보하고 영향력을 유지·보존하기 위해서라면 언제든지 거문도를 점령하기로 작정하고 있었던 셈이다.

더욱이 1884년 12월경 러시아의 거문도 점령계획 소문이 유포되는 상황 속에서 갑신정변이 발발하자, 동아시아주재 영국 외교관들은 러시아가 조선 문제에 개입할 것이라고 다시 본국에 보고하였다. 조선 및 중국주재 영국공사 파크스는 중국의 총리아문을 여러 차례 방문해서 조선에 대한 러시아의 위협을 경고한 사실을, 주일 영국공사 플런켓(F. R. Plunkett)도 조선의 외아문협판 묄렌도르프가 도쿄에서 주일 러시아공사 다뷔도프(Aleksandr Davydov)에게 조선을 보호해주는 대가로 러시아가 원하는 섬을 할양하겠다고 약속한 사실을 각각 보고했던 것이다.

이에 따라 영국 외무부도 거문도 점령을 긍정적으로 검토하기 시작하였다. 1885년 2월 영국 외무부는 파크스의 거문도 점령 건의안을 요약·정리한 데 이어 해군부에 거문도의 중요성을 기록한 보고서를 검토해 달라고 요청하였다. 그 결과 4월 해군부는 영국의 거문도 점령이 동아시아에서 영국의 정치적·경제적 이익을 확보해줄 것이라는 견해를 담은 보고서를 내놓았다.

아프가니스탄에 대한 러시아의 점증하는 영향력도 영국에게는 커다란 부담이었다. 이미 1880년 초 러시아가 아무르강 연안으로 진출하면서부터 아프가니스탄을 보호령화한 영국은 러시아에 대한 경계심을 늦추지 않았다. 이어 1884년 러시아가 아프가니스탄 서북국경의 요지인 메르브(Merv)를 영유하게 되자 양국 간의 긴장은 더욱 고조되었다. 메르브가 인도로 통하는 요충지인 헤라트(Herat)로부터 그다지 멀리 떨어지지 않은 곳에 위치했기 때문에, 영국은 러시아가 인도를 위협할지도 모른다고 의심했던 것이다. 때마침 그해 말 개최된 아프가니스탄 국경획정협상에서 러시아가 헤라트로부터 110km 떨어진 지역을 국경선으로 삼으려는 방침을 비밀리에 세웠는데, 이것이 헤라트 영유방침으로 와전되면서 영국은 매우 분노하였다. 결국 1885년 3월 영국군의 지원을 받은 아프가니스탄군과 러시아군이 충돌하게 되었다. 이에 대응해서 영국은 인도방면에 예비 병력을 배치했으며, 러시아는 페르시아 국경방면에서 군사력을 집결시킴에 따라 전쟁의 위기가 감돌았다.

이러한 상황 속에서 영국은 러시아의 남하를 방지한다는 명분을 내세워 거문도를 점령하기로 결정하였다. 마침내 1885년 4월 14일 영국 해군부는 동양 함대의 도웰(William M. Dowell) 부제독에게 거문도를 점령하라는 명령을 전보로 보냈다. 바로 그 다음날인 4월 15일 나가사키에 머물고 있던 "아가멤논(Agamemnon)호, 페가수스(Pegasus)호, 그리고 파이어브랜드(Firebrand)호는 즉시 포트 해밀턴으로 떠났다. 도웰은 러시아 군함이 포트 해밀턴에 들어

거문도를 불법으로 점령한 영국 군함

오지 않는 한 국기를 게양하지 않겠다"는 내용의 전신을 본국 정부에 보냈다. 그날 영국 군함들은 아무런 저항을 받지 않은 채 거문도를 불법·무단으로 점령하였다.

그러나 영국군은 도웰의 공언과 달리 자국의 국기를 내걸고 포대와 병영을 쌓는 등 섬 전체를 요새화 하였다. 그들은 도민들에게 보수와 의료 혜택을 베푸는 대신 노동력을 제공받아 막사를 신축하거나 섬 주위에 수뢰를 부설하고 급수로와 전선을 가설했으며, 해문 공사를 비롯해 동도의 남단과 고도를 연결하는 제방 축조 공사도 벌였다. 거문도에 주둔한 영국군은 200~300명에서 점차 700~800명으로, 정박한 군함도 5~6척에서 10척까지 증가하였다.

5월 20일 영국은 러시아와 적대적인 상황을 고려해 거문도를 점령했다고 발표하였다. 여기에서 거문도 점령원인이 아프가니스탄에서 영·러 간의 분쟁에 있다는 점을 강조했지만, 어디까지나 명분에 지나지 않았다. 영국의 거문도 점령이 러시아 방비책이 아니라 러시아 공격책이었다는 점은 영국 해군이 러시아의 블라디보스토크해군기지에 대한 공격기지로 삼기 위해 거문도 점령을 구상했다는 사실에서도 잘 드러난다. 또한 윌리스 제독이 전시에 작은 섬의 점령은 자연히 인근 해역의 지배 없이는 곤란하다고 지적했듯이, 당시 해상에서 열세에 놓여 있던 러시아 해군이 전쟁을 예기하면서도 거문도를 점령하는 것은 전략적으로도 걸맞지 않는 일이었다. 실제로 거문도 선점 가능성이 희박한 상황에서 단행된 영국의 거문도 점령은 러시아의 남하 방지보다 동아시아에서 영향력을 확보하기 위해 오래전부터 계획해오던 것을 실행에 옮긴 데 지나지 않았다.

열강들 사이에서는 이미 영국이 거문도를 점령할 것이라는 관측이 나돌고 있었다. 1885년 4월 8일 주영 중국공사 쩡지쩌[曾紀澤]는 영국 외무부에 거문도 점령 여부를 문의한 적도 있었다. 하지만 영국 외무부는 이에 대해 아는 바 혹은 확인된 바가 없다고 시치미를 뗐다. 그러고서는 거문도를 점령한 다음날인 4월 16일에 영국 정부는 그 문의에 대한 회답 형식으로 쩡지쩌에게 점령 사실을 통고했고, 17일에는 중·일 정부에 통고하라고 양국 주재 영국공사에게 훈령하였다. 이어 4월 23일 영국 정부는 주중 영국대리공사 오코너에게 조선에 점령 사실을 알려주라는 훈령을 내렸고, 이에 오커너는 4월 24일 비밀각서 형식으로 점령을 통고해주었다. 이로써 조선 정부는 거문도 점령사건이 일어난 지 한 달이 넘은 5월 19일에야 비로소 정식 통고를 접수하게 되었다. 당사국인 조선이 가장 뒤늦게 자국의 영토가 타국에 점령당한 사실을 통보받은 셈이다. 이처럼 영국의 거문도 점령은 조선의 사전 승인을 받지 않은 명백한 불법무단의 행위였던 것이다.

하지만 그 과정에서 주목할 만한 점은 4월 8일 쩡지쩌가 영국 외무부에 거문도 점령 여부를 문의할 때, 러시아 혹은 영국이 거문도를 점령할 경우 중국은 영국이 그 섬의 소유국이 되기를 더 원할 것이라는 의견을 피력했다는 점이다. 그는 조선이 중국의 속국이라는 점을 영국 정부가 인정해야 한다는 전제조건 아래, 아무런 공식문서도 필요 없이 중국의 승낙을 구하는 것만으로 영국의 거문도 점령을 승인 또는 묵인하려 했던 것이다. 이는 갑신정변의 진압을 계기로 조선에 대한 우위를 유지·강화하려는 중국의 정책에서 비롯되었다. 실제로 짱지쩌가 영국의 거문도 점령에 호의적인 반응을 보인 것은 영국이 이를 단행하는 데 중요한 계기가 되었다. 4월 16일 영국은 짱지쩌에게 사정이 급해 사전 양해를 구하지 못한 채 점령하게 된 데 유감의 뜻을 표하면서 중국의 '위신'을 손상케 할 어떤 일도 하지 않겠으며, 중국의 이해에 저촉되지 않는 협정을 체결할 용의가 있다고 밝혔기 때문이다.

중국 정부 역시 영국의 거문도 점령을 예상하면서도 러시아 방어의 일환으로 여겨 오히려 환영하는 분위기였다. 당시 조선정책의 실질적인 책임자였던 북양대신 리훙장도 영국이 잠시 거문도를 점령하는 것은 러시아를 방비하는 것으로 조선과 중국 모두 손해될 바가 없다는 견해를 피력하였다. 조선에 대한 중국의 종주권을 공인하기만 하면, 영국의 거문도 점령에 대해 별다른 이의를 제기하지 않은 채 협상에 임할 수 있다는 입장이었다.

그 결과 영국의 거문도 점령이 단행된 뒤인 4월 27일 짱지쩌는 영국 외무부장관 그랜빌(Earl Granville)에게 "거문도는 중국에 인접한 조선 왕국에 속할 뿐 아니라 조선은 중국의 병번(屛藩)이므로 본도에 대한 외국의 점령 보도를 자연히 베이징에서는 무관심할 수 없는 바"이지만, "거문도 점령은 일시적인 성질의 것이며, 또 영국 정부가 중국의 위신을 손상하는 어떠한 일도 원치 않는 까닭에 이 지방에 대한 중국의 권리와 이익을 저해하지 않을 협정"을 체결할 용의가 있다면 응하겠다는 공문을 보냈다. 이에 의거해 그 다음날 영국 외무부는 거문도 점령을 전제로 거문도 주민으로부터 징수할 세금 전액을 조선 정부에 지불하겠다는 내용의 협정안을 제안하였다. 중국으로부터 거문도 점령을 승인받음으로써 동아시아 내부에서 이에 대한 공신력을 확보하려 했던 것이다.

그러나 협정안이 순조롭게 마무리될 것이라는 영국의 예상과는 달리 중국의 반응은 냉담하였다. 주중 러시아공사가 중국 정부가 영국의 거문도 점령을 인정할 경우, 러시아가 조선의 다른 섬 혹은 지역을 점령할 필요성을 느낄 것이라고 경고했기 때문이다. 이는 영국의 거문도 점령을 인정하면 러시아가 반드시 영흥만을 점거하고 일본 역시 가만히 있지 않을 것이므로 후환이 더욱 커질지도 모르겠다는 리홍장의 정세 판단 변화에서도 잘 엿볼 수 있다. 즉, 중국은 러시아의 위협을 막기 위해 처음에는 영국의 거문도 점령에 긍정적인 입장을 취했지만, 러시아에 대한 뿌리 깊은 위협의식[공로(恐露)의식]에 점차 사로잡혔고, 일본의 무력개입마저 우려하게 되면서 영국의 거문도 점령을 승인하려는 계획을 철회하는 쪽으로 방향을 바꾸었던 것이다.

이러한 방침이 결정된 후인 5월 초 리홍장은 딩루창[丁汝昌] 제독을 조선으로 출발케 함과 동시에 거문도는 조·중·일 간의 요지이므로 장기간 조차 혹은 매도를 허락했다가는 홍콩의 예처럼 빼앗길 가능성이 크며, 일본과 러시아의 반발을 초래하거나 침략의 빌미를 줄지 모르므로 딩루창과 상의해서 신중하게 대처하라는 권고문을 조선 정부에 보냈다. 영국이 러시아의 남하를 두려워해 남해의 요충인 거문도에 군함을 주둔시키고 있는데, 그들의 감언에 현혹되어 거문도를 임차하는 일이 없도록 하라는 내용이었다.

그렇지만 중국 내부에서는 영국이 러시아의 조선 혹은 자국 영토 점령 시도를 막아준다면 거문도 점령에 대해 확실하게 반대하지 않겠다는 의견이 여전히 존재하고 있었다. 6월 중순, 주중 러시아공사가 중국이 영국의 거문도 점령을 인정해주었다고 불평을 토로하면서 외교적인 압박을 가하였다. 러시아의 위협에 직면한 중국은 영국에게 거문도 점령을 반대하지 않는 조건으로 조선의 영토 유지를 보장하겠다고 명시해줄 것, 거문도를 중국과 조선에 위협을 유발하는 지역으로 사용하지 않겠다고 약속할 것, 조선이 중국의 종속국임을 인정할 것 등을 제시한 적도 있었다. 중국은 영국의 거문도 점령을 인정하는 데 소극적이었지만, 러시아에 위기감을 느끼면서 청영동맹(淸英同盟)을 모색했던 것이다.

사전에 영국의 계획을 탐지해 거문도에 군함을 보내 정찰했던 일본 역시 영국의 거문도 점령을 통보받고 영국이 아무리 우호국이라고 하더라도 일본 영토와 근접한 지점을 점거하는 것은 결코 무관심할 수 없다는 판단 아래, 러시아의 위협을 조장할지도 모를 영국의 행동에 못마땅한 태도를 취하였다. 5월 21일 톈진회담 중 일본특사 이토[伊藤博文]는 리훙장에게, 조선에서 양국 군대가 철수한 뒤 다시 파병할 수 있는 조건을 토의하던 중 제3국이 조선을 침공 혹은 점거해 양국 중 한쪽에 중대한 '방애(妨碍)'를 초래할 때, 그 피해 당사국의 파병을 인정하자고 제의했는데, 그 예로 지도상에서 거문도를 점령하는 사례를 들었다.

이어 7월 초순 에노모토[榎本武揚] 해군 제독도 리훙장에게, 러시아가 조선을 침략할 경우 중·일 양국이 공동 대응하는 것이 가능한지를 문의했으며, 영국의 거문도 점령을 반대하기 위해 역시 양국이 공동 행동을 취해야 한다고 주장하였다. 그러나 리훙장은 러시아의 어떠한 침략 행위에도 반대할 것이지만, 거문도 문제로 영국과 전쟁을 벌일 의도가 없다고 답변함으로써 일본의 제안을 거절하였다. 일본 역시 러시아보다 영국에 우호적이라고 밝힘으로써 영국과 마찰을 최소화하는 쪽으로 방침을 바꾸었다. 조선 문제에서 중·러 양국보다 영국의 위협이 가볍다는 판단 아래 적극적인 반대 의사를 표명하지는 않았던 것이다.

영국은 거문도 점령 초기 중국과 일본의 예상치 못한 반대에 직면하자 영국이 이 섬을 점령하지 않았더라면 러시아가 이를 점령했을 것이라는 논리를 내세워 반발을 무마시키는 데 진력하였다. 중·일 양국, 특히 중국이 내심으로 거문도 철수를 원치 않는다는 판단 아래, 영국은 중국의 점령 불허 통고가 너무 늦어서 시기를 놓쳤을 뿐 아니라 러시아가 거문도를 점령할 우려도 있다는 점을 강조함으로써 철수 불가방침을 굳히게 되었다. 공로의식을 강하게 지닌 중국과 일본에게 거문도 점령이 러시아의 위협에 대한 예방책이었다는 점을 앞세워 그 정당성을 인정받으려고 했던 것이다. 이러한 정책이 먹혀들어가 중국과 일본은 한편으로 러시아의 반발을 염려해서 영국의 거문도 점령을 공식적으로 인정하지 않았지만, 다른 한편으로 러시아의 위협을 막기 위해 비공식적이고 소극적으로 이를 지지·묵인하는 태도를 취하였다. 그 결과 영국의 거문도 점령은 열강의 견제를 받으면서도 어정쩡한 상태로나마 기정사실화되어 갔다.

조선 정부는 영국이 거문도를 점령한지 한 달이 넘은 5월 19일에 오코너의 공문을 공식적으로 접수받았다. 그러나 정부는 이미 소문 혹은 러시아와 일본의 신문보도를 통해 영국이 거문도를 점령한 사실을 알고 있었다. 정부는 먼저 그 사실을 확인하기 위해 5월 7일 동래부에 전라도 흥양현 거문도의 영국선 내왕정세를 자세히 관찰·보고케 하라는 지시를 내렸다. 이와 함께 일본 나가사키와 제물포를 왕래하는 독일기선을 활용하려는 계획을 세우기도 하였다. 그러던 중 5월 10일 딩루창 제독 휘하의 중국 군함이 도착하자 정부는 의정부유사당상 엄세영(嚴世永)과 외아문협판 묄렌도르프를 중국 군함으로 현지에 파견하기로 결정했으며, 이에 따라 5월 11일 그들은 거문도를 향해 출발하였다.

5월 16일 거문도에 도착한 엄세영 일행은 영국 군함 6척과 상선 2척이 정박하고, 섬 정상에는 영국 국기가 나부끼고 있는 모습을 보았다. 그들은 먼저 플라잉 피쉬(Flying Fish, 飛魚船)호 함장인 해군 대위 맥클리어(John P. MaClear)를 만나 조선의 정당한 승인 없이 함부로 거문도를 불법점거한 뒤 영국의 국기를 내걸은 것은 도저히 용납할 수 없는 부당한 일이라고 힐책하였다. 그러나 맥클리어는 러시아의 거문도 선점설을 핑계로 자국의 행위를 러시아의 침략으로부터 조선의 영토를 보호하려는 조치라고 합리화시킨 다음, 영·러 간에 아프가니스탄 문제가 해결되었으니 머지않아 철수할 예정이라고 답변하였다. 아울러 그는 자신은 오직 해군 제독의 명에 따라 주둔하고 있을 뿐이라면서 나가사키로 가 해군 제독과 상의하라고 발뺌하였다.

이에 엄세영 등은 회담을 마친 뒤 곧바로 나가사키로 출발해 5월 18일에 영국의 해군 제독 도웰에게 거듭 거문도 점령의 부당성을 비판하면서 철수를 요구하였다. 이어 그 다음날 엄세영은 도웰 앞으로 거문도 점거에 대한 사유를 추궁하면서 납득할 수 있도록 책임 있는 답변을 요구하는 문서를 보냈다. 이 문서를 접한 도웰은 즉시 자신은 본국 정부의 명을 받들어 거문도를 점거하고 있는데, 본국 정부의 뜻을 헤아리건대 잠시 차용하는 데 불과한 듯하며, 전날 회담한 내용을 이미 본국에 전보했으므로 회신이 오는 대로 알려주겠다고 답변하였다. 엄세영 등도 거문도 철수 여부는 현지 제독이 단독으로 결정할 수 없는 사안이라는 점을 알고 있었다. 따라서 그들은 영국 측의 답변을 마냥 기다릴 수 없었기 때문에 5월 21일 나가사키를 떠나 귀국길에 올랐다.

한편 정부는 영국의 거문도 점령을 조약에 위배되는 비우호적인 행위로 간주하면서도 곧바로 영국에 항의하는 데에는 신중을 기하였다. 정부는 서울주재 각국 공사관에 영국의 거문도 점령에 대한 각국의 의견 및 협력 가능성을 은밀하게 타진하였다. 이에 대해 일본 측은 영국에게 거문도 점령을 허락할 수 없을 뿐 아니라 다른 각국에서 요구한다 해도 절대로 승인하지 않겠다고 천명한 조선의 조치에 환영의 뜻을 표시해왔다. 그 반면 미국 측은 영국의 점령 통고를 기다리며, 그 진의를 파악하기 전에 악감정을 드러내지 말고 신중을 기하라고 권고하였다.

5월 19일 영국 측으로부터 거문도 점령을 통보받은 외아문독판 김윤식은 즉각 그 다음날 주중 영국임시대리공사 오코너에게 거문도는 조선 국토 중 가장 긴요한 땅으로 영국뿐 아니라 다른 어떤 나라의 요청이 있다 할지라도 허락할 수 없다는 뜻을 분명히 통보해주었다. 이와 동시에 김윤식은 조선주재 영국대리총영사 칼스(W. R. Carles)에게도 철수를 요청하는 공문을 보냈다. 영국의 거문도 점유는 상식은 물론 국제공법에도 어긋나는 불법행위가 명백한데, 국제우의에 돈독하고 만국공법에 밝은 신사의 나라 영국이 어떻게 이러한 부당행위를 저질렀는지 실망과 회의를 감추지 못하겠다고 정곡을 찌른 다음, 당장 잘못을 뉘우치고 철수하지 않을 경우 결코 좌시하지 않겠으며 이를 세계 각국에 알려 공론을 듣겠다는 의사를 분명하게 밝혔던 것이다.

뿐만 아니라 김윤식은 곧바로 조선주재 각국 공사관에 영국의 거문도 불법점령과 점령통고 사실을 알려주면서 "거문도는 비록 작은 섬이지만, 국제적으로 매우 중요하기 때문에 쉽게 빌려줄 수 없다. 우리와 동맹을 맺은 각국은 공평한 여론으로써 우리나라가 공의에 의거해 국권을 보존할 수 있도록 협력해주기 바란다"는 내용의 조회를 보냈다. 그는 이렇게 공법과 공의를 근거로 영국의 거문도 점령을 비판하는 국제여론을 불러일으키고 각국이 조정에 나서줄 것을 호소했던 것이다.

이처럼 조선 정부의 강력한 항의에 직면한 영국은 부재 중이던 영국총영사 애스턴을 조선으로 부임토록 함과 동시에 1년에 5,000파운드 이내의 금액으로 거문도를 급탄지(給炭地)로 임차하는 교섭을 직접 벌이려는 방침을 세웠다. 그리하여 6월 19일 애스턴은 김윤식을 만난 자리에서 거문도 점령의 잠정적인 성격과 급탄지로 필요한 까닭을 설명하였다. 이에 김윤식은 일본에도 영국의 급탄지가 있다는 사실은 다 알고 있으나 개항지밖에 있다는 점은 모른다고 힐난하면서 어떤 경우에도 조차할 수 없다고 명백히 밝혔다. 그 후 정부는 거듭 철수를 요청했지만, 영국 측은 철수하더라도 조선이 러시아를 비롯한 다른 열강들의 거문도 점령을 저지할 수 없다는 점을 내세워 당분간 철수 의사가 없다고 답변하였다.

양국의 입장에 팽팽하게 맞서는 상황 속에서 때마침 불거져 나왔던 조러밀약설은 영국 측에 유리한 빌미를 제공해주었다. 조러밀약설은 묄렌도르프가 조선에서 중국과 일본의 영향력을 약화시키기 위해 러시아를 활용하려고 계획한 것이었다. 묄렌도르프는 거문도를 거쳐 나가사키에 있는 동안 러시아 영사관을 방문했는데, 당시 러시아가 조선을 보호하는 대가로 조선 내 섬의 일부를 양도할 수 있다고 제안했다는 소문이 나돌았다. 급기야 6월 말 조선을 방문한 주일 러시아영사 스뻬이에르(A. de Speyer)가 영국이 거문도에서 철수하지 않는다면, 영국이 점령한 조선 영토의 10배에 해당하는 땅 혹은 제주도를 차지할 것이라고 언급함으로써 더욱더 파문이 일어났다.

정부는 러시아와 조약 비준서를 교환하기 전까지 어떠한 교섭도 진행시키지 않겠다고 선언함으로써 조러밀약설의 파장을 무마시키려고 노력하였다. 그러나 러시아에 대한 공포로 인해 조·중 양국이 거문도 점령에 대해 공식적으로 합의할 수 없다고 판단했던 영국 측은 조러밀약이 공개된 이상 조선과 협약을 체결하는 것이 불가능하다고 단정하였다. 아울러 이 틈을 놓치지 않고 파들면서 조러밀약을 영국이 거문도 점령을 유지하기 위한 근사한 구실로 삼았다. 영국의 거문도 점령은 조선에 피해를 주려는 악의의 소행이 아니라 러시아의 무서운 음모로부터 조선을 방위하기 위한 선의의 점거이자 우정의 발로라고 주장했던 것이다.

심지어 조러밀약에 대한 조선 측의 강력한 부정에도, 영국 측은 국가의 대사를 그르치려는 밀약추진 당사자들을 엄중히 처벌하지 않는 한 조선의 조치를 믿을 수 없다고 반박하였다. 조러밀약설로 말미암아 거문도 점령을 해결하기가 매우 난감해졌다고 평계대면서 이를 정당화·합리화시켰던 것이다. 그러나 영국 측은 거문도 점령이 불법이었으며, 국제 여론이 마냥 자국에게 유리하게 돌아가지만은 않는다는 점을 누구보다 잘 알고 있었다. 이로 말미암아 영국 정부는 현지 외교관들의 견해를 받아들이지 않고 묄렌도르프의 해임에 만족한 채 조러밀약설로 더 이상 조선 정부를 추궁하지 않았다.

한편 중국도 조러밀약설을 계기로 조선 영토 보존에 대한 중·영 양국의 공동보장 없이는 거문도 점령을 인정하는 공식협정에 응할 수 없다고 밝혔다. 이 때문에 자국 정부가 책임지는 어떠한 보장조치에 반대한다는 입장을 고수했던 영국의 입장은 더욱 난처해졌다. 더군다나 6월 25일과 27일에 조선 정부가 각국 공사관에 2차로 조회를 보내 국제공법에 호소함으로써 강력하게 반발한 점도 크게 부담이 되었다. 거문도 점령의 옹색한 명분을 찾는 데 급급했던 영국 측은 즉각 조선 정부가 자국의 사전 협의 없이 조회를 발송했다고 트집 잡으면서 이를 철회해달라고 요청하였다. 정부는 일단 영국 측의 요구를 받아들여 조회를 회수한 다음 영국 측에 거문도 철수에 대해 조속히 회답해달라고 다그쳤다. 그러나 영국 측은 전신 불통 등의 궁색한 변명을 늘어놓으면서 답변을 질질 끌었기 때문에 거문도 철수에 관한 교섭은 더 이상 진전을 보지 못하고 있었다.

거문도 철수에 대한 교섭이 교착상태에 빠진 상황 속에서 9월 10일 영·러 양국 간에 아프가니스탄협정이 맺어지자 비로소 해결의 실마리가 마련되기 시작하였다. 영국이 거문도를 점령하면서 표면상으로 내세웠던 명분이 사라졌기 때문이다. 이 기회를 놓치지 않고 10월 초 리훙장은 아프가니스탄 문제가 종결된 만큼 거문도 철수가 지연될 경우 중국의 조·일·러 삼국관계가 유쾌하지 않을 뿐 아니라 영국과의 우호적인 관계마저도 손상될 우려가 있다는 뜻을 표명하였다. 아울러 그는 조선 정부가 거문도 임차를 단호히 거부하고 있다면서 현실적인 해결책으로 영국 국기의 게양 중지, 군사시설의 철거, 해저전선의 제물포 연장 및 포함 1척의 정박 인정 등을 제안하였다.

외교적으로 궁지에 몰린 영국은 한편으로 국내에 총선거가 임박해서 당장 거문도 문제를 다루기에 적당치 않다고 둘러댔으며, 다른 한편으로 거문도 점령의 군사적·경제적 가치를 면밀하게 재검토하였다. 평화시 혹은 전쟁시에 거문도가 해군의 주요 항구 또는 급탄지로 적합한지를 조사하라는 해군부의 명령을 받은 신임 부제독 해밀턴은 12월 초순 막대한 금액을 들여 요새화하지 않는 한 거문도가 군항으로서 적당하지 않다는 보고를 올렸다. 이는 거문도 점령 초기 영국 해군이 해상을 지배하지 않는 한 해군기지는 홍콩만으로도 충분하다는 도웰 제독의 견해와도 일치되는 것이었다. 해군부도 이러한 견해에 동조했기 때문에 이제 외무부가 정치적 결단을 언제 어떻게 내리느냐 하는 문제만 남은 셈이 되었다.

1886년 2월 9일 중국 측은 영국이 거문도를 계속 점령할 경우 러시아도 조선 영토의 일부를 점령하겠다고 위협하고 있는 상황을 영국 정부에 전하면서 그 의향을 물었다. 4월 14일 영국 외무대신 로즈베리(Archibald P. P. Rosebery)는 다른 나라가 거문도를 점령함으로써 중·영 양국에 불리함을 초래할까 우려해서 선점했던 것인 만큼, 중국이 어떤 나라도 거문도를 점령하지 못하게 보장할 수 있다면 철수할 용의가 있다는 입장을 넌지시 내비추었다. 이러한 영국의 태도 변화에 고무된 리홍장은 러시아공사 라디젠스키(Nicholas Ladygensky)에게 영국의 거문도 철수 후에도 이곳을 점령하지 않겠다고 보증해준다면, 당당하게 영국에 철수를 권고하겠다는 의사를 전달하였다.

그 결과 10월 6일 리홍장과 라디젠스키는 첫째 조선의 현상은 장래까지 영구히 변경하지 않는다, 둘째 러시아는 조선의 평화를 담당·보호하려는 것 외에 결코 다른 뜻이 없으며 조선의 영토를 점령하는 것같은 일은 일체 하지 않는다, 셋째 앞으로 조선의 현상에 심히 관련될 경우 혹은 조선에서 러시아의 입장이 관련되지 않을 수 없을 때에는 중·러 정부 간 혹은 주조선 영국공사관 간에 처리방법을 함께 상의·결정한다는 등의 3개항에 합의하기에 이르렀다. 이에 리홍장은 조선의 영토를 침범하지 않겠다는 러시아의 보증서를 영국 측에 보내주면서 조속히 거문도에서 철수해달라고 촉구하였다.

따라서 영국 정부는 더 이상 거문도 철수를 망설일 필요가 없었다. 영국의 입장에서는 유사시에 러시아와 직접 상대하거나 마찰을 빚지 않더라도 중국을 앞세워 문제를 해결할 길이 열렸기 때문이다. 영국은 거문도에서 철수해도 좋을 실리와 명분을 동시에 얻은 셈이었다. 따라서 11월 24일

주중 겸 주조선 영국특명전권공사 월샴(John Walsham)은 중국 측에게 앞으로 다른 나라가 거문도나 기타 조선 영토의 어느 부분도 점령하는 일이 없으리라고 중국이 보증하고 철수를 요구한 뜻을 본국 정부에 보고했더니 이의가 없다고 알려왔다고 통고하였다. 사실상 거문도에서 철수하겠다는 의사를 공식적으로 통고했던 것이다.

이어 12월 23일 월샴은 조선 정부에도 중국의 보증 아래 거문도에서 철수하기로 결정했다고 알려주었다. 영국은 거문도를 점령할 때에도 가장 뒤늦게 조선에 공식 통보했듯이, 철수 결정 역시 중국보다 한 달 후에야 비로소 통지했던 것이다. 그러나 언제 거문도에서 철수할 것인지를 명확히 밝히지는 않았다. 이 통보를 받은 외아문독판 김윤식은 1887년 1월 26일 영국의 거문도 철수 조치를 환영하면서도 철수일의 결정을 기다려 관원을 보내 접수할 것이라고 월샴에게 통보하였다.

마침내 1887년 2월 27일, 영국은 거문도를 점령한지 22개월 여 만에 철수하였다. 3월 1일 주조선 영국대리총영사 워터스(T. Watters)는 김윤식에게 영국의 군함 및 병사뿐 아니라 기계 등 모든 설비를 완전 철수해 옛 모습으로 다시 복귀함으로써 영구 완전케 했다는 사실을 알려주었다. 하지만 영국은 끝까지 거문도 점령이 불법이자 무단이었다는 사실을 전혀 인정하지 않았다. 이러한 영국의 오만불손하고 안하무인격인 태도는 당시 인도와 극동 식민지정책의 중심 인물로 활약했을 뿐 아니라 그후 인도총독과 외무대신, 그리고 옥스퍼드대학총장까지 역임했던 커즌(George N. Curzon)의 평가에서도 잘 드러난다. 그는 영국의 불법적인 거문도 점령에 대해 반성 내지 사과하기는커녕 오히려 러시아로부터 조선의 영토를 침범하지 않겠다는 보장을 받아낸 만큼 조선은 물론 중국, 그리고 일본마저도 자국에게 감사를 표시해야만 한다고 평가했던 것이다.

나아가 그는 영국이 거문도에서 철수했지만 다른 열강의 조선 침략 혹은 병탄을 결코 묵과하지 않겠다는 강력한 의지를 표명했고, 이에 대한 러시아의 보장은 '빈사상태의 조선국'을 소생시키는 약효를 발휘할 것으로 전망하였다. 영국이 당사국인 조선을 제쳐둔 채 중국과 러시아를 상대로 철수 교섭을 벌였으며, 그 결과 중국이 종주국을 자처하면서 조선의 내·외정에 대해 간섭을 강화한 역사적 사실을 감안하면, 커즌의 평가가 그야말로 얼마나 모순에 가득차고 적반하장 격인가를 알 수 있다.

한편 영국군의 철수에 앞서 2월 10일 정부는 한성부판윤 이원회(李元會)를 경략사(經略使)에 임명해 거문도로 보내 섬의 형세 등을 살펴 진을 설치할 방략을 보고토록 하였다. 그는 거문도에 도착해 영국군의 철수 사실을 확인했으며, 전선·소형 목선 한 척·기와·영국인 분묘 9기 등을 발견했다고 보고하였다. 이들 가운데 고향으로 돌아가지 못한 채 거문도에 묻힌 영국 수병들은 총기사고로 죽은 자도 있었고, 당시 영국 함대를 뒤따라와서 영국군을 상대로 장사했던 일본인 주점에 드나들다가 익사한 자들도 있었다. 그 동안 13척의 군함과 2,000여 명의 병력이 머물렀던 거문도에 남은 흔적은 이것들뿐이었다. 이원회의 보고를 받은 김윤식은 영국 측에 잔유물을 모두 장부에 등록해 도민들로 하여금 소중히 간수토록 조치했으므로 그에 대한 처리 여부를 회신해달라고 요청하였다. 아울러 정부는 거문도에 진을 설치하면서 이민희(李民熙)를 첨사로 임명함으로써 영국의 거문도 점령 사건을 마무리지었다.

영국뿐 아니라 러시아·일본 등이 동아시아의 수많은 지역 가운데 일찍부터 거문도에 눈독을 들인 이유는 무엇보다 거문도가 천혜의 항구라는 자연조건을 갖춘데다 전략적 요충지라는 점을 간파했기 때문이다. 그 결과 거문도는 열강의 각축장으로 전락했고, 조선은 약소국으로서 비애를 맛보지 않으면 안 되었다.

II. 청일전쟁 :
동아시아 질서의 일대 변혁

1894년 봄 고부농민봉기를 계기로 동학농민전쟁이 일어나자 정부는 군대를 파견해 농민군을 진압하려 하였다. 그러나 농민군이 도리어 정부군을 파죽지세로 격파하고 5월 말 전주성마저 함락시키자, 6월 2일 정부는 농민군을 진압하기 어렵다고 판단한 끝에 청국[중국]에 파병을 요청하는 어처구니 없는 조치를 취하였다. 이 소식을 들은 농민군은 외국 군대에게 파견 명분을 주지 않기 위해 정부와 전주화약을 맺고 전주에서 철수하였다. 그런데도 청국은 톈진조약에 의거해 일본에 파병사실을 통고한 데 이어 군대를 조선에 파견하였다. 일본 역시 내각탄핵안의 상주로 궁지에 몰려 있던 난국을 타개하기 위해, 일본공사관과 거류민을 보호한다는 제물포조약을 구실로 조선에 군대를 파견하였다.

이에 당황한 정부는 일본의 불법적인 군대 파병에 항의하고 즉시 철병할 것을 요청하였다. 하지만 이미 청국과 일전을 계획한 일본은 조선을 청국으로부터 독립시키고 조선의 내정을 개혁한다는 명분으로 7월 23일 경복궁을 공격·점령함으로써 처음으로 무력을 행사하였다. 따라서 청일전쟁은 실질적으로 청군이 아니라 조선군과 일본군이 충돌하면서 시작되었다. 일본군의 경복궁 점령은 국왕 고종을 사실상 포로로 삼고 민씨 척족과 대립하고 있던 흥선대원군을 내세워 정권을 잡게 함으로써 조선 정부를 일본에 종속시키고 청군을 내몰기 위한 목적으로 계획되었다. 또한 개전 명분을 얻고 서울에서 조선 군대를 무장해제시킴으로써 일본군이 남쪽에서 청군과 싸우는 동안 서울의 안전을 확보함과 동시에 군수품 수송과 징발 등을 모두 조선 정부의 명령으로 시행하려는 목적 아래 계획된 것이었다. 이처럼 치밀한 사전 계획에 따라 조·일 양국 병사의 우연한 충돌을 빌

청일전쟁의 출발점인 풍도 해전에서 침몰하는 가오슝호와 이를 과장해서 그린 니시키에(錦絵)

미로 일본공사관과 일본 육군의 혼성여단은 혼연일체가 되어 경복궁과 그
주변 서울의 중추 지역에 대한 전면적인 점령을 단행하였다.

일본은 경복궁을 점령한 다음날 흥선대원군을 중심으로 신내각을 조직
하고, 그로 하여금 청군을 조선에서 쫓아내달라고 일본군에게 공식 의뢰
하는 문서를 보내도록 조치하려고 하였다. 그러나 일본군은 평양 부근에
청군이 상륙해서 남하할 경우 일본군이 협공당할 위험이 있다고 판단했기
때문에 하루라도 빨리 서울에서 남쪽으로 약 90km 떨어져 있는 아산 부근
에 주둔 중인 청군을 격파해야 할 필요성을 절실히 느꼈다. 따라서 일본군
은 조선 정부의 의뢰 문서와 관계없이 먼저 아산의 청군을 공격하기 위해
서둘러 출발하기로 결정하였다.

일본군은 서울의 조선 군대를 무장시킨 다음 아산만 근처에 집결한 청
군을 공격할 태세를 갖추고, 7월 25일 일본 해군은 풍도 앞바다에서 청국
함대를 기습적으로 공격하였다. 청일전쟁은 육지가 아니라 바다에서 그
서막을 열었던 셈이다. 이 해전에서 청국 군함과 청국 증원군을 태운 영국
수송선 가오슝[高陞]호가 일본 해군의 기습공격으로 격침되었다. 가오슝호
에는 1,200여 명의 청군이 타고 있었는데, 일본은 영국 선장 등 4명만 구조

압록강 해역에서 청국 군함을 공격하는 일본 군함

했을 뿐 나머지 물에 빠진 청군에게 총격까지 가하는 만행을 저질렀다. 이어 29일에 일본 육군은 성환 전투에서 청군을 격파해 승리를 거두었다.

이처럼 일본 정부는 육·해상에서 승리를 거둔 다음인 8월 1일에야 비로소 청국에 정식으로 선전포고를 했으며, 이에 대응해 청국도 선전포고를 하였다. 메이지 천황은 선전 조서에서, 일본은 조선의 독립을 보장하고 내정개혁을 실시한다는 것을 전쟁 목적으로 삼고, 전시 국제법을 준수하겠다고 밝혔다. 그러나 이미 풍도 해전에서 국제법에도 어긋나는 '잔인한 전쟁'을 벌인 사실만 보더라도, 선전 조서는 다분히 청국이 아니라 간섭의 틈을 엿보고 있던 서구 열강을 의식한 것에 지나지 않았다. 또 외무대신 무쓰[陸奥宗光]가 일본 측의 궁극적 목표가 청국과의 전쟁을 통한 동아시아 제패에 있음을 분명히 밝히고 있는 데에서 드러나듯이, 조선의 독립 보장 역시 전쟁 명분을 획득하려는 기만적 선언이었을 뿐이었다.

청·일 양국의 선전포고 후 청국은 전쟁이 장기 지연될 것으로 판단했으며, 조선 문제가 열강 간의 이해관계와 긴밀한 관련이 있는 만큼 제3국의

웨이하이웨이 보루를 공격하는 일본 군함

자연스러운 개입을 유도하기 위한 외교적 방면에 노력을 기울였다. 그 반면 인력이나 경제적인 면에서 여력이 없던 일본은 속전속결주의를 채택해 가능한 한 빨리 전쟁을 승리로 종결지으려고 하였다. 이를 위해 8월 26일 일본은 조선과 공수동맹을 체결함으로써 조선군의 동원과 인부·식량의 징발을 강요한 뒤 평양으로 북상하였다. 마침내 9월 15일 일본군은 청군을 공격해 평양을 함락시켰다. 이어 9월 17일 압록강 어귀 황해에서 청·일 양국의 해전이 벌어졌다. 황해 해전에서 일본의 연합 함대는 청국의 북양 함대를 궤멸시키고 제해권을 장악하기에 이르렀다.

평양·황해 전투에서 승리한 일본군은 곧이어 청국 본토에 대한 공략을 서둘렀다. 그리하여 10월 24일 일본군은 압록강을 넘어 청국 영토로 침입함으로써 청국 본토의 분할을 목적으로 대륙침략전쟁에 박차를 가하였다. 이어 11월에 일본군은 뤼순·다롄[大連]을 점령했는데, 뤼순 시내에서 시민과 포로 약 6만 명을 학살하고 시가지를 불사르는 만행을 저질렀다. 1895년 1월 말에서 2월 초에 걸쳐 일본군은 산둥반도의 웨이하이웨이[威海衛]를 공격해 북양 함대를 전멸시켰다. 그 과정에서 청국의 딩루창이 항복하기를 거부하고 자살하기도 하였다. 조선의 풍도 해전에서 시작된 청일전쟁은 웨이하이웨이 해전에서 막을 내렸던 것이다.

청국은 잇따른 패배로 말미암아 전쟁을 마무리하기 위한 강화회담을 서두를 수밖에 없었고, 장인후안[張蔭桓]·샤오위린[邵友濂] 등을 전권대신으로 임명해 일본에 파견하였다. 그러나 1895년 2월 초 히로시마회담[廣島會談]에서 일본 측은 더욱 유리한 강화조건을 확보하기 위해 청국 전권대신의 위임장과 자격에 문제가 있다는 꼬투리를 잡아 교섭을 거부하였다. 아울러 일본군은 전투를 재개해 3월 중순에 랴오둥[遼東]반도를 완전히 장악했고, 그 결과 수도 베이징마저 침공당할 위험에 놓이게 되었다.

청국은 일본의 요구대로 리훙장을 전권대신으로 삼아 시모노세키[下關]에 파견해 강화회담을 재개하였다. 3월 20일부터 이토와 리훙장은 강화회의를 다시 열었으나 일본의 무리한 요구로 난관에 봉착하였다. 더군다나 3월 24일 리훙장이 회의를 마치고 숙소로 돌아가던 중 일본 청년에게 저격당하는 사건이 일어났다. 이에 당황한 이토는 이 사건으로 러시아를 비롯한 열강의 개입을 초래할지도 모른다고 우려해 3월 30일에 먼저 6개 조항의 휴전협정을 체결하고 4월 19일까지 휴전에 들어갔다. 이 휴전기간 동안 양국은 강화협상을 진행했고 마침내 4월 17일 청국이 일본의 요구를 대부분 받아들이는 청일강화조약, 즉 시모노세키조약을 맺음으로써 청일전쟁은 마무리되었다. 그 외에도 각 3조항의 의정서(議政書) 및 별약(別約), 2조항의 추가휴전협정이 체결되었다.

청일강화조약은 11개 조항으로 이루어졌는데, 제1조에서 청국은 조선국이 완전무결한 독립자주국임을 확인하며, 조선의 독립자주를 손상시키는 청국에 대한 공헌(貢獻)·전례(典禮) 등은 장래에 완전히 폐지한다고 규정하였다. 그 외에도 청국의 랴오둥반도·타이완·펑후[澎湖]열도 등에 대한 일본 할양, 청국의 군비배상금 지불, 조약 비준·교환 후 통상항해조약 및 육로교통무역에 관한 약정 체결, 최혜국대우 등이 들어 있었다. 이 조약에 의해 평등한 조약이었던 청일수호조규(淸日修好條規)는 부정되었고 일본은 청에서 서구 열강과 같은 위치와 특권을 차지함으로써 전통적인 중화제국체제는 무너지고 말았다. 특히 조약 제1조에서 형식상 조선이 자주독립국임을 대내외에 천명함으로써 청국이 전통적으로 조선에 대해 행사해왔던 종주권을 부정하고, 실질상 일본이 조선을 자국의 지배 아래 놓을 수 있게 되었다. 일본은 조일수호조규에서 조선에 대한 독립 대우정책을 내세운 후 독립 공인화정책을 추진해왔으나, 이 조약에서는 실질적으로 조선의 독립을 실질적으로 부인함으로써 정한론 이래 줄곧 추구해왔던 조선에 대한 우월한 정치·군사·경제적 지배권을 장악할 수 있는 발판을 마련하였다. 한마디로, 일본은 조선에 대한 독점적 지배라는 청일전쟁의 최대목표를 달성했던 것이다.

또한 일본은 청국으로부터 랴오둥반도·타이완·펑후열도 등을 할양받음으로써 대륙을 침략할 수 있는 근거지를 확보하게 되었다. 특히 랴오둥반도는 일본이 청국의 수도 베이징으로 언제든지 진격할 수 있는 정치적·군사적 요충지였다. 그러나 이로 말미암아 일본은 서구 제국주의 열강의 견제를 받게 되었다. 서구 제국주의 열강은 아편전쟁 이래 청국을 줄기차게 침략해 영향력을 확대했지만, 영토 할양만큼은 삼가해 왔기 때문이다. 실제로 시모노세키조약이 체결된 지 일주일도 되지 않은 4월 23일 러시아·프랑스·독일 등 3국이 일본 정부에게 압력을 가해 랴오둥반도를 청국에 반환하라고 요구하였다. 결국 5월 10일 일본은 군사력의 열세를 통감하고 배상금을 추가로 받으면서 삼국간섭에 굴복하지 않을 수 없었다. 나아가 삼국간섭의 대가로 제국주의 열강은 청국에 조차지를 요구하였다. 그 결과 러시아는 랴오둥반도 남부, 영국은 웨이하이웨이, 독일은 자오저우만[膠州灣] 지역을 각각 조차했고, 그 결과 청국은 본격적으로 반식민지로 전락하게 되었다.

주목할 만한 사실은 일본이 청국으로부터 전쟁 배상금 2억 냥 외에 랴오둥반도의 반환 대가 3천만 냥, 기타 웨이하이웨이의 수리비 150만 냥 등 총 2억 3,150만 냥을 받아냄으로써 향후 경제발전과 군비증강에 박차를 가할 수 있었다는 점이다. 이 금액은 당시 청국 1년 세입의 2배, 일본 국가 재정 4년분 이상에 달하는 정도로 어마어마한 액수였다. 일본은 이 금액으로 청일전쟁 비용을 충당하였을 뿐 아니라 러시아를 장래의 가상 적국으로 삼아 러일전쟁에 대비해 군비를 확장하는 데 사용하였다. 또 이 금액은 금본위제로 이행하는 기반이 되었고, 야하타[八幡] 제철소를 건설하는 데에도 쓰임으로써 일본경제는 한 단계 더 발전할 수 있었다. 일본의 교육재정을 확충하고 타이완을 식민지로 건설하는 데에도 배상금은 요긴하게 투여되었다. 일본은 청일전쟁을 통해 제국주의로 나아가는 데 중요한 물적 기반을 마련했던 것이다.

마지막으로 일본은 서구 열강이 청국에서 누리는 것과 동등한 통상상의 특권을 획득했으며, 사스[沙市]·충칭[重慶]·쑤저우[蘇州]·항저우[杭州]의 개항과 일본 선박의 창장[長江] 및 그 부속 하천의 자유통항을 용인 받고 일본인의 거주·영업·무역의 자유도 얻어냄으로써 청국 내륙까지 자유롭게 침투할 수 있게 되었다. 이러한 권한은 최혜국 조항으로 당연히 다른 국가들에게도 부여되었고, 청국은 급속하게 경제적으로 제국주의 열강에 예속되어 갔다.

일본의 승리는 국민의 의식 속에서도 커다란 변화를 불러일으켰다. 이웃 나라에 대한 우월감·멸시감이 형성되었고, 청불전쟁 이래의 '탈아입구

청일전쟁의 승리로 제국주의 열강의 막내로 합류한 일본

(脱亜入欧)'는 이러한 형태로 국민 차원으로까지 미치게 되었던 것이다. 청국은 일본에게 전쟁 배상금을 지불하기 위해 국가의 이권과 영토를 담보로 열강에게 차관을 얻었다. 청국의 허약함을 간파한 열강들이 앞 다투어 침략함으로써 청국은 곧 반식민지 상태로 전락하였다. 한편 조선은 의지와 상관없이 청일전쟁에 휘말려 전쟁터가 되었고, 전후에는 일본의 침략 아래 놓이게 되었다.

한편 청일전쟁에서 간과해서는 안 될 사실은 1895년 1월 전쟁의 승리를 확실하게 눈앞에 둔 유리한 전황을 이용해서 센카쿠제도[尖閣諸島, 다오위다오(釣魚島)]를 자국의 영토로 편입해버렸다는 점이다. 1894년 12월 일본 내무성은 내무대신 등에게 어조도(魚釣島) 등에 관해 1885년에는 청국과의 관계를 고려해 외무경과 협의한 끝에 표항(標杭)의 건설이 필요하지 않는다고 결정했지만, 그 당시와 금일은 크게 사정이 다르므로 이를 실행해야 한다는 의견을 제출하였다. 이때 작성된 각의 제출안 초안에는 어조도 등이 종래 무인도였지만, 근래에 이르러 이 섬으로 어업 등을 시도하는 자가 있어 단속이 필요하므로 지형상 오키나와[沖繩]현의 관할로 삼아 표항을 건설하고자 한다는 내용이 들어 있다.

노무라[野村靖] 내무대신은 이 안건의 문구만 약간 가다듬은 뒤 무쓰 외무대신에게 "당시와 금일은 사정도 상이"해졌으므로 이를 각의에 제출하는 문제에 대해 협의를 구하였다. 1895년 1월 무쓰 외무대신 역시 특별한 이의가 없으므로 예정대로 조치하자는 취지의 회답을 보냈다. 그 결과 1월 14일 각의에서는 이 건을 허락하기로 결정했으며, 곧 지령안을 마련한 다음 내무·외무대신의 연명으로 오키나와 현지사에게 어조도 등에 표항 건설 지령을 통보해주었다. 이로써 일본은 오늘날에도 여전히 중·일 양국 간 분쟁의 불씨가 남아 있는 센카쿠제도를 일본 영토로 편입해버렸던 것이다.

일본이 센카쿠제도를 편입한 결정적인 이유는 이에 대해 처음 거론된 1885년과 1894~5년 당시의 사정이 크게 달라졌다는 점이었다. 1885년 9월 오키나와 현령은 야마가타[山縣有朋]의 은밀한 명령을 받아 센카쿠제도를 편입하자는 안을 올렸다. 그러나 야마가타는 어조도 등이 청국령일 가능성도 컸고 청국과 마찰을 빚을지 모른다고 염려했기 때문에, 최고관청인 태정관(太政官)에 상신안을 제출하기 전에 이노우에[井上馨] 외무경에게 의견을 구하였다. 이에 이노우에는 숙고한 끝에 어조도 등이 청국 국경에도 접근하고 둘레도 작으며, 청국에서 그 이름도 붙였을 뿐 아니라 최근 청국 신문 등에도 일본 정부가 타이완 근방의 청국 소속 도서를 점거하려 한다는 등의 풍설이 게재되어 일본에 의심을 품고 청국 정부의 주의를 촉구하고 있다는 점 등을 이유로 보류하고 훗날의 기회로 미루자는 의견을 내놓았다. 당시 청국에 비해 국력도 열세였던 일본이 굳이 영토 편입 문제로 청국과 마찰을 빚기보다는 조선에 대한 청국의 적극적인 간섭을 통해 러시아의 남하를 방지하는 정책을 우선으로 삼았기 때문이다.

그 후 1890년과 1893년 등 3차례에 걸친 오키나와 현지사는 수산 혹은 어업상 단속할 필요가 있으므로 센카쿠제도를 편입하자는 의견을 제시했지만, 내무성과 외무성은 전부 유보하거나 거절하였다. 그 과정에서 내무성은 1894년 4월 중순까지 어조도 등의 편입 근거를 조사하라고 지시했지만, 오히려 현지사는 그러한 근거가 없다고 보고하였다. 또한 1894년 내무성은 모험적인 소자본가인 고가[古賀辰四郎]의 어조도 개척 허가원 제출에 대해 각하 결정을 내렸다. 이처럼 어조도 등의 일본 영토 편입근거가 그 이전과 달라지지 않았음에도, 1894년 12월 내무성은 종전의 유보 혹은 불가 결정을 뒤집고 단지 사정이 달라졌다는 이유로 지형상 내지 어업활동 단속상 무주지선점론에 입각해서 영토 편입을 정당화했던 것이다.

따라서 일본 정부가 센카쿠제도의 영토 편입 이유로 내세운 상이한 사정은 1885년 당시 이노우에 외무경이 청국 정부의 반발을 불러일으킬지도 모른다는 우려가 해소된 상황이었다는 점이다. 그것은 바로 청일전쟁의 승리를 확실하게 목전에 둔 국제정세의 유리한 변화였던 것이다. 일본이 어조도 등을 일본 영토로 편입했던 1894년 12월 중순부터 1895년 1월 중순까지는 청일전쟁에서 이미 일본의 승리가 확정적이었기 때문에, 타이완의 할양조차 인정해준 청국은 어조도 등의 귀속을 둘러싸고 일본과 다툴 만한 처지가 아니었다.

당시 일본은 센카쿠제도를 영토로 편입하기로 각의 결정을 내린 사실 자체를 어떠한 형식으로든 공시하지도 않았다. 일본이 그 사실을 입 밖에 내지 않는 한 청국이 이를 문제 삼아 항의하거나 싸운다는 것 자체가 불가능한 실정이었다. 지금도 논란이 일어나고 있지만, 센카쿠제도가 무주지가 아니라 청국 영토였을 가능성이 큰 만큼 일본은 청일전쟁의 승리에 편승해서 어떠한 조약이나 교섭에 의하지 않은 채 은밀하게 청국으로부터 이를 '도취(盗取)'한 셈이 된다. 이처럼 일본이 청일전쟁의 승리라는 유리한 상황을 바탕으로 무주지선점을 앞세운 센카쿠제도 편입 논리와 방법은 10년 뒤 독도 강점에서도 고스란히 적용되었다.

Ⅲ. 러일전쟁과 독도 강점 : 한국 식민지 전략의 단초

삼국간섭 이래 국제적 고립에 고심하고 있던 일본은 1900년 중국의 의화단(義和團) 사건 진압에 적극 관여하면서 열강의 대열에 끼어들었다. 이때 이미 일본은 동아시아에서 열강 간의 영토 쟁탈전이 점차 격렬해지면 한국을 차지할 기회를 잃어버리게 될지도 모른다는 판단 아래 러시아와 개전 방침을 굳히게 되었다. 이어 일본은 만주에서 러시아의 지배적 지위는 인정하더라도 한국만큼은 일본이 꼭 확보해야 한다는 '만한교환론(滿韓交換論)'을 제시하였다. 만약 러시아와 교섭이 결렬될 경우 전쟁을 벌여서라도 한국을 차지해야 한다는 입장도 거듭 천명되었다. 한국의 존망은 일본의 안위가 달려 있으므로 결코 이를 타국의 간섭에 일임할 수 없으며, 정치상·군사상·경제상 한국을 일본의 발판을 삼아 자위의 길을 완성해야 된다는 것이었다.

이를 위해 1902년 일본은 러시아와 세계 도처에서 대립하고 있던 영국과 동맹을 체결했으며, 그 다음해 말에는 러·일 간의 충돌이 불가피할 경우 개전 전에 영국의 재정적 원조를 받고 싶다고 영국 정부에 제안하였다. 이러한 형세 속에서 1904년 1월 각의에서 '만주와 한국에서 러·일 교섭에 관한 제국의 최종 제안'을 결정한 다음 이를 러시아에 회답 기간까지 정해 발송하였다. 2월 1일 러시아로부터 기일을 확실히 말해줄 수 없다는 회신을 받은 일본은 2월 4일 러·일 간의 교섭 단절을 결정하고, 8일에 주일 러시아공사에게 이를 통보하였다.

그러나 이러한 통보가 이뤄지기도 전에 이미 일본은 러시아 함대가 뤼순 외항에 정박하고 있다는 정보를 입수하고, 러시아 함대를 기습공격하고 한국에 부대를 상륙시킨다는 결정을 내렸다. 이에 2월 6일 장갑함 6

뤼순으로 출동하는 일본 군함

척·순양함 14척·수뢰정 35척 이상으로 구성된 일본 함대는 사세보항을 출항해 8일 저녁 뤼순 앞바다에 도착한 뒤 러시아 함대를 공격하였다. 이로써 20세기 최초의 제국주의전쟁이었던 러일전쟁은 해전으로 서막을 열게 되었다.

일본 함대는 처음에 러시아 군함을 발견하고 전등을 껐기 때문에 충돌사고를 일으키기도 했지만 어뢰로 공격을 펼쳤다. 러시아 군함 3척은 파괴되었지만, 곧 다른 러시아 군함에 의해 항구로 예인되었다. 그 다음날 아침부터 일본 군함은 러시아 군함을 바다로 꾀어내려고 시도했지만, 러시아 함대는 이에 넘어가지 않았다. 이로 말미암아 일본 군함은 먼 거리에서 포격을 가할 수밖에 없었기 때문에 양 측 모두 커다란 손해를 입지 않았다.

또한 제물포에서도 해전이 벌어졌다. 당시 제물포항에는 서울주재 외국공사관을 수비하기 위해 일본과 러시아를 비롯한 각국의 전함들이 정박하고 있었다. 러시아는 군함 바랴크(Varyag)·까레예쯔(Koreets)와 상선 순가리(Sungari) 등 3척이었던 데 반해 일본 군함은 순양함 6척과 수뢰정 8척이었다. 더구나 화력 면에서 순양함 아사마[淺間]호 1척이 바랴크호와 까레예쯔호를 합한 것보다 월등할 정도로 일본은 압도적인 우세를 점하고 있었

제물포 해전에서 침몰의 길을 선택한 바랴크호 등 러시아 군함들

다. 2월 8일 뤼순과 연락이 두절된 후 까레예쯔호는 뤼순으로 우편물을 수송하기 위해 제물포항을 떠났다가 일본 전함들의 선제공격을 받고 응사한 뒤 다시 돌아와 전투가 시작된 사실을 알렸다. 2월 9일 일본 군함은 러시아 군함을 봉쇄하고 부대를 제물포에 상륙시킨 다음 러시아 군함을 출항시키라고 요구하면서 응하지 않을 경우 무력을 행사하겠다고 통보하였다. 그러나 바랴크호의 함장 루드네프는 일본 군함을 정면으로 돌파하되, 만약 실패할 경우 부대를 연안에 상륙시키고 군함을 폭파하기로 결정하였다

러시아 군함이 출항하자 일본 군함은 항복을 요구했고, 러시아 군함이 이를 거부하면서 아사마호의 발포로 전투가 시작되었다. 그 과정에서 일본 수뢰정이 침몰되기도 했지만, 바랴크호도 막대한 피해를 입어 더 이상 전투를 벌일 수 없었다. 결국 루드네프(P. Rudnev)는 군함들을 이끌고 제물포로 돌아와 원래 계획대로 폭파하려 했지만, 다른 나라의 선박에 피해를 줄 수 있었기 때문에 침몰시키는 방법을 택하였다. 마침내 일본의 전리품이 되는 대신에 바랴크호 등은 자폭으로 바다에 침몰되고 말았다. 이처럼 일본은 뤼순과 제물포에서 러시아 군함에 선제공격을 가하고 난 뒤 10일에야 비로소 선전포고를 하였다.

한편 국제 사회의 보장에 의한 영세중립화 방안을 구상하던 한국은 러일전쟁이 임박하자 싸움에 말려들 것을 우려해 국외중립을 선언하였다. 1904년 1월 21일 중국 즈푸에서 프랑스어로 작성된 선언문이 외부대신 이지용(李址鎔)의 명의로 각국에 타전되었던 것이다. 이에 대해 영국·이탈리아·독일·프랑스·덴마크·중국 등 여러 나라가 승인을 했지만, 일본은 이 사실을 무시한 채 서울을 무력으로 점령하고 정부를 위협하였다. 그리고 2월 23일 일본군 사단장 이하 장교들이 황제를 알현하는 등 군사적 위력으로 공포 분위기를 조성한 가운데 일본의 정치적 요구를 받아들여야 하며, 일본군이 전략상 필요한 지역을 마음대로 사용할 수 있다는 내용의 한일의정서를 강제로 체결하였다. 이로써 일본은 서울에 한국주차군사령부를 설치했으며, 부산·원산 등 주요 지역에도 군대를 배치하였다. 이처럼 일본은 한국을 강제로 군사동맹국으로 끌어들임과 동시에 식민지로 만들기 위한 절차를 밟았던 것이다.

이처럼 일본은 전쟁을 수행하기 위해 배후지 한국에 대한 영향력을 확보한 다음, 러시아와 본격적으로 전쟁을 벌었다. 일본군은 3월 28일 평안도 정주성 부근에서 기병의 도보전으로 러시아군을 격퇴하고 4월 4일 의주를 점령했으며, 4월 10일부터 압록강 연안에서 러시아와 일진일퇴를 거듭하였다. 압록강변의 대회전에서 일본군은 청일전쟁의 경험을 바탕으로 도하작전을 개시해 러시아군의 전투 주력을 압록강 건너 중국 안둥현으로 퇴각시켰으며, 4월 말 압록강을 넘어갔다.

그렇지만 당시 일본군이 일방적으로 승리를 거둔 것은 아니었다. 압록강 도하 이후 최초의 전투인 까울렌성[九連城] 점령 시 일본군의 사상자도 700여 명이나 되었으며, 4월 말 일본군 보병 제37연대 제9중대가 탑승한 긴슈마루[金州丸]는 함경도 일대를 정찰하고 원산으로 귀항하는 도중 신포(新浦)에서 러시아 군함에 의해 격침되기도 하였다. 또 6월 말 러시아군 수뢰정 8척이 원산항을 습격해 일본함 2척을 격침시켰으며, 7월 중순에도 블라디보스토크 함대가 일본 도 쿄만 부근의 섬에 상륙한 적 도 있었다. 그럼에도 대세는 일본이 승리하는 방향으로 나 가고 있었다. 이후 일본군은 더욱 깊숙이 진격해 9월 4일 에 랴오양을 완전히 점령했 으나 1만 7,539명의 사상자가

울산 앞바다 해전

발생하였다. 10월 중순 일본군은 러시아군을 격파하고 뤼순항을 포위한 뒤 공격하기 시작하였다.

1905년 1월 초 일본군은 뤼순항을 함락한 이후에야 비로소 러일전쟁에 서 승리를 확실하게 굳히기 시작하였다. 뤼순 전투는 일본과 러시아 양국 모두 육전의 승패를 가늠하는 총 공방전이었다. 처음 일본군의 제2, 3차 뤼 순 총공격은 실패로 돌아갔다. 당시 종군기자 쓰루다[鶴田禎二郎]가 "우리 병사는 적 편에 사체를 쌓아 엄보(掩堡)를 만들었다"고 표현할 정도로 뤼순 전투는 많은 사망자를 냈던 처절한 전투였다. 뤼순 전투와 마찬가지로 치 열한 총력전으로 기록되는 펑톈 대회전에서 일본군은 다시 승리했고, 3월 10일 펑톈을 점령함으로써 육전에서 대규모 전투는 모두 끝이 났다. 전투 에 투입된 러시아군은 37만 명으로 이중 사상자 9만 명, 포로 2만 명이었 다. 반면 승리한 일본도 25만 명의 전투참가자 중 사상자가 7만 명이나 되 었다.

한편 러일전쟁의 해전은 5월 27일과 28일 도고[東鄕平八郎] 중장이 지휘 하는 연합 함대가 그간 뻬쩨르부르크를 출발해 7개월 여 동안 유럽과 아프 리카·아시아를 돌아온 러시아의 발틱 함대를 독도 부근에서 격파함으로 써 끝나게 되었다. 당초 러시아 황제 니콜라이 2세는 발틱 함대를 파견하 면서 자국의 승리를 확신하였다. 그러나 뤼순·펑톈의 패배와 더불어 1905

발틱 함대와 일본 함대의 해전(독도해전)

년 1월 '피의 일요일' 사건으로 상징되는 노동자·농민의 혁명 열기가 러시아 내부에 팽배해 있었고, 이를 해결하는 문제로 짜르 정부는 동요하게 되었다. 이러한 내정혼란으로 말미암아 무엇보다도 전쟁의 종결이 급선무로 떠올랐다. 러시아는 발틱 함대의 궤멸 이후 재반격의 기회를 갖지 못하고 있었다.

일본은 육전과 해전에서 승리를 거두었지만 전쟁을 종결시킬 정도로 러시아에 결정적인 타격을 가한 것도 아니었다. 일본도 전쟁에서 커다란 손실을 입었을 뿐 아니라 전비마저 바닥난 상태에 이르렀다. 더군다나 러시아는 시베리아와 만주 철도를 통해 보급품과 군사력을 증강시키고 있었다. 이러한 상황 아래 일본은 전세가 유리할 때 종전 협상을 벌이는 것이 좋겠다고 판단했으며, 결국 미국에게 중재를 요청하였다.

미국과 영국을 비롯한 열강 역시 러시아 혹은 일본 어느 쪽도 완전히 승리하지 않은 상황에서 전쟁이 종결되기를 내심 바라고 있었다. 영국과 미국은 러일전쟁의 장기화로 경제활동이 위축될 것을 염려했으며, 만주지역에서 일본의 세력이 지나치게 확대될 경우 자국의 권익이 침해될지도 모른다고 판단했기 때문이다. 한마디로, 영국과 미국은 러·일 양국이 전쟁으로 국력이 약화된 채 만주에서 독점적인 영향력을 행사하지 못하면서 서로 세력균형을 유지하는 편이 가장 바람직한 상황이라고 여겼던 것이다. 독일도 러시아의 혁명이 파급되기를 원치 않았으며, 프랑스 역시 러시아의 패배로 유럽의 세력균형이 무너지지 않을까 우려하고 있었다.

이처럼 서구 열강들이 러일전쟁의 조속한 종결을 원하는 상황 아래 미국 대통령 루스벨트의 권고로 러·일 양국의 강화협상은 급진전을 보게 되었다. 그리하여 1905년 8월 9일 뉴햄프셔주 포츠머스(Portsmouth)에서 양국의 전권 수석대표인 러시아의 비떼(Sergei J. Witte)와 일본의 고무라 사이에 회담이 이루어졌다. 일본 측은 한국에 대한 일본의 우월적 이익 및 지도·보호·감리 권리 승인, 러시아의 만주철병과 만주에 대한 중국의 주권 및 경제적 기회균등과 배치된 특권 포기, 랴오둥반도 조차권 및 남만주철도 권익 양도, 사할린 양도, 억류 중인 러시아 전함의 일본 양도, 극동 해군력의 제한, 오호츠크해 등 연안어업권 허여 등 12개 조건을 제시하였다.

이에 대해 러시아는 전쟁의 승패가 확정되지 않은 채 종결된 사실을 강조하면서 전쟁의 패배를 공식으로 인정하는 셈인 영토할양 및 전비배상, 자국의 전략적 이해를 저해하는 극동 해군력의 제한, 그리고 국제법과 러시아 국내법에도 위반되는 러시아 전함의 양도 등은 협상의 대상이 될 수 없다고 거부의사를 밝혔다. 단, 러시아는 나머지 조건들에 관해서는 협상을 벌일 수 있다는 태도를 취하였다. 하지만 일본은 전승의 대가를 기대하고 있는 국내여론을 의식했기 때문에 러시아의 협상안을 받아들이지 않았다. 그 결과 회담은 한 때 결렬될 위기에 처했으나 루스벨트가 적극적으로 중재에 나섬으로써 9월 5일 양국 간에 포츠머스조약이 체결되었다.

포츠머스강화조약의 내용은 러시아가 전쟁배상금을 물지 않는 대신 한국에 대한 일본의 우월권을 전면적으로 인정하는 것을 비롯해서 뤼순·다롄의 조차권, 창춘[長春] 이남의 철도부설권, 북위 50도 이남의 사할린과 그 부근 도서, 동해·오호츠크해·베링해의 어업권 등을 일본에게 양도한다는 것이었다. 이로써 러일전쟁은 대단원의 막을 내렸다. 그러나 이들 중 대부분은 중국의 승인을 필요로 하는 것이었기 때문에 일본은 청일만주선후(善後)조약을 체결했고, 안둥-펑톈 간의 철도 경영권과 철도수비대의 주류권(駐留權) 등을 빼앗았다.

포츠머스강화조약 성립 기념 그라비어(gravure, 음각판 인쇄)
'포츠머스 드라마'라는 제목 아래 미국 대통령을 중심으로 러·일 양국의 원수와 전권대신 사진이 배치되었다.

　이상과 같이 러일전쟁은 영·러 대립을 배경으로 한 제국주의전쟁이었다. 당시 영·러 두 제국주의국가는 전 세계 도처에서 대립하고 있었는데, 동아시아 역시 그 예외가 아니었다. 영일동맹과 러일협상 두 안을 놓고 저울질했던 일본은 결국 "영국과 결탁해 그 공동의 세력을 이용함으로써 러시아로 하여금 어쩔 수 없이 우리의 요구에 응하게 만든다"고 방향을 정한 뒤, 1902년 영일동맹을 체결하였다. 영국을 배경으로 삼아 러시아와 전쟁을 벌이기로 결단했던 것이다. 따라서 영국의 입장에서 볼 때, 러일전쟁은 일본을 대리국으로 내세워 러시아와 대결토록 했던 것과 다름이 없었다.

　실제로 한국과 만주 지역에 대한 중립지역 설치 협상이 교착상태에 빠진 상황에서 일본은 영·미 양국의 외교적·재정적 후원 아래 전쟁을 도발하였다. 러일전쟁에서 사용되었던 전비 17억 엔 가운데 4할이 영국과 미국에서 모집한 외채로 마련되었다는 사실만 보더라도 러일전쟁은 단순히 양국 간의 전쟁이 아니었음을 알 수 있다. 특히 중국 분할경쟁에서 뒤쳐졌던 미국은 문호개방선언으로 중국시장을 파고 들어가려 했는데, 당시의 목표로 삼았던 만주로 진출하기 위해 일본으로 하여금 러시아의 독점을 막을 필요가 있었다. 전쟁이 교착상태에 빠졌을 때 포츠머스강화조약을 적극적으로 중재한 국가 역시 미국이었다. 미국의 입장에서는 러시아의 진출을 막아냄과 동시에 일본이 결정적인 승리에 이르지 않은 단계에서 전쟁을 마무리하는 편이 최선이었기 때문이다. 이러한 이해관계는 영국도 마찬가지였다.

따라서 미국과 영국은 강화조약이 체결되기도 전에 러일전쟁으로 변화된 동아시아 정세에 신속하게 대응하기 위해 일본과 협상을 벌였다. 1905년 7월 미국과 일본은 필리핀에 대한 미국의 지배를 확인하고, 극동의 평화를 유지하기 위해 미·영·일 3국이 실질적인 동맹관계를 확보하며, 미국이 한국에 대한 일본의 우월권을 인정한다는 태프트-가쓰라밀약을 맺었다. 이어 8월 영국과 일본 역시 한국에 대한 일본의 지도·감독 및 보호의 조치를 취할 권리를, 영국의 인도령 옹호조치를 취할 권리를 각각 승인하는 영일동맹 개정[제2차 영일동맹]에 합의하였다. 즉, 미국과 영국은 명목상 자국의 식민지 지배를 일본으로부터 확인받는 형식을 취했지만, 실질상 일본의 한국 장악이 바람직하다는 입장을 재천명함으로써 러시아를 견제하고 동아시아의 세력균형을 유지하려 했던 것이다. 이는 러일전쟁을 계기로 미·영·일 3국이 한국을 포함한 필리핀·인도를 둘러싼 제국주의적 흥정의 단면을 상징적으로 보여준다. 이러한 흥정은 포츠머스조약으로 일단 마무리되기에 이르렀다.

다음으로 러일전쟁은 한국의 지배권을 둘러싼 전쟁이었다. 러·일 양국이 충돌하게 된 근본적인 이유도 한국의 지배권을 확보하는 데 있었으며, 포츠머스조약에서 일본이 얻은 최대 이익 역시 한국에 대한 독점적 한국 지배를 달성한 데 있었던 것이었다. 앞에서 살펴보았듯이, 러일전쟁 발발 직전까지 일본 정부는 전쟁의 목적을 한국에 대한 지배권을 장악하는 데 두었다. 이러한 목적은 한일의정서를 체결한 후인 1904년 5월 31일 일본 정부가 한국침략정책의 기본방침으로 의결한 '대한방침'과 '대한시설강령'에도 잘 나타나 있다.

먼저 '대한방침'에 의하면, 일본 "제국은 한국에 대해 정치상 및 군사상에서 보호의 실권을 장악하고 경제상에서 더더욱 우리 이권의 발전을 도모해야만 할 것"인데, 그 이유는 "한국의 존망에 제국의 안위가 달려 있으므로 결단코 이를 타국의 간섭에 일임할 수 없다.……우리나라[일본]로서는 정치상·군사상 및 경제상으로 점차 해국[한국]에서 우리 발판을 확립함으로써 장래 다시 분규가 일어나지 않도록 화근을 없애고 제국 자위의 길을 완성하지 않으면 안 된다"는 한국침략 방침을 확실하게 정해놓았다. 그리고 이를 실천하기 위한 '대한시설강령'에는 일본군 주둔의 명분 제기, 외교 감독, 재정 감독, 교통 및 통신기관 장악, 황무지 개간, 삼림벌채·광산 사업·어업권 확장 등 경제적 침략에 관한 방안이 담겨 있었다. 이 점만 보더라도 러일전쟁이 러·일 두 제국주의 열강의 한국쟁탈전쟁이었다는 점은 의심의 여지가 없다.

실제로 러일전쟁의 전세가 유리하게 돌아가자 이 방침에 입각해서 일본은 한국의 내정에 직접 간섭하기 시작하였다. 1904년 8월 22일 외교와 재정 분야에 일본이 추천하는 고문을 두고 중요한 안건은 반드시 일본과 협의·결정해야 한다는 내용의 '한국의 재정 및 외교고문에 관한 한일협정'[제1차 한일협약]을 강제로 체결했던 것이다. 이 조약에 의해 한국은 일본인 메가타를 재정고문에, 친일적인 미국인 스티븐스(Durham W. Stevens)를 외교 고문에 각각 임명하지 않으면 안 되었다. 더욱이 협약에도 없는 군부·내부·궁내부 등 정부 주요 기관에도 일본인 고문들이 들어와 마음대로 간섭해 한국의 재정과 외교는 일본의 감독과 통제 아래 들어갔다. 이어 1905년

5월 일본 각의는 대한제국의 '보호국화'를 추진하기로 결정하였다. 일본은 한국에 조약을 강요해 외교권을 완전히 장악함과 동시에 서울에 주차관을 파견해 내정간섭권을 확보할 계획이었다.

이어 포츠머스강화조약의 체결로 열강으로부터 한국에 대한 독점 지배를 인정받은 일제는 대한제국을 보호국으로 만들기 위한 계획을 서둘러 진행하였다. 보호 조약안이 한국 정부의 동의를 얻을 가능성이 없을 경우 무력을 써서라도 조약을 체결한다는 '보호국화'의 주요 방침을 정했던 것이다. 아울러 일본은 사안의 중대성을 감안해 일본 최고의 정치가인 이토를 특파대사로 임명·파견해 '보호국화'를 총괄케 하였다. 이토는 군대로 궁성을 포위하고 고종과 대신들을 협박해 조약 체결을 강요한 끝에 1905년 11월 을사늑약을 체결함으로써 한국의 외교권을 박탈하고 실질적인 식민지로 삼았다.

여기에서 무엇보다 간과해서는 안 될 사실은 러일전쟁 중 한국은 일본의 주권 아래 있는 일본 국내나 전쟁상대국의 피점령지가 아니라 아직은 엄연한 독립주권국이었다는 점이다. 그럼에도 일본은 러일전쟁을 계기로 한국의 내정에 간섭했고, 전국에 군대를 주둔시켜 점령하는 등 주도면밀하게 식민지화의 토대를 닦아나갔다. 그 결과 한국은 러일전쟁 후 일본군의 점령 하에 거대한 군사감옥으로 변하고 말았고, 이에 대항해 한국민은 격렬한 투쟁을 전개하였다. 따라서 일본군은 대전국 러시아뿐만 아니라 한국국민에게도 총부리를 겨누지 않을 수 없었다. 이러한 의미에서 러일전쟁은 러·일 양 제국주의 사이의 전쟁임과 동시에 한국민을 적으로 삼은 한국침략전쟁이었다고 평가할 수 있다.

한편 러일전쟁의 전황이 일본에게 유리하게 벌어지는 상황에서 1905년 2월 일본은 무주지선점론을 내세워 군사적·전략적 요충지인 독도를 강점하였다. 1904년 9월 일본 어민 나카이[中井養三郎]가 「랑코도[독도]영토편입 및 대하원(貸下願)」을 제출하자, 이를 빌미로 삼아 1905년 1월 10일 내무성은 독도를 '다케시마[竹島]'로 명명하면서 일본 영토로 편입할 것을 내각에 요청했고, 1월 28일 내각은 이를 승인하는 결정을 내렸으며, 이에 근거해서 2월 22일 시마네현[島根縣]이 고시 40호로 은밀하게 편입했던 것이다.

나카이는 1903년부터 강치를 잡으러 독도에 갔는데, 그 다음해에 다른 일본인들도 강치잡이에 나서면서 경쟁을 벌이지 않으면 안 되었다. 이에 그는 독도를 한국 영토라고 확신했기 때문에 한국 정부에 강치잡이 독점 허가를 청원하기로 결심하고, 일본 정부에 협조를 요청하기 위해 도쿄로 가서 농상무성 수산국장 마키[牧朴眞]를 만났다. 마키는 일본 어민의 한국 연안 침투를 장려하는 데 주도적 역할을 담당하고 있던 중이었기 때문에, 나카이에게 혹시 독도가 한국 영토가 아닐지도 모른다고 부추기면서 해안 및 수로 측량의 최고 권위자로서 누구보다도 섬의 영토 귀속에 관해 가장 정통한 수로부장 기모쓰키[肝付兼行]를 소개해주었다.

이때 기모쓰키는 나카이에게 독도가 한국에 소속되어 있다는 확실한 증거가 없고 한·일 양국의 육지에서 거리를 측정하면 일본 쪽에서 더 가까우며, 한국인이 종래 이 섬을 경영한 흔적이 없는 반면 일본인은 이미 경영에 종사하고 있는 이상 당연히 독도를 일본 영토로 편입해야 한다고 조언·사주하였다. 나카이는 독도를 일본 영토로 편입할 경우 강치잡이의 독점권을 쉽게 얻을 수 있을 것으로 판단하고, 1904년 9월 29일 한국 정부에 허가를 청원하려던 원래 계획을 뒤집고 「량코도영토편입 및 대하원」을 내무·외무·농상무대신들에게 제출하였다. 나카이는 「대하원」에서 독도에서 번식하는 수많은 강치를 "괜히 독점해 이익을 취하려고 한 것이 아니다. 이익을 영구히 보전하기 위해 이 섬의 강치를 보호하고 포획을 제한하고 다른 설비를 완전히 갖춰 포획품을 충분히 제조하기 위해서다"라고 독도의 강치 보호를 명분으로 삼았다. 그러나 훗날 그는 「대하원」에서 내세운 명분과는 달리 강치를 무자비하게 잡아서 결국 강치를 멸종시키고 말았다.

나카이가 「대하원」을 내무성에 제출했을 때, 내무성의 담당 관리는 예상과 달리 매우 냉담한 반응을 보였다. 내무성 관리는 27년 전인 1877년 내무성의 주관 아래 독도가 일본 영토가 아니라 한국 영토라고 인정했던 태정관지령을 알고 있었기 때문이다. 따라서 그는 러일전쟁 중에 '한국 영지(領地)'라고 알려진 일개 불모의 암초를 취함으로써 열강으로부터 한국병탄 야심을 갖고 있다는 의혹을 사는 일은 이익은 적되 심각한 사태를 불러일으킨다는 이유로 나카이가 아무리 설명을 해도 「대하원」을 받아들이지 않겠다고 답하였다.

　이에 좌절한 나카이는 해결방안을 모색하기 위해 동향 출신인 귀족원 의원 구와타[桑田熊藏]를 찾아갔고, 그의 소개로 외무성 정무국장 야마자[山座円次郎]를 만나 자신의 입장을 토로하였다. 이 자리에서 야마자는 내무성에서 말한 외교상의 일은 다른 사람이 관여할 일이 아니며, 바위섬 편입과 같은 것은 아주 사소한 일일 뿐인데, 지세상으로 역사상으로 또 시국으로 보아도 영토 편입은 대단한 이익이 있다고 인정하는 의사를 밝혔다. 러일전쟁의 시국에서 독도에 망루를 건축하고 무선 혹은 해저전신을 설치함으로써 러시아 군함을 감시할 필요가 있으며, 외교상으로도 영일동맹 등을 맺었으므로 내무성에서 취한 고려를 염두에 두지 말라면서 외무성에 「대하원」을 제출하라고 부추겼던 것이다.

　여기에서 주목할 만한 사실은 나카이를 사주해서 독도의 일본 영토 편입을 주도한 해군성 수로부장 기모쓰키, 외무성 정무국장 야마자, 농상무성 수산국장 마키 등이 모두 독도를 한국 영토로 인식하고 있었다는 점이다. 기모쓰키는 1879년 수로부에서는 최초로 오키[隱岐]를 정밀하게 측량하고 그 범위에서 독도를 제외시켰을 뿐 아니라 1905년 2월 이전까지 독도가 '조선동안'에 속한 섬이라고 서술한 모든 『조선수로지』와 『일본수로지』의 「서(序)」를 썼던 장본인이었다. 야마자와 마키 역시 독도를 한국 영토로 다룬 이와나가의 『최신한국실업지침』(1904)과 구즈의 『한해통어지침』

일본 시네마현 시찰단을 만난 심흥택

(1903)의 서문을 쓴 적이 있었다.

이처럼 기모쓰키 등은 독도가 한국 영토임을 알고 있었음에도 이를 무시한 채 무주지선점론을 내세워 일본 영토로 편입시키는 데 앞장섰다. 그 이유는 야마자가 강조했듯이 무엇보다 러일전쟁에서 독도가 차지하는 지정학적·전략적 중요성에 있었다. 1904년 6월 러시아 함대가 대한해협에서 일본 육군 수송선 2척을 격침시킨 후, 일본 해군은 동해상에서 러시아와 일전이 불가피하다고 인식하고 치밀하게 대비하였다. 이미 일본은 한일의정서를 근거 삼아 러시아 함대의 남하에 대비해 동해안의 죽변·울산·울릉도를 비롯해 남해안의 거문도·제주도 등 전략적 거점지에 망루와 해저전선을 설치하기 시작하였다.

이 과정에서 일본 해군은 독도가 군사적·전략적으로 중요하다는 사실을 알게 되었다. 1904년 9월 울릉도의 망루와 죽변 간의 해저전선 부설작업에 관여했던 군함 니타카[新高]는 러시아 함대의 동향을 신속하고 정확하게 파악하기 위해서는 울릉도뿐 아니라 독도에도 망루를 설치할 필요가 있다고 판단하였다. 독도의 전략적 중요성에 주목한 일본 해군은 독도에 군함 쓰시마 등을 파견해 망루를 설치하는 데 적합한지 여부를 조사하였다. 독도 망루 설치 공사는 곧 겨울을 맞이해서 연기되었다가 1905년 5월 러일전쟁의 승패를 결정짓는 러시아의 발틱 함대와 벌인 해전에서 승리한 후 재추진·완성되었다. 바로 이러한 과정이 진행되는 상황에서 일본은 나카이의 「대하원」을 명분으로 삼고 무주지선점을 근거로 내세워 독도를 강점했던 것이다.

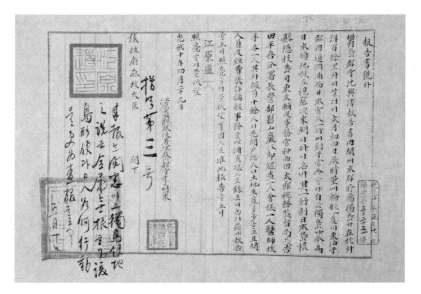

심흥택보고서와 그에 대한 참정대신 박제순의 지령문 3호

그러나 독도가 무주지가 아니라 한국이 실효적으로 지배하고 있던 섬이었다는 사실은 울도군수 심흥택(沈興澤)의 보고서와 이에 대한 의정부 참정대신 박제순(朴齊純)의 지령에서도 명백히 입증된다. 일본이 독도를 강점한지 1년이 지난 1906년 3월, 나카이 등 45명으로 구성된 시마네현의 시찰단은 독도[다케시마]를 방문·조사한 뒤 3월 28일 울릉도에 도착하였다. 그 다음날인 3월 29일 심흥택은 일본 일행과 회담한 뒤 곧바로 강원도관찰사 서리 겸 춘천군수 이명래(李明來)에게 "본군 소속의 독도"가 바깥바다 100여 리[약 80여km]에 떨어져 있는데, 일본 관리들이 독도를 일본 영지로 편입했기에 시찰하러 왔다고 말하므로 이 상황을 검토·조치해달라고 보고하였다. 그는 독도가 자신이 관할하는 울도군에 소속된 섬임을 명확하게 인식하고, 일본의 불법적인 독도 강점을 신속하게 정부에 알리면서 대책을 강구해달라고 요청했던 것이다.

심흥택의 보고를 받은 의정부 참정대신 박제순은 일본의 "독도 영지 운운하는 설은 전혀 그 근거가 없으니, 그 섬의 형편과 일본인의 행동 여하를 다시 조사해 보고하라"는 지령문을 내렸다. 당시 을사5적 중 한 사람으로 친일적 성향이 짙었던 박제순마저도 독도가 일본 영토라는 일본인의 주장은 전혀 근거가 없다고 단언했던 것이다. 이처럼 심흥택의 보고와 박제순의 지령은 당시 한국 정부가 독도를 울도군의 부속섬으로 관할·지배하면서 그 영유권을 확실하게 인식하고 있었던 상황을 잘 보여준다.

이와 짝해서 일본이 독도를 무주지가 아니라 한국 영토로 판단하고 있었다는 사실은 이미 1877년의 태정관지령에서도 명백하게 드러난다. 만약 일본이 독도를 무주지로 인식했다면 굳이 1905년 일개 어부를 부추기는 구차스러운 편법을 쓰기 이전에 벌써 독도를 강점해버렸을 것이다. 독도 강점 이전에 일본은 센카쿠제도[댜오위다오, 1895]·미나미토리시마[南鳥島, 1898]·오키다이토지마[沖大東島, 1900]를 무주지선점에 입각해 영토로 편입했던 전례를 갖고 있기 때문이다.

실제로 당시 일본은 무주지를 선점하는 데 혈안이 되어 있었다. 이는 1902년 7월 미국인 로즈힐(Rosehill)의 원정대가 미나미토리시마를 되찾으려는 것을 막기 위해 파견된 외무성 서기관 이시이[石井菊次郎]의 출장복명서에 잘 나타나 있다. 그는 20세기에 태평양이 열강의 중요 각축장이 될 것이라고 전망하고 일본은 남양지역의 세력 확장을 당면 급무로 삼아야 한다는 전제 아래, 태평양의 수많은 섬들에 대한 열강의 점령조치는 '한 조각 종이 쪽지 위의 공문(空文)'에 지나지 않으므로 이를 인정할 필요 없이 실력으로 제압해야 한다고 주장하였다. 또한 그는 일본인들에게 선박과 장려금을 지급해서 섬들을 차지하도록 장려해야 한다는 등 태평양 경영 방안을 내놓았다. 또 열강이 이미 영유했던 섬들마저도 인정하지 않고 무력으로 일본 영토로 편입해야 하며 이를 위해 모험적인 국민을 적극 지원해주어야 한다는 그의 주장에는 섬에 관한 일본의 영유권 주장 논리, 즉 제국주의적 침략 논리가 고스란히 담겨져 있는 것이다.

이처럼 일본은 독도 강점 이전에 무려 혼슈[本州]에서 950km나 떨어져 있는 미나미토리시마를 차지한 사례도 있고, 그 뒤에도 열강이 선점했던 섬도 무력으로 빼앗아야 한다고 주장할 정도로 섬의 중요성을 인지하고 이를 차지하는 데 온힘을 기울이고 있었다. 만약 독도가 무주지였다면, 일본이 혼슈에서 약 211km 혹은 오키에서 겨우 157.5km 밖에 떨어지지 않은 독도를 1905년까지 방치했을 리 없다. 그러나 일본은 독도를 자국의 영토가 아니라 한국의 영토로 인식·인정해왔기 때문에, 차마 독도를 어떠한 형태로든 차지할 수 없었던 것이다. 따라서 일본의 독도 강점은 러일전쟁 도발의 최대 목표였던 한국 강점을 향한 첫 걸음이었다고 평가할 수 있다. 인천의 제물포 해전으로 비롯되어 독도 해전에서 끝맺은 러일전쟁에서 일본의 독도 강점은 한국 식민지화의 서막이었던 것이다.

〈참고문헌〉

[Ⅰ. 거문도 점령 사건 : 영국의 러시아 견제]

박일근, 『이홍장의 대조(對朝)정책』, 부산대학교 중국문제연구소 1982.

한국사연구협의회, 『한영 수교 100년사』, 한국사연구협의회, 1984.

주영하 감수, 『19세기 후반의 한·영·러 관계 – 거문도사건 – 』, 세종대학교
　　　　출판부, 1987.

김재승, 『근대한영해양교류사』, 인제대학교출판부, 1997.

한철호, 「영국의 거문도 점령사건」, 『여수의 역사와 문화를 찾아서』, 심미안,
　　　　2008.

[Ⅱ. 청일전쟁 : 동아시아 질서의 일대 변혁]

박종근 저, 박영재 역, 『청일전쟁과 조선 – 침략과 저항 – 』, 일조각, 1992.

김기혁 외 편, 『청일전쟁의 재조명』, 아시아문화연구소, 1996.

구대열, 「청일전쟁」, 『한국사』 40, 국사편찬위원회, 2003.

신복룡 외, 『청일·러일전쟁의 기억과 성찰』, 전쟁기념관, 2014.

육군군사연구소 편, 『청일전쟁 : 1894～1895』, 육군군사연구소, 2014.

[Ⅲ. 러일전쟁과 독도 강점 : 한국 식민지 전락의 단초]

로스뚜노프 외 전사연구소 편, 김종헌 옮김, 『러일전쟁사』, 건국대출판부,
　　　　2004.

송병기, 『울릉도와 독도』, 역사공간, 2010.

예영준, 『독도실록 1905』, 책밭, 2012.

조재곤, 「1904～5년 러일전쟁과 국내 정치동향」, 『국사관논총』 107, 2005.

한철호, 「우리에게 러일전쟁은 무엇인가」, 『역사비평』 69, 2004.

한철호, 「대한(조선)해협의 명칭 변화 및 그 의미 – 일본 해군 수로부 간행의
　　　　수로지와 해도를 중심으로 – 」, 『도서문화』 44, 2014.

박종효, 『격변기의 한·러 관계사』, 선인, 2015.

찾아보기

ㄱ

가스가[春日]호 60, 102
가쓰다테갱(勝立坑) 183
가쓰다테마루[勝立丸] 182, 183
가오슝[高陞]호 238
가와사키[川崎]조선소 184
가이몬[海門]호 109
가토[加藤本四郎] 211
갈로르트 드 수자(Galorte De Souza) 29
갈마반도 126
갑신정변 89, 95, 96, 112, 131, 172, 176, 222, 225
갑오개혁 137, 138
강릉 160
강문형 84
강화도 28, 39, 40, 41, 47, 48, 49, 59, 60, 107, 171, 177, 186, 188, 202
강화도 사건 57, 58, 59, 60, 61, 62, 65, 102, 103, 104
강화부 61
강화해협 50

개성 66, 204
갤릭(Gaelic)호 195
거문도 25, 26, 30, 46, 126, 157, 221, 222, 223, 224, 225, 226, 227, 228, 229, 230, 231, 232, 233, 234, 235, 236, 260
거제도 110, 126
거중조정 71, 72, 73
게이오의숙[慶應義塾] 91
겐카이마루[玄海丸] 195
경성 138
경제호 137
경흥부 37
고가[古賀辰四郎] 246
고든(John Gordon) 205
고류마루[黃龍丸] 77
고무라[小村壽太郎] 206, 253
고베 83, 87, 131, 132, 133
고영철 90, 91, 94
고종팔 155
고토[五島] 115

곡포[남양] 156
곤도[近藤眞鋤] 141
공립협회 200, 214
공지회 200
공행 18
과테말라 215
광둥성[廣東省] 18
광둥조약 20
광성보 48
광저우[廣州] 18, 19, 20
광제호 136, 184
광주 160, 204
교토[京都] 83
구로다[黑田淸隆] 61, 62, 63, 65, 75
구로후네[黑船] 17, 21
구만포 43
구산포 160
구와타[桑田熊藏] 259
구즈[葛生修亮] 122, 146
구치노쓰[口之津] 183
구호회복론 63
국민회 203, 211, 213, 214
군국기무처 179
군민공동회 200
군산 66, 196, 204
굿데일(William Goodale) 196
권병숙 204
귀츨라프(Karl Gutzlaff) 25
규슈[九州] 113, 115, 117
그랜빌(Earl Granville) 226
그레타(Greta)호 43
『근세해도환기』 33

기모쓰키[肝付兼行] 258, 259, 260
기무처 87
기연해방영 172
기유박해 27, 28
긴슈마루[金州丸] 250
김기수 74, 75, 76, 77, 78, 79, 80, 81
김면수 167
김세균 107
김시경 31
김옥균 82, 95, 162, 163
김유 26
김윤선 212
김윤식 82, 91, 176, 230, 231, 235, 236
김윤원 205, 211, 212
김익주 205
김인우 153
김정우 186
김제선 211, 212
김학진 176
김홍집 69, 82, 86
까례예쯔(Koreets)호 248, 249
까울렌성[九蓮城] 250
까울룽[九龍] 21
깔레(Adolphe N. Calais) 38
꼬앗사꼬알꼬스 205, 213
꽁스땅띤(Constantine)호 29, 30
끄론슈따뜨(Kronshtadt)항 30
끌레오빠트르(Cleopatre)호 27

ㄴ

나가사키[長崎] 43, 46, 47, 83, 91,

107, 108, 129, 130, 131, 132, 183, 229, 230, 231
나가토[長門] 140
나니와[浪華]호 129
나리동 156
나카이[中井養三郎] 123, 257, 259
난지로호 27
난징[南京] 19
난징조약 19, 20
남북전쟁 48
남양 39, 47, 107
남연군 43
남연군묘 도굴 사건 36, 41, 50
남정철 175
남종삼 37
내리감리교회 194, 201
내무부 172
내호만 109
네메시스(Nemesis)호 19
노무라[野村靖] 245
노세[能勢辰五郎] 179
노소동맹회 200
노화도 128
뉴베드퍼드항 34
『뉴욕 헤랄드(New York Herald)』 93
뉴좡[牛莊] 59
니시무라[西村]여관 87
니콜라이 2세 251
니타카[新高]호 260

ㄷ

다게렛토 120, 121

다롄[大連] 241, 253
다뷔도프(Aleksandr Davydov) 222
다오위다오[釣魚島] 262
다이(William Mc. Dye) 173
다이니테이보[第2丁卯]호 60
다즐레(Lepaute Dagelet) 23
다즐레섬 23, 29, 31, 120
다카오[高雄]호 109
『다케시마 및 울릉도[竹島及鬱陵島]』 123
다케시마[竹島] 108, 119, 121, 258, 261
당사도 128
당사도등대 128
대관령 160
대동강 44, 104, 136
대륙식민합자회사 204
대부도 179
대조선국민군단 203
대조선국민군단사관학교[산넘어병학교] 203
대조선국서 92
「대청일통여도」 102
대풍헌(待風軒) 155
『대한매일신보』 207
대한방침 144, 256
대한시설강령 144, 256
대한인국민회 북미총회 211, 212
대한해협 126, 221
대화도등대 127
대황토구미[태하] 156, 157, 159, 163
댓섬 23, 31
덕산 43

덕원 107, 108

덕진진 48

데쉴러(David W Deshler) 194, 195, 196,
  197

데쉴러은행(Deshler Bank) 194

도감제 165

도고[東鄕平八郞] 251

도방청[도동] 156, 158, 159

도버해협 29

도웰(William M. Dowell) 223, 230

도장제 164, 165

도쿄[東京] 76, 78, 79, 83, 88, 91, 204

도쿄마루[東京丸] 88

독도 24, 26, 30, 31, 104, 111, 112,
  113, 114, 120, 121, 122, 123, 153,
  157, 162, 246, 247, 258, 259, 261,
  262, 263

독도해전 252

동남제도개척사 162, 163

동서개발회사(East–West Development Co)
  194

「동아여지도」 106

「동양등대표」 126

동인도회사 18, 23

동지회 203

동학농민전쟁 112, 178, 237

두만강 109

딕슨사(Sir Raylton Dixon & Co) 182

딩루창[丁汝昌] 227, 229, 241

따바스꼬 213

땀뻬꼬 213

ㄹ

라 뻬루즈(Jean–François G. de la Pérouse)
  22

라 삐에르(La Pierre) 28

라디젠스키(Nicholas Ladygensky) 234

라스보이니크만(Rasboinik Bay) 110

라포테(E. Laporte) 166, 167

랴오둥[遼東] 241

랴오둥반도 242, 243, 253

량코도[독도]영토편입 및 대하원(貸下願)
  257, 258, 259

러일전쟁 113, 125, 126, 127, 144,
  147, 160, 187, 188, 197, 204, 207,
  247, 248, 251, 252, 253, 254, 255,
  256, 257, 259, 260, 263

러일협상 254

로드 암허스트호(Lord Amherst) 24, 25,
  26

로스엔젤레스 211

로우(F. F. Low) 46, 47

로웰(Percival Rowell) 90, 91, 92, 94

로저스(J. Rodgers) 46, 49, 50

로즈(Pierre G. Roze) 38, 39, 40, 41

로즈베리(Archibald P. P. Rosebery) 234

로즈힐(Rosehill) 262

루드녜프(P. Rudnev) 249

루스벨트(Theodore Roosevelt) 72, 253

뤼순[旅順] 118, 127, 133, 241, 247,
  248, 249, 251, 253

르 아브르(Le Havre)항 29

리델(Felix C. Ridel) 38, 39

리앙코루도암 111, 112, 119

리앙코루토 열암(列岩) 120
리앙쿠르 바위섬(Liancourt Rocks) 29
리앙쿠르암 30, 31
리앙쿠르호 28
리훙장[李鴻章] 61, 68, 69, 226, 227, 228, 233, 234, 241
린쩌쉬[林則徐] 19

ㅁ

마량도 108
마산 66, 133, 146, 204
마쓰무라[松村安種] 108
마쓰시마[松島] 109, 111, 120, 121, 158
마야[摩耶]호 109
마이어스(John G. Myers) 204, 205
마젠충[馬建忠] 86, 87
마카오 19
마키[牧朴眞] 122, 142, 144, 258, 259
만경 28
「만국도」 106
만엘루청년회 206, 208
만주 252
만한교환론 247
매사추세츠주 95
맥콰이어(Thomas McQuire) 34
맥클리어(John P. MaClear) 229
머피(Robert C. Murphy) 34
메가타[目賀田種太郎] 127, 256
메넬라이(Menelai) 바위산 30, 31
메넬라이초 111
메넬라이호 30

메도우스(Meadows & Co.)상사 44
메르브(Merv) 223
메리다(Merida) 206, 209, 212, 214, 215
메릴(H. F. Merrill) 136
메이슨(Theodore B. Mason) 92
메이지마루[明治丸] 86, 123
메이지유신[明治維新] 74
멕시코시티 208, 211, 213
며리계 32
명성왕후 살해 사건 71, 143, 146
모건(Edwin V. Morgan) 125
모건(F. A. Morgan) 174
모노카시(Monocasy)호 47, 48, 91
모리[森有禮] 60
모리야마[森山茂] 58, 78
모방(Pieree P. Maubant) 27
모지[門司] 205
목포 66, 128, 133, 135, 204
몬떼레이 213
몽금포 24, 25
묄렌도르프(Paul George von Möllendorf) 139, 222, 229, 231, 232
무로타[室田義文] 141
무쓰[陸奧宗光] 239, 245
무안 206
문정관 24, 26, 27, 31, 32
문천 107
문천군 107, 108
물치도 39, 41, 47
미나미토리시마[南鳥島] 262, 263
미도리가와마루[綠川丸] 127

미들즈브러(Middlesbrough) 182

미시시피(Mississippi)호 21

미쓰이물산[三井物産]합명회사 182, 183, 184, 186, 187

미야오카[宮岡恒次郎] 92

미이케[三池]탄광 183

미일화친조약 22

민병석 207

민상호 207

민영기 207

민영목 172

민영익 90, 91, 92, 93, 94, 95, 96

민종묵 141

ㅂ

바랴크(Varyag)호 248, 249

박규수 44, 45, 57, 77

박기수 158

박영순 214

박영효 85, 86, 87, 88, 89, 91, 95, 163, 165

박완서 186

박용만 203, 208, 215

박장현 208

박정양 82, 83, 165

박제순 261, 262

박춘권 45

발틱 252

발틱 함대(Baltic Fleet) 126, 251, 252

방경일 211, 212

방화중 211

배계주 165, 166

백령도 127

베라끄루스 211, 213

베르뇌(Simeon F. Berneux) 37, 38

베르사유 궁전 41

베이징[北京] 20, 34, 38, 241, 242

베이징조약 20, 37

벨로네(Henry de Bellonet) 38

벨처(Edward Belcher) 25

변법개화파 95, 96, 162

변수 90, 91, 94, 95, 96

병인박해 34, 37, 38, 42, 50

병인양요 34, 36, 41, 47, 50, 57, 171

보길도 128

『보병요조초선』 215

보빙사 89, 90, 91, 92, 93, 94, 95, 96

보스턴 93

봉화 155

부산 31, 34, 58, 61, 66, 67, 104, 107, 108, 109, 110, 111, 115, 126, 129, 130, 131, 132, 133, 137, 196, 204, 205, 206, 213, 250

부산포 104

부쏠(Boussole)호 22

부쏠암 23, 31, 111

부인교육회 201

부평 188, 195

북청 133

브라운(John McLeavy Brown) 125, 138

브레스트(Brest)항 22

브로우턴(William R. Broughton) 24

브린너(Y. L. Brynner) 166

블라디보스토크 107, 109, 110, 126,

131, 132, 133, 137, 214, 224, 250

블레이크(Homer C. Blake) 48

비떼(Sergei J. Witte) 253

빙햄(John A. Bingham) 91

뻬쩨르부르크 251

뿌짜찐(Evfimi V. Putiatin) 30

쁘로그레소 205, 209, 211

ㅅ

사마랑(Samarang)호 25, 26, 221

사불(Sabul)호 34

사세보[佐世保] 126, 248

사스[沙市] 243

사진신부[picture bride] 201

사할린 253

산둥[山東] 38, 140, 241

산죠[三條實美] 61, 65

살리나 끄루스(Salina Cruz) 205

삼각무역 18

삼국간섭 143

삼척 109, 160

상직현 186

상하이[上海] 19, 26, 27, 28, 30, 34, 129, 130, 131, 208

샌프란시스코 92. 211, 212, 214

샤스땅(Jacques H. Chastan) 27

샤오위린[邵友濂] 241

서광범 90. 91, 94, 95, 96

서상학 155

서프라이즈(Surprise)호 34

석도 169

성인봉 156

성진 66, 133

『세계탐험기』 23

세르게예프(Segeev) 30

세이쇼사[靑松寺] 88

세이키[淸輝]호 109

세창양행(世昌洋行, E. Meyer & Co.) 130 135, 136, 137, 138

세키자와[關澤明淸] 142

센카쿠제도[尖閣諸島, 다오위다오(釣魚島)] 244, 245, 246, 262

셰난도어(Shenandoah)호 46

소노라 213

소안도 128

소에다[副田節] 154

소월미도 123, 124

소월미도등대 124

소황토구미 156, 157

손돌목 48

송도 155, 160, 162

송전리 107, 108

송죽도 155

수로지 29, 30

수민원 197

수사해방학당 175

수신사 74, 75, 76, 77, 81, 82, 85, 86, 91

수원 195, 204

수자기 49

수토관 153, 154, 159, 160

수토정책 153

순가리(Sungari) 248

순흥 155

술비소리 157

숭무학교 215

쉬치유[徐繼畬] 36

슈펠트(Robert W. Shufeldt) 45, 46, 68, 69, 85

스뻬이에르(A. de Speyer) 232

스와타라(Swatara)호 86

스티븐스(Durham W. Stevens) 256

시마네현[島根縣] 121, 258

시모노세키[下關] 241

시모노세키조약 241, 242

시베리아 252

신광희 211, 212

신미양요 49, 50, 57, 68, 91, 171

신민회 200

신사유람단 82

신사협정 199

신순성 186

신유사옥 27

신장 20

신태정 44

신포진 108

신한민보 212, 214

신헌 62, 75, 77

실지회 200

심순택 154

심의완 155

심흥택 261

쎄씰(Baptiste T. M. Cécile) 27, 28

쑤저우[蘇州] 243

쓰루가[敦賀] 182

쓰루다[鶴田禎二郎] 251

쓰시마[對馬] 29, 58, 61, 74, 83, 102, 110, 118, 140

쓰시마해협[Korea strait] 117, 118, 119, 120

쓰지야마[土山哲三] 187

쓰키지[築地] 79

씰각(Seal Pt.) 111

ㅇ

아가멤논(Agamemnon)호 223

아관파천 132, 165, 180

아나폴리스 49

아담스(Andrew Adams) 196

아더(Chester A. Arthur) 89, 92, 93

아라빅(Arabic)호 92

아르고노트(Argonaut)섬 23, 24, 27, 31, 111

아르고노트호 23

아마기[天城]호 79, 107, 108

아모이[廈門] 19

아사마[淺間]호 248, 249

아산만 238

아스트롤라브(Astrolabe)호 22

아와일루아(Awailua)농장 196

아이훈[愛琿]조약 21

아카기[赤城]호 182

아카쓰카[赤塚正補] 167

아타고[愛宕]호 109

아편전쟁 19, 25, 35

아프가니스탄 223, 233

악태온(Acttaeon)호 26, 27

안네이마루[安寧丸] 82

안동 155
안둥현 250
안변 107
알래스카 21
알렌(Horace N. Allen) 71, 193, 194, 197
압록강 250
애로우(Arrow)호 사건 20, 35, 60
애스턴(William G. Aston) 86, 87, 231
애지마[남백로(南白老)]호 27
앵베르(Laurant Marie J. Imbert) 27
야마가타[山縣有朋] 245
야마자[山座円次郎] 122, 259
야하타[八幡]제철소 243
양무호 181, 182, 185, 186, 187, 188, 189
양복성 27
양헌수 40
양화진 39, 40
『양화첩』 33
어윈(William Irwin) 193
어윤중 82, 83
어재순 48
어재연 48
어조도(魚釣島) 244, 245
엄세영 229, 230
에네켄(henequen) 204, 208, 209, 212, 213
에노모토[榎本武揚] 228
에도[江戸] 74
엔료칸[延遼館] 79, 88
연무당 63
영사재판권[치외법권] 19, 20, 64, 65, 70, 84, 140, 145
영선사 91
영양 155
영일동맹 254, 255
영일만 109
영종도 59, 60, 165
『영환지략』 35, 36, 77, 171
영흥 24, 64, 107, 108
예와친목회 200
옌칭[燕京] 32
옌타이[烟台] 130, 131, 133, 137
오경석 57
오다가키[小田柿捨次郎] 184, 186
오사카[大阪] 83, 128, 132, 133
오사카상선회사 132, 133, 134, 136
오아후섬 196
오열당 26
오이타(大分) 143
오코너(Nicholas R. O'Conor) 174, 175, 230
오쿠보[大久保利通] 58
오키[隱岐] 110, 259
오키나와[沖繩] 245
오키다이토지마[沖大東島] 262
오키열도[隱岐列島] 121
오페르트(E. J. Oppert) 36, 41, 42, 43, 50
오하이오주 193
오학기나 213
옥구 206
올리부차(Olivutsa) 바위산 30, 31
올리부차초 111

올리부차호 30
와달웅통구미 159
와이파우공동회 200
와추세트(Wachusett)호 45
와타나베[渡邊鷹治郞] 167
와하까 213
왕샤[望厦]조약 20
왜선창[천부] 156, 157, 159
외규장각 41
외연도 28
요코스카[橫須賀] 79, 88, 187
요코하마[橫濱] 75, 92, 129
용강현 44
용당포 24, 26
용암포 31, 147
용주리 107
우도 126
우리탕[吳禮堂] 91, 94
우산도 155
우스리강[烏蘇里江] 21
우용정 166, 167, 168
우창[武昌] 132
운요[雲揚]호 59, 60, 61, 63, 85
울기 126
울도 126, 127
울도군절목 170
울릉도 23, 24, 26, 27, 107, 108, 109,
   111 120, 121, 122, 153, 154, 155,
   156, 157, 158, 159, 160, 161, 162,
   163, 164, 165, 166, 167, 168, 169,
   260, 261
『울릉도검찰일기』 156

「울릉도내도」 160
「울릉도사적」 153
울릉도시찰위원 166
「울릉도외도」 160
울산 109, 147, 251
울진 160, 162
웅기 147
워드[John Ward] 26
워싱턴 90, 92
워터스(T. Watters) 235
원산 24, 27, 66, 107, 108, 109, 111,
   126, 129, 131, 137, 145, 157, 196,
   204, 250
원주 160
월미도 73, 182
「월미도해협약측도」 109
월샴(John Walsham) 235
월송포 165
웨이위안[魏源] 35, 36
웨이하이웨이[威海衛] 240, 241, 243
위안스카이[袁世凱] 131, 171, 173
윈슬루(Winslou)회사 29
윌리스(G. Q. Willes) 222, 224
유길준 83, 90, 91, 94, 95
유연호 155
유원지의(柔遠之義) 34, 35, 44
유일한 208
유카탄(Yucatan) 204, 206, 208, 209,
   211, 212, 214
「유힌만[원산만]」 104
육지측량부 101, 102, 105, 106
윤병구 200

윤시병 164
윤용선 169
윤웅렬 188
윤자승 62
윤치호 207
윤협 33
을사늑약 72, 144, 147, 197, 213,
  257
의주 34
의화단(義和團) 사건 247
이건하 167
이경하 40
이교칠 107, 108
이규원 154, 155, 156, 157, 158, 159,
  160, 161
이근영 211, 212, 215
이기종 184
이노우에[井上馨] 61, 88, 143, 154,
  245
이노우에[井上良馨] 59
이리[伊犁]조약 20
이명래 261
이민희 236
이범수 208
이봉구 32
이성회 200
이승만 203
이시바시[石橋絢彦] 123
이시이[石井菊次郎] 262
이쓰쿠시마[嚴島] 109
이양선 17, 18, 22, 24, 28, 30, 31, 34,
  35, 37, 77, 171

이와나가[岩永重華] 122
이와미[石見] 140
이용식 141
이용익 197
이용희 40
이운호 137
이원회 84, 236
이응준 86, 87
이정필 107
이종원 33
이준혁 204
이준화 128
이중하 165
이즈모[出雲] 140
이지용 250
이토[伊藤博文] 118, 228, 241, 257
이하영 166, 206
이헌영 83
이현익 44, 45
이화양행(怡和洋行, Jardine, Matheson &
  Co.) 130, 135
이홍민 38
인천 66, 86, 118, 124, 125, 128, 130,
  131, 132, 133, 136, 138, 182, 185,
  194, 195, 201, 204, 206
일본관제시찰단 207
「일본등대표」 126
『일본수로지』 117, 118, 119, 121, 259
『일본수로지 : 조선전안』 120
일본우선회사 130, 131, 132, 133,
  134, 136, 138
『일본육군조전』 84

『일본육군총제』 84
일본해 142
일심선 49
일포드(Ilford)호 205, 206
임오군란 85, 86, 88, 112, 129, 161, 162, 171
임진왜란 62
임한수 154

ㅈ

자오저우만[膠州灣] 243
작약도 50
장인후안[張蔭桓] 241
장작지포[사동] 156
장전 147
장한상 153
재미한족연합위원회 203
저포[저동] 156
「전라도순천포약측도」 109
전석규 158, 161, 163
전주 237
전주화약 237
정순만 206
정족산성 40
정주성 250
정춘식 211
정한론 58
제2차 영일동맹 255
제강호 136
제너럴 셔먼(General Sherman)호 34, 44, 45, 47
제너럴 셔먼호 사건 36, 41, 46, 50

제물포 91, 109, 229, 248
제물포조약 237
제임스(John Mathews James) 87
제주도 22, 25, 28, 126, 128, 260
젠킨스(F. B. Jenkins) 43
조러밀약설 231, 232
조미조약 46, 69, 70, 72, 86, 89, 90, 222
조병직 174
조병하 211, 212
조병호 85
조사시찰단 74, 82, 83, 84, 91
「조선」 113
「조선국부산항」 110
「조선국연해도서측량심득서(朝鮮國沿海島嶼測量心得書)」 106
조선근해어업연합회 143
「조선동안」 109, 110, 111, 121, 122, 259
「조선동해안도」 30, 103, 104, 110, 111, 112, 120, 121, 122
조선만[브로튼만] 111
『조선수로지』 104, 109, 116, 117, 118, 119, 120, 121, 122, 123, 259
조선어업협회 144
「조선여지도」 162, 163
「조선전도」 102, 103, 104, 108
「조선전안」 109, 112, 113, 120, 121, 122, 123
『조선지지략』 105
『조선책략』 69, 82, 85
조선총독부 106

「조선팔도전도」 102
조선해 142
조선해수산조합 144, 147
조선해통어조합연합회 143, 144
『조선해통어조합연합회회보』 143
조선해협 29, 114, 115, 116, 117, 118, 119, 120
조양호 136
조영조약 73
조일수호조규[강화도조약] 57, 63, 64, 65, 66, 67, 68, 69, 70, 74, 75, 76, 80, 102, 104, 107, 128, 139
조일통상장정 65, 141, 142
조일통상조약 139
조일통어장정 141, 144
조종성 164
조청상민수륙무역장정 129, 139, 171
존스(George Heber Jones) 194
죽도 126, 155, 162, 169
죽변 109, 146, 147
중가주 214
『중국수로지(China Pilot)』 115
즈푸[芝罘] 38, 39, 250
『지구전요』 36
『지나해수로지[중국수로지]』 104
진게이[迅鯨]호 79
진남포 66, 133, 196, 204
진해루(鎭海樓) 176
짜르 252
쩡지쩌[曾紀澤] 225, 226

ㅊ

차이나(China)호 43
창룽호 137, 138
창장[長江] 19, 243
창춘[長春] 253
처판일본인민재약정조선국해안어채범죄조규(處辦日本人民在約定朝鮮國海岸魚採犯罪條規) 140
척화비 49
철산 34
청불전쟁 130, 243
청영동맹 227
청일만주선후(善後)조약 253
청일전쟁 66, 71, 104, 105, 106, 112, 117, 123, 131, 132, 133, 137, 143, 178, 179, 237, 238, 241, 243, 244, 246, 250
첸바스 123
초상국 129, 130, 131
초지진 48, 60
총제영 186
총제영학당 175, 176, 177, 178, 179, 180, 186
최경석 90, 91, 94, 95
최선일 42
『최신한국실업지침』 122, 259
최한기 36
최혜국조관 19, 68, 70, 140, 242, 243
쵸카이[鳥海]호 109
추자도 27
춘생문 사건 71
충칭[重慶] 243

치와와 211
치쿠젠[筑前] 140
칙령 제41호 168, 169, 170
친군기연해방영 173
칠발도 126

ㅋ

카브레라(Manuel Estrada Cabrera) 215
카우키(Kauky)농장 196
칼스(W. R. Carles) 230
캄차카 21
캐럭(Carrack) 18
캔자스 214
캘리포니아 199, 214
커즌(George N. Curzon) 235
커티스(James Curtis) 176, 177
켈파르트(Quelpaert) 22
코네티컷 34
콜네트(James Colnett) 23
콜네트섬 24
콜로라도(Colorada)호 47
콜웰(William H. Callwell) 176, 177, 178,
    179, 180
크림전쟁 26

ㅌ

타운센드상회(Morse and Townsend & Co.)
    136
타이완[臺灣] 58, 242
타타르만 26
태고 133
태극기 87, 88, 93

태정관지령 259, 262
「태평양전도」 29
태프트-가쓰라 회담 72, 255
톈진[天津] 19, 20, 38, 44, 69, 129,
    131
톈진조약 20, 237
토마스(Robert J. Thomas) 44
통구미포 156
통리기무아문 82, 154, 161
통어 141, 142, 146
통천 32
투 브러더스(Two Brothers)호 32
트렌턴(Trenton)호 93, 94

ㅍ

파이어브랜드(Firebrand)호 223
파주 157
파크스(Harry S. Parkes) 221, 222, 223
팔라다(Pallada)호 30
팔래스(Pallas) 183
팔문도 126
팔미도(八尾島) 123, 124
팔미도등대 124, 125, 126, 127
펑톈[奉天] 251
펑톈성 140
펑후[澎湖]열도 242
페가수스(Pegasus)호 223
페롱(Stanisas Feron) 38, 42
페리(Matthew C. Perry) 21, 22, 60
페이지(Page) 44
평양 66, 196, 204, 206, 240
평해현 162

포시드(Charles C. Forsyth) 26, 120
포츠머스(Portsmouth) 253
포츠머스강화조약 253, 254, 255, 257
포크(George C. Foulk) 92, 94
포트 해밀턴(Port Hamilton) 221, 223
포함외교 19, 22, 50, 60
푸론메라 213
푸트(Lucius H. Foote) 68, 89, 90
풍기 155
풍도 124, 238, 239
프레스턴(W. B. Preston) 44
프로비던스(Providence)호 24
프리모게(Primauguet)호 38
플라잉 피쉬(Flying Fish, 飛魚船)호 229
플런켓(F. R. Plunkett) 222
피터대제만[백덕대제만(伯德大帝灣)] 112, 113
픽슨(George Peakson) 195

ㅎ

하나부사[花房義質] 104, 108
하딩(J. R. Harding) 125
『하멜표류기』 22
하시다테[橋立]호 109
하야시[林權助] 124, 166, 187, 207
하와이국민회 지방총회 200
하트(Robert Hart) 174
「한강구」 104
한국주차군사령부 250
한산도 110
한성 64, 66

한성영어학교 179
『한성주보』 130
한양호 137
한인소년기숙학교 200
『한인합성신보』 200
한인합성협회 200
한일의정서 256
한일통어조약 142
『한해어업시찰복명서』 143
한해통어조합 143, 144
한해통어지침 122, 259
함흥 107
항저우[杭州] 243
해관등대국 124
『해국도지』 35, 36, 77, 171
해룡호 136, 138
해문방수비 42
해밀턴항 25, 26
해방경아문 172
해방국 188
해방론 170, 171
해방학당 174
해연총제영 173, 174
해주 187
행담도 43
허치슨(W. F. Hutchison) 176, 179
허훼이 206
헤라트(Herat) 223
헤이(John Hay) 72
헤이룽쟝[黑龍江] 21
현순 194, 200
현익호 137, 138

현포 163
현흥택 90, 91, 94
협정관세 19, 70
혈성단 199
호넷(Hornet)섬 26, 31
호넷호 26, 120
호놀룰루 193, 195, 201, 202, 203,
　　207
홈링거상회(Holme Ringer & Co.) 132
홋카이도[北海道] 30
홍도 126
홍성하 200
홍순목 161
홍영식 82, 84, 90, 91, 94, 95, 96
홍우창 108
홍콩 19, 109, 133
화기국 33, 34
화도진 86, 179
『환영수로지』 109, 114, 115, 116,
　　120, 121, 122
『환영수로지 : 노한연안』 114

『환영수로지 : 지나동안』 114
황면주 212
황명수 211
황사용 211, 214
『황성신문』 186, 194, 204, 206, 207,
　　211
황쭌쎈[黃遵憲] 69
황푸[黃埔]조약 20
횡계 160
흑룡회(黑龍會) 146
흑산도 28
흑작지[현포] 156, 159
흥선대원군 37, 38, 40, 41, 42, 43,
　　44, 47, 57, 58, 88, 171, 238
히로세[廣瀬] 79
히로시마회담[廣島會談] 241
히로쓰[廣津弘信] 58
히비야[日比谷] 88
히젠[肥前] 140
힐리어(Walter. C. Hillier) 173, 174, 175,
　　176

한철호韓哲昊

고려대학교 사학과를 졸업하고 같은 학교 대학원에서 석사학위를 받았으며, 한림대학교 대학원에서 박사학위를 받았다. 현재 동국대학교 역사교육과 교수로 재직 중이며, 한국근현대사학회 회장을 역임하였다. 『친미개화파 연구』, 『한국근대 주일한국공사의 파견과 활동』, 『한국근대 개화파와 통치기구 연구』 등의 저서가 있다. 대표저자로 중학교 역사, 고등학교 한국근현대사와 한국사 검정교과서를 집필하였다.

한국 근대의 바다 : 침략과 개화의 이중주

인　　쇄	2016년 2월 23일 초판 인쇄	
발　　행	2016년 2월 29일 초판 발행	

글 쓴 이	한철호
발 행 인	한정희
발 행 처	경인문화사
등록번호	제406-1973-000003호(1973년 11월 8일)
주　　소	파주시 회동길 445-1 경인빌딩 B동 4층
대표전화	031-955-9300　　팩 스 031-955-9310
홈페이지	http://kyungin.mkstudy.com
이 메 일	kyunginp@chol.com

ISBN 978-89-499-1195-3 93910
값 20,000원